"十一五"国家重点图书出版规划项目　　　　大连市软科学资助出版项目
教育部人文社科项目（10YJA880077）
辽宁省教育厅第二批重大决策项目

*21*世纪
科技与社会发展丛书
（第五辑）

丛书主编　徐冠华

行业划转院校发展战略研究

葛继平　林　莉　李正和　／著

科学出版社
北京

内 容 简 介

本书以行业划转院校为研究对象，结合行业划转院校的特点和发展的规律，立足行业划转院校的实际，运用高等教育学、系统科学、高等教育区域化等理论，通过对全国高等教育管理体制改革及辽宁省行业划转院校发展现状的分析，提出一些切实可行的发展建议。在此基础上，总结行业划转院校的发展经验，为行业划转院校的进一步发展提供借鉴和参考，从而帮助行业划转院校实现可持续发展，推动高等教育管理体制改革的顺利完成，促进建设教育强国战略目标的实现。

本书可供经济学、管理学、教育学等相关专业的师生和科研人员阅读，也可供各级教育部门和关心高等教育发展的行业协会的管理者和决策者参阅。

图书在版编目（CIP）数据

行业划转院校发展战略研究／葛继平，林莉，李正和著. —北京：科学出版社，2011.6

（21世纪科技与社会发展丛书）

ISBN 978-7-03-030898-6

Ⅰ.①行… Ⅱ.①葛… ②林… ③李… Ⅲ.①高等学校–发展战略–研究–中国 Ⅳ.①G649.21

中国版本图书馆CIP数据核字（2011）第073913号

丛书策划：胡升华 侯俊琳

责任编辑：侯俊琳 陈 超 李 奕 韩昌福／责任校对：张 林

责任印制：赵德静／封面设计：黄华斌

编辑部电话：010-64035853

E-mail：houjunlin@mail.sciencep.com

科学出版社 出版

北京东黄城根北街16号

邮政编码：100717

http://www.sciencep.com

中国科学院印刷厂 印刷

科学出版社发行 各地新华书店经销

*

2011年6月第 一 版 开本：B5（720×1000）
2011年6月第一次印刷 印张：13 1/4
印数：1—2 000 字数：267 000

定价：42.00元

（如有印装质量问题，我社负责调换）

总　序

　　进入 21 世纪，经济全球化的浪潮风起云涌，世界科技进步突飞猛进，国际政治、军事形势变幻莫测，文化间的冲突与交融日渐凸显，生态、环境危机更加严峻，所有这些构成了新世纪最鲜明的时代特征。在这种形势下，一个国家和地区的经济社会发展问题也随之超越了地域、时间、领域的局限，国际的、国内的、当前的、未来的、经济的、科技的、环境的等各类相关因素之间的冲突与吸纳、融合与排斥、重叠与挤压，构成了一幅错综复杂的图景。软科学为从根本上解决经济社会发展问题提供了良方。

　　软科学一词最早源于英国出版的《科学的科学》一书。日本则是最早使用"软科学"名称的国家。尽管目前国内外专家学者对软科学有着不同的称谓，但其基本指向都是通过综合性的知识体系、思维工具和分析方法，研究人类面临的复杂经济社会系统，为各种类型及各个层次的决策提供科学依据。它注重从政治、经济、科技、文化、环境等各个社会环节的内在联系中发现客观规律，寻求解决问题的途径和方案。世界各国，特别是西方发达国家，都高度重视软科学研究和决策咨询。软科学的广泛应用，在相当程度上改善和提升了发达国家的战略决策水平、公共管理水平，促进了其经济社会的发展。

　　在我国，自十一届三中全会以来，面对改革开放的新形势和新科技革命的机遇与挑战，党中央大力号召全党和全国人民解放思想、实事求是，提倡尊重知识、尊重人才，积极推进决策民主化、科学化。1986 年，国家科委在北京召开全国软科学研究工作座谈会，时任国务院副总理的万里代表党中央、国务院到会讲话，第一次把软科学研究提到为我国政治体制改革服务的高度。1988 年、1990 年，党中央、国务院进一步发出"大力发展软科学"、"加强软科学研究"的号召。此后，我国软科学研究工作体系逐步完善，理论和方法不断创新，软科学事业有了蓬勃发展。2003 ~ 2005 年的国家中长期科学和技术发展规划战略研究，是新世纪我国规模最大的一次软科学研究，也是最为成功的软科学研究之一，集中体现了党中央、国务院坚持决策科学化、民主化的执政理念。规划领导小组组长温家宝总理反复强调，必须坚持科学化、民主化的原则，最广泛地听取和吸收科学家的意见和建议。在国务院领导下，科技部会同有关部门实现跨部门、跨行业、跨学科联合研究，广泛吸纳各方意见和建议，提出我国中长期科技发展总体思路、目标、任务和重点领域，为规划未来 15 年科技发展蓝图做出了突出贡献。

在党的正确方针政策指引下，我国地方软科学管理和研究机构如雨后春笋般大量涌现。大多数省、自治区、直辖市政府，已将机关职能部门的政策研究室等机构扩展成独立的软科学研究机构，使地方政府所属的软科学研究机构达到一定程度的专业化和规模化，并从组织上确立了软科学研究在地方政府管理、决策程序和体制中的地位。与此同时，大批咨询机构相继成立，由自然科学和社会科学工作者及管理工作者等组成的省市科技顾问团，成为地方政府的最高咨询机构。以科技专业学会为基础组成的咨询机构也非常活跃，它们不仅承担国家、部门和地区重大决策问题研究，还面向企业提供工程咨询、技术咨询、管理咨询、市场预测及各种培训等。这些研究机构的迅速壮大，为我国地方软科学事业的发展铺设了道路。

软科学研究成果是具有潜在经济社会效益的宝贵财富。希望"21 世纪科技与社会发展丛书"的出版发行，能够带动软科学的深入研究，为新世纪我国经济社会的发展做出积极贡献。

程冠华

2009 年 2 月 11 日

第五辑序

随着经济与社会的发展，软科学研究的体系和成果为经济与社会发展的科学决策提供了重要支撑。"21 世纪科技与社会发展丛书"的出版，旨在充分挖掘国内地方软科学研究的优势资源，推动软科学研究及其优秀成果的交流互补和资源共享，实现我国软科学研究事业的健康发展，为我国经济与社会发展的科学决策做出积极贡献。

大连市有着特殊的地缘位置，地处欧亚大陆东岸、辽东半岛最南端，东濒黄海，西临渤海，南与山东半岛隔海相望，北依东北平原，是东北、华北、华东及世界各地的海上门户，与日本、韩国、俄罗斯、朝鲜等国往来频繁。作为著名的港口、贸易、工业、旅游城市，大连市的经济社会发展对于东北地区、全国乃至整个东北亚地区都有着重要的战略意义。这个大背景为大连市软科学的发展提供了肥沃的土壤，同时大连市还拥有众多大学、科研院所及高水平的科研队伍，因此，大连市发展软科学有着得天独厚的优越条件。近年来，大连市的软科学事业发展很快，已经在产学研合作、自主创新、体制改革、和谐社会建设、公共管理、交通运输、文化交流等领域，开展了深入而广泛的软科学研究，取得许多令人瞩目的成绩。

通过"21 世纪科技与社会发展丛书"的出版，大连市软科学研究的优秀成果及资源得到了科学整合。一方面，能够展现软科学事业取得的进步，凝聚软科学研究人才，鼓励多出高质量、有价值的软科学成果，为更多的决策部门提供借鉴和参考；另一方面，能够通过成果展示，加强与其他城市和地区软科学研究人员的沟通和交流，突破部门、地方的分割体制，改善软科学研究立项重复、资源浪费、研究成果难以共享的状况，有利于我国软科学研究的整体健康发展。

第五辑编委会

2011 年 2 月 5 日

序　言

　　新中国成立后，我国借鉴苏联高等教育发展模式，兴办了一批服务于农林、水利、地质、矿产、石油、电力、化工、建设、交通、财经、政法等重点行业的高等院校。这些特色鲜明的高水平行业高校在我国高等教育体系中占有举足轻重的地位。随着"科教兴国"战略和高等教育管理体制改革的实施，行业高校正处在转型与发展的重要时期，如何在划转后继续服务行业，以服务求支持，以贡献求发展，不仅成为行业划转院校发展必须思考的问题，也关乎行业的发展。

　　该书立足从中央部委划转到地方政府管理的高校，尤其是划转到辽宁省的18所本科院校的发展实际，通过广泛收集、整理有关资料，建立资料库，运用高等教育管理学、信息经济学、统计学、系统科学等理论开展研究，具体方法包括规范研究与实证研究相结合、文献研究与调查访问相结合、对比分析法等。该书以行业划转院校为研究对象，结合行业划转院校自身的特点和规律开展研究，立足行业划转院校的实际，通过对全国高等教育管理体制改革以及辽宁省行业划转院校发展现状的分析，提出一些切实可行的发展思路。在此基础上，总结行业划转院校发展的经验，为行业划转院校的进一步发展提供借鉴和参考，帮助行业划转院校实现可持续发展，推动高等教育管理体制改革的顺利完成，促进建设教育强国战略目标的实现。

　　行业划转院校划转到地方政府管理后，环境条件发生了重大变化，对其发展战略的研究是一项新的课题。在高等教育管理体制改革的整体研究中，通常只是涉及一般高校的发展战略，围绕行业划转院校改革与发展的研究较为零散，而该书针对行业划转院校进行系统研究，对政府政策的制定及行业划转院校的发展极具指导价值。

辽宁省教育厅副厅长

周浩波

前　言

1993 年 11 月，党的十四届三中全会通过的《中共中央关于建立社会主义市场经济体制若干问题的决定》指出："高等教育要改革办学体制，改变条块分割的状况，除特殊行业外，区别不同情况分步过渡到中央和地方两级管理的体制，扩大地方和院校的办学自主权。"1998 年以后，国家对国务院机构改革后部门和单位所属的 50 所高校的管理体制及布局结构进行了调整和改革，高等教育管理体制改革进入了全面推进的新阶段。截至 2000 年年底，全国共有 241 所中央部委属高校实现了中央政府和地方政府两级管理、分工负责，在国家政策指导下以省级政府统筹为主的管理新体制，基本上完成了我国高等教育宏观管理体制的改革和结构布局的调整。

本书为辽宁省政府重大专项"原中央部委所属本科院校划转到辽宁省的发展策略研究"的研究成果，涉及教育学、管理学、经济学等相关学科，我们采用理论与实践相结合、跨学科研究、案例分析等方法进行了深入研究。全书分为八章。

第一章首先在分析国外高等教育管理模式、特点及其演变的基础上，探讨世界各国高等教育管理体制改革的基本趋势，并总结西方高等教育管理体制对我国高等教育管理体制改革的借鉴与启示；其次，探讨我国高等教育管理体制改革的演进过程，对整个高等教育管理体制改革的演进与发展进行梳理，并对我国行业划转院校现状进行分析，为行业划转院校的研究奠定基础；最后，分析高校划转的现实依据，从影响高校发展的内外部因素分析入手，剖析行业划转院校面临的机遇与挑战，得出中国高校划转的关键因素，进而对行业划转院校的发展进行战略分析。

第二章阐述国内外大学办学理念的发展历程，分析大学办学理念的概念及其属性，剖析大学办学理念实现的关键；同时，分析行业划转院校办学理念的影响因素，并在此基础上从科学定位、特色办学等方面提出我们对行业划转院校办学理念的思考。

第三章从国外高校的财政体制改革演进过程、中国高校的财政体制改革演进过程以及辽宁省高校财政体制改革演进过程三个层面系统分析高校财政体制改革演进过程；在此基础上，从国家、省级政府和高校三个层面分析划转后高校财政拨款体制的变化及影响；基于财政体制因素分析的视角，从国家、省级政府和高校三个层面为从中央部委所属划转到辽宁省政府管理的高校的发展提供借鉴，最终为政府与高校共同推动行业划转院校的发展与管理提供决策依据。

第四章从国外高校招生就业政策改革演进过程、中国高校招生就业政策改革演进过程以及辽宁省高校招生就业政策改革演进过程三个层面系统分析高校招生就业政策改革演进；在此基础上，进行招生就业政策与高校划转的相关性分析，进而基于招生就业的视角，从国家、省级政府和高校三个层面对从中央部委所属划转到辽宁省政府管理的高校的招生就业发展策略提供借鉴，以此为政府与高校共同推动行业划转院校的发展与管理提供决策依据。

第五章分析国内外多校区办学形成的历史背景、我国高校多校区办学形成的方式、扩展型多校区形成的原因，总结高校多校区办学的发展趋势，以期对我国高校多校区建设提供一定的指导意见。

第六章对辽宁省行业划转院校的发展状况进行研究。首先，对辽宁省普通高校的发展状况与辽宁高等教育管理体制改革演变过程进行分析。其次，从办学资源、人才培养能力和学术能力等方面分析辽宁省行业划转院校的发展现状，并对辽宁省行业划转院校的社会贡献度进行分析；在此基础上，探讨辽宁省行业划转院校存在的问题与不足。最后，针对辽宁省行业划转院校存在的不足提出辽宁省行业划转院校的发展策略。

第七章分析行业划转院校的发展战略。在对行业划转院校经验总结及存在问题分析的基础上，从国家、省级政府和高校三个层面对行业划转院校的发展策略进行探讨，以此为政府和行业划转院校提供决策借鉴。

第八章以大连交通大学为例，探讨行业划转院校的特色化发展战略，包括轨道交通特色化发展战略、五年制双专业复合型软件人才培养特色化发展战略、产学研合作特色化发展战略、国际化发展战略和特色校园文化发展战略。

本书为辽宁省高校创新团队——产学研合作研究创新团队——的研究成果，由创新团队负责人葛继平教授总策划，从多年行业划转院校管理的实践经验出发，提出书稿总体写作框架、每章的具体写作思路和观点，并对全书进行了统稿与审订；由林莉、李正和同志负责全书的校对与润色。本书各部分的撰写人分别是：葛继平（前言），孙韶馥、高苛（第一章），李萍（第二章），尉桂华（第三章），叶凯（第四章），华菊翠、钟恩升（第五章），吴爱萍、钟恩升（第六章），林莉、李正和、葛继平（第七章），李萍、黄明、林莉、赵闻蕾、代冰（第八章）。最后由葛继平教授进行全书审核。

本书的重要特点是重视对实际情况的调查研究。本书的作者葛继平教授为工学博士、新加坡南洋理工大学管理经济学硕士，现任大连交通大学党委书记、校长。他曾承担国家社科基金等各级各类项目30余项，发表论文80余篇，获得省市级奖项10次。相信本书对学术界和政府有关部门有一定的参考价值。

在本书完成之际，诚挚地感谢大连市科技局对本书的资助，感谢为本书的出版提供专业帮助的相关人员。

著　者

2011 年 2 月 15 日

目　　录

第一章　高等教育管理体制改革的演进与发展

第一节　国外高等教育管理体制运行模式及发展趋势

高等教育管理体制是指高等教育管理机构的设置、隶属关系、管理权限和管理内容，以及与之相适应的各种制度、法令、法规等的构成状态及其作用方式（于胜林等，2006）。高等教育管理体制可分为宏观管理体制和微观管理体制两大类。宏观管理体制是指领导与管理高等院校的外部体制，包括政府与高校的关系、高等教育管理上中央政府与地方政府的关系、教育主管部门与其他业务部门的关系、高校与社会的关系，以及它们之间相互作用的运行机制；微观管理体制是指高校自身经营与管理的内部体制，包括高校领导体制、教学管理体制、科研管理体制、人事管理体制、后勤管理体制、招生与毕业生就业管理体制等。本节重点研究国外高等教育宏观管理体制的改革与发展，其发展的核心是处理和平衡中央政府、地方政府和高校之间的责、权、利关系。

一、国外高等教育管理体制运行模式

按照高等教育管理权力的集中程度来划分，世界各国高等教育管理体制的运行模式大致可以分为三大类：中央集权型管理模式、地方分权型管理模式、集权与分权并重的复合型管理模式。

（一）中央集权型管理模式

中央集权型管理模式下高等教育的管理和决策权集中在中央政府。中央政府设置高等教育机构，制定高等教育政策法规及各种规划，通过计划、法律、命令、拨款、监督和行政手段直接调节高等教育活动，高校的经费完全由中央政府划拨。在这种模式下，中央政府和高校是上下级关系，地方政府在高等教育管理方面拥有的权限很少，高校与地方政府、中央政府之间基本上形成了依附关系。苏联、法国、意大利和瑞典是这一模式的主要代表。

该模式的特点是以国家干预为重要运行机制，国家高等教育主管部门作为高等教育的最高决策权力机构，制定高等教育方针政策、审批高校专业文凭授予

权、批准各级人事安排、确定专业招生人数、分配教育经费等。中央集权型管理模式有利于中央政府对全国高等教育统一规划、保障高等教育办学质量标准、提高全国高等教育管理效率。

但多年的实践表明，这种高等教育管理模式的弊端越来越明显，中央集权型管理模式往往容易统得过死，不能做到因地制宜，忽视了高等教育发展的不平衡性和多样性，无法调动地方政府和高校办学的积极性。苏联与同时期的绝大多数欧洲国家一样，所有高等教育机构均由国家实行严格管理。例如，苏联的公共教育部直接管辖高校，负责任命教员、课程设置、经费拨款等，地位高于其他各部门；各类不同的专门学院基本上由中央政府其他部门分别管理，各部门根据本管理部门的人才需求数量和培养规格等，制订人才培养计划，并通过管辖的专门学院实施人才培养。

（二）地方分权型管理模式

地方分权型管理模式的运行机制是以市场为主导，高等教育管理权力分散于地方政府和高校。地方政府拥有制定高等教育发展规划、分配高等教育资源、制定高等教育管理法规、监督高等教育活动和评估高等教育质量的权力，高校拥有相当广泛的办学自主权，而中央政府没有绝对的调控全国高等教育的权力。

社会的广泛参与是地方分权型管理模式的一个典型特征。中央政府教育部门的任务是管理教育投资、推动教育研究、收集教育情报资料，通过影响立法机构的教育立法和确定教育投资的重点和范围，把中央政府的政策渗透下去，对教育实施有效的间接控制。由地方政府行使高等教育决策、立法、财政拨款，以及评估、监督职能。地方政府作为地方公立高等教育的举办者，承担着高等教育宏观管理职责，高校作为法人实体在地方政府宏观政策框架下，依法独立办学。实行地方分权型管理模式有利于充分发挥地方办学的积极性；有利于加强高校和地方政府的联系，更好地为地方的经济发展服务；有助于开展教育实验和自由竞争，提高高校办学活力。地方分权型管理模式的弊端在于容易导致对低质量大学和学院的存在的姑息、系科和院校重复设置、过度竞争等现象的出现。

美国是这一管理模式的典型代表，其理念是"教育权在各州及其人民"，管理和决策权力呈现分散状态，教育机构的兴衰取决于市场机制，市场调节是其运行的基本机制。宪法没有明确规定国家各级政府的高等教育职能和权力，各州政府则对本州的高等教育实施广泛的行政管理。鉴于地方分权型管理模式所存在的弊端，在第二次世界大战后，美国通过立法、财政资助等手段加强了对高等教育的协调和控制，出现了向州级政府集权的倾向，联邦政府也加强了对高等教育的宏观调控力度。

（三）集权与分权并重的复合型管理模式

集权与分权并重的复合型管理模式的运行机制是以国家干预与市场调节均衡

作用为主，中央政府、地方政府和高校共同承担高等教育管理职责，各自行使不同的职能。中央政府发挥宏观协调职能，与地方政府和高校共同行使决策权力。

这种模式的特点是中央政府、地方政府和高校分享高等教育管理权力，各自在不同层次行使不同职能，并满足各方利益需要。高等教育的决策和管理权力部分属于中央政府，部分属于地方政府或其他利益集团。中央政府发挥宏观指导和协调职能，并与地方政府和高校共同行使一定的决策权力，强调高校自主办学。德国、英国、日本是这种管理模式的代表。

德国是联邦制国家，根据德国基本法的规定，教育管辖权归属各州政府。在第二次世界大战后，德国恢复了传统的地方分权型管理模式，并一度把高等教育的分权和自治推向极端。1969年，联邦会议修改了基本法，赋予联邦政府在教育领域一定的管理权。2007年，随着德国联邦制改革的进行，德国高等教育管理体制改革出现新的发展动向。新的联邦改革法案进一步明确了联邦政府和各州政府的教育权限，在高等教育管理方面取消联邦政府制定《高校总法》的权力，还权于地方，扩大高校办学自主权，激发高校自身活力。联邦政府只保留在高校入学、结业和文凭互认等方面的管辖权。为了继续推动高等教育的改革与发展，德国联邦政府和各州政府密切合作，共同制定《2020年高校公约》（闫瑾，2008）。

二、国外高等教育管理体制改革发展趋势

为了与社会和经济发展相适应，各国的高等教育管理体制自建立以来就一直处在不断变化、发展之中。第二次世界大战是各国高等教育管理体制的一个重要转折点，自那以后，各国开始进行高等教育管理体制的改革。迄今为止，各国的高等教育管理体制仍处于不断改革与探索之中。

20世纪80年代以后，世界各国高等教育管理体制改革出现了一些共性的变革趋势，即积极实行集权与分权并重的复合型管理模式。各国在高等教育管理体制变革中把中央集权和地方分权结合起来，以充分发挥两种模式的优势，尽量消除各自的弊端。实行中央集权型管理模式的国家，正在逐步、适度地放权，通过扩大地方和高校的权限，建立各种审议和咨询机构，加快高等教育管理体制的民主化进程，调动地方政府办学的积极性；实行地方分权型管理模式的国家正在逐步强化中央政府的调控职能，强化中央教育行政管理机构的管理职能，并运用立法、拨款、资助等手段使高等教育体现国家意志。

英国的高等教育素以自治享誉世界，然而在过去的数十年中，干预大学的要求上下呼应。英国政府教育与科学部把高等教育作为一个整体来考虑，越来越多地以提供经费为交换条件向高校提出具体要求，主张高校的办学自主权应从属于高等教育系统之下，以实现分权与集权的均衡。美国高校由各州政府自行管理，

联邦政府仅仅提供咨询和信息方面的服务。然而在过去的数十年中，联邦政府和各州政府都在逐步加强对高等教育的控制。例如，美国联邦政府专门制定了《高等教育法》，从法律上保障国家干预高等教育的目的。美国政府的意图渗透于整个高等教育制度之中，直接或间接地影响着高等教育的发展方向。

与英、美相对，具有集权传统的法国和带有集权倾向的日本，却是在放松国家对高等教育的宏观控制和干预，试图给地方政府和高校更多的自主空间。法国高等教育管理体制处于中央集权与古老的自治传统并存，并且不断发生碰撞的局面。法国高等教育管理体制从 19 世纪初期拿破仑统治时期开始，一直实行中央集权型管理模式，第二次世界大战以后，反对高度中央集权管理成为法国高等教育管理体制改革的历史潮流。著名学者德巴什等对法国自拿破仑时期以来的中央集权型管理模式提出了尖锐的批评。他们主张给予高校更多的办学自主权，认为为保证统一而设计的中央集权型管理模式如今已经变成了一种桎梏，不再有利于创新精神并有可能将其扼杀掉（孙巍，2007）。

第二节　国外高等教育管理体制改革及其对中国的启示

三种高等教育管理模式各有其形成的背景、原因和特色，并且在改革与发展过程中不断互相碰撞和渗透，由此引发出许多新问题和新观念。发达国家长期以来在高等教育管理体制方面进行了诸多有益的探索，为中国高等教育管理体制改革提供了诸多可借鉴的经验。

一、高等教育管理体制集权与分权并重

多年来，世界各国都在寻求把中央集权与地方分权这两种不同类型的高等教育管理模式结合起来的方法，但到底采用何种高等教育管理模式，受到多方面因素的影响。模式的选择不仅与各国的政治、经济、文化密切相关，而且与高等教育的发展和变革紧密相连。

中国高等教育管理体制建设在中央政府与地方政府的关系上，要借鉴各国经验，进一步确立中央政府与地方政府分级管理、分级负责的教育管理体制——中央政府简政放权，地方政府加强管理。由中央政府直接管理一部分关系国家经济、社会发展全局，并在高等教育中起示范作用的骨干高校，给予地方政府更大的高等教育管理权，以充分调动地方政府办学的积极性。

二、积极探索现代大学制度建设

高等教育管理体制改革的关键，在于处理好高校与各级政府的关系，即在加

强中央政府和地方政府两级教育部门的宏观管理的同时，进一步扩大高校的办学自主权，形成中央政府宏观调控、地方政府行政管理、高校自主办学的格局。逐步把权力下放给高校，努力实现集权与分权相结合，注重效率和公平，以调动各方面的积极性和主动性。在高等教育管理体制的变革过程中，应该坚持中央政府宏观调控、地方政府统筹，以及高校自治之间的协调发展，合理分权，使中央政府对高等教育的直接管理转变为宏观引导，加强地方政府对高等教育的支持力度，促进高等教育管理体制"三权分立"局面的形成，协调高校与政府、高校与社会的关系。

借鉴美国政府在高等教育管理中的角色与定位，使我国中央政府的角色从传统计划经济体制下的直接管理转变为对高等教育体系的宏观调控，对高校进行监督并为其提供服务。因此，应当重构政府与高校的关系，合理分权，促进高等教育办学权和评估权的分离，深化高等教育管理体制改革，进一步规范高校办学行为，真正给予高校更多的办学自主权。

三、赋予高校依法自治的权力

中国在高等教育管理体制变革中，应借鉴发达国家的经验，加快中国高等教育法制建设。一是应加强高等教育的立法工作，建立和完善教育法规体系；二是要建立起以国家教育法律为主干、以地方教育法规和政府教育规章为补充的教育法规体系，用立法去管理，赋予高校依法自制的权力。

总之，社会主义市场经济要求在高等教育管理的过程中，国家政府、高校和社会市场应该保持"政府监控，法治保障，学校主办，市场导向"的关系，切实落实《中华人民共和国高等教育法》关于"高等学校应当面向社会，依法自主办学，实行民主管理"的规定①，建立具有中国特色的、符合国际高等教育管理体制改革要求和发展趋势的高等教育管理体制，以促进中国高等教育事业的蓬勃发展。

第三节　中国高等教育管理体制改革演进历程

新中国成立以来，中国的高等教育管理体制改革走过了漫长而曲折的道路。十一届三中全会以前，经历了管理权由"放"到"收"、由"收"到"放"的几次反复，一度出现"一放就乱，一乱就收，一收就死，一死又放"的恶性循环，受政治、经济冲击太大，没有真正按教育发展规律办事，高等教育管理体制

---

① 资料来自教育部 1998 年制定的《面向 21 世纪教育振兴行动计划》。

没有找到理想的管理模式。十一届三中全会以后，中国高等教育管理体制经历了"拨乱反正"、探索前进的摸索期，高等教育管理体制改革得以全面推进。特别是党的"十四大"以后，中国高等教育管理体制改革不断深入，改变了计划经济条件下高等教育的管理模式，推动中国高等教育不断发展。

一、改革开放前中国高等教育管理体制改革回顾

从新中国成立至十一届三中全会，中国的高等教育管理体制从总体上说一直是国家集中计划、中央政府和地方政府分别投资办学并直接管理的体制。期间，高等教育管理体制历经几度变迁和改革，其演进历程大体可以划分为中央集中统一管理阶段（1949～1958）；地方管理阶段（1958～1960）；中央与地方两级管理阶段（1960～1966）；分散混乱管理阶段（1966～1976）。

这个时期的改革都是按照计划体制的模式来实施，改革是在计划体制内，在中央集权和地方分权之间对管理高校的权力进行"下放"与"上收"的变动。中央政府对高等教育的管理统得过死，教育领导管理的权力过分集中于中央政府，导致了对各地教育管理呆板划一，没有很好地发挥地方政府与高校办学的积极性。高等教育在一定程度上脱离了社会实际，不适应经济、科技与文化发展的需要。

（一）中央集中统一管理阶段（1949～1958）

从新中国成立一直到1958年，中国建立起适应计划经济体制的中央集权型高等教育管理体制，主要由中央人民政府教育部和中央人民政府政务院各有关部委直接管理高校。1950年7月，中央人民政府政务院做出《关于高等学校领导关系的决定》，提出"全国高等学校由中央人民政府教育部统一领导为原则"，强调"中央人民政府教育部……对全国高等学校（军事学校除外）均负有领导的责任，各大行政区人民政府或军政委员会或文教部……均有根据中央统一的方针政策，领导本区高等学校的责任"，该文件明显地强调了中央集权（于富增，2001）。中央人民政府教育部有计划、有步骤地将各地区高校收归中央人民政府教育部领导，标志着中国开始建立集中统一的高等教育管理体制。为此，1952年11月中央人民政府决定设置中央人民政府高等教育部，并于1952年秋季开始进行全国高校院系调整。根据"全面学习苏联"的指导思想，中国高等教育实行大规模的院校调整。同时，在高等教育管理体制上也照搬苏联的做法，由中央教育部门和一些业务部门分别直接管理大部分高校。到1953年，高校的院系调整任务基本完成，高校全部收归中央人民政府高等教育部和中央人民政府政务院各有关部委直接管理，把旧中国半封建、半殖民地教育事业转变成为社会主义教

育事业。到1955年年底，全国共有高校227所，基本上分别隶属于当时的中华人民共和国高等教育部和中央各有关业务部门，并由其领导和管理。

新中国成立初期建立的集中统一的高等教育管理体制无疑受到苏联高等教育管理模式的影响，同时也符合中国建设的需要，与当时高度集中的经济管理体制是相适应的。但是过分强调集中统一，限制过死，实践证明，这种管理体制压制了地方政府和高校的办学积极性和创造性。从1956年起，中国开始摆脱苏联高等教育管理模式的束缚，独立自主地探索建设社会主义的道路。从1957年年底开始，中华人民共和国高等教育部开始着手进行高校管理权限的下放工作。1957年10月，将原来由中华人民共和国高等教育部直接领导的及委托各省代管的高等农业院校，除个别院校仍由农业部领导外，其他的转交省级政府领导或以省级政府为主、与农业部双重领导。1957年12月，中华人民共和国国务院（简称国务院）将高等医学院校逐步下放给各省（直辖市、自治区）政府领导。

（二）地方管理阶段（1958～1960）

1958～1960年，是中国"大跃进"时期，也是高校下放并大发展的时期。随着以扩大地方政府管理权力为中心的行政和经济管理体制的变革，高等教育事业管理权力下放的体制变革也在进行，高校由"一五"计划时期的中央集中统一管理变为主要由省（直辖市、自治区）政府直接管理。

1956年6月，一届全国人大三次会议提出，高等教育管理中央集中统一过多，影响地方政府办学的积极性，高校开始下放，中华人民共和国教育部和中华人民共和国高等教育部合并为中华人民共和国教育部（简称教育部）。1958年，中央按照"统一计划、分级管理"的原则，进行教育管理体制的改革。这次改革主要是对高等教育管理体制中的中央政府与地方政府关系的调整——中央政府权力下放地方政府。大部分高校的管理权下放给省（直辖市、自治区）政府管理，把中央集权管理变为地方分权管理的新模式。1958年4月，中国共产党中央委员会（简称中共中央）发出《关于高等学校和中等技术学校下放问题的意见》，规定除少数综合高校和某些中等技术学校仍由教育部或中央各有关部门直接领导以外，其他高校和中等技术学校都可以下放给各省（直辖市、自治区）政府领导（何东昌，1998a）。7月，教育部提出了下放的具体方案，将原来由中央政府直接领导的229所高校中的187所和绝大部分中等技术学校先后下放给地方政府管理。同年8月，中共中央、国务院在《关于教育事业管理权力下放问题的规定》中对中央政府与地方政府的管理权限进行了调整，要求必须改变过去以条条为主的管理体制，根据中央集权和地方分权相结合的原则，加强地方政府对教育事业的领导管理。教育部和中央各主管部门的主要职责是集中精力研究和贯彻执行中央政府的教育方针和政策，综合平衡全国的教育事业发展规划，拟定必要的全国通用的教育规章、制度。新建高校的管理权限，地方政府可自行决定或由协作区协商决定（何东昌，1998a）。

高等教育管理权力下放给地方政府，对改变管理体制上以条条为主、过于集中的状况，对适应地方经济及社会发展需要，充分发挥地方政府办学的积极性是有利的。但由于中央政府对权力下放缺乏宏观控制，而地方政府缺少管理高校的经验，使地方政府发展教育的积极性、灵活性变成了盲目冒进。高校数量成倍增加，由1957年的229所增加到1960年的1289所，超出了国民经济的承受能力和教育自身的发展规律，教育质量受到严重影响。

（三）中央政府与地方政府两级管理阶段（1960~1966）

1961年1月，鉴于严重的经济困难，中央政府做出了关于调整经济管理体制的若干暂行规定，强调集中统一，对1958年下放的权力，凡是不适当的，一律收回。1961年开始，中共中央提出关于"调整、巩固、充实、提高"的方针，纠正了"左"的错误，使之与当时经济发展的要求相适应；并且制定了《教育部直属高等学校暂行工作条例（草案）》作为高校调整和发展的依据。1963年5月，中共中央、国务院又颁发了《关于加强高等学校统一领导、分级管理的决定（试行草案）》，指出：为了进一步加强对高校的领导，特决定对高校实行中央政府统一领导，中央政府和各省（直辖市、自治区）政府两级管理的制度，同时还规定，教育部是在中共中央和国务院的直接领导下管理全国高校，中央各有关部门协同教育部分工管理一部分高校，并具体规定了中央政府与地方政府两级行政机关管理高校的主要职责（何东昌，1998a）。这对加强国家对教育工作的宏观管理和指导，同时调动各方面办学的积极性起到了积极作用。

经过调整，全国高校由1960年的1289所下降至1963年的407所。到1965年，全国共有高校434所，其中由教育部直接管理的34所，由中央各有关部门管理的149所，由各省（直辖市、自治区）政府管理的251所，形成了统一领导、中央政府与地方政府分级管理的格局。

（四）分散混乱管理阶段（1966~1976）

"文化大革命"使中国的高等教育遭受惨重损害，全盘否定了新中国成立以来所建立起来的正常秩序，高校领导体制和机构受到冲击，高等教育事业遭受严重挫折。

"文化大革命"期间，高等教育管理权力再次下放。1966年6月，中共中央转批教育部党委《关于改进1966年高等学校招生工作的请示报告》，将招生工作下放到大区或省（直辖市、自治区）政府办理。1969年10月，中共中央发出《关于高等学校下放问题的通知》，该通知规定：教育部所属的高校全部交由所在省（直辖市、自治区）"革命委员会"领导；国务院各部门所属的高校，设在北京的仍由各部门领导，设在外地交由当地省（直辖市、自治区）"革命委员会"领导，与厂矿结合办校的交由厂矿"革命委员会"领导。至此，中央各部所属高校全部下放归地方政府领导。1971 年 8 月，经中共中央同意的《全国教育工作会议纪要》指出：多数高校由地方政府领导；部分高校由地方政府和中央部门双重领导，以地方政府为主；少数高校由中央部门直接领导。中央各部所属高校下放后，在中央政府统一计划下，实行以"块块为主"的管理体制（中共中央文献研究室，1996）。1971 年经过裁并、搬迁、撤销后，高校由 1965 年的 434 所减少到 1976 年的 392 所。

这一时期高等教育管理体制处于混乱状态。从 1966 年起到 1975 年重建教育部止，高校管理陷于瘫痪和半瘫痪状态，其中有 8 年时间教育事业无专门的主管部门。缺乏宏观的领导和管理，全国高等教育管理处于"无政府状态"。

二、改革开放后中国高等教育管理体制改革回顾

1978 年 12 月召开的党的十一届三中全会，对政治、经济、教育领域进行了全面"拨乱反正"，教育事业得到逐步恢复和发展。中央政府重新实行了"统一领导、分级管理"的政策，高等教育管理体制"统一领导，分级管理"的制度得到恢复、调整和确立。中国高等教育管理体制得以不断完善。

（一）高等教育管理体制调整启动阶段（1977~1985）

从 1977 年开始，中国高等教育管理体制进入"拨乱反正"时期，以强调集权为主，逐步恢复了中央政府统一领导、中央政府与地方政府两级管理的管理体制。1978 年 2 月，国务院转发《教育部关于恢复和办好全国重点高等学校的报告》，提出"根据有利于加强党的一元化领导，有利于发挥中央和地方两个积极性……对全国重点高等学校要实行统一领导，分级管理。少数院校由有关部委直接领导，多数院校由有关部委和省、市、自治区双重领导，以部委为主"（《中国教育年鉴》编辑部，1984）。1978 年 6 月，教育部在南京召开国务院各部委所属高校改变领导体制的交接工作会议，一部分重点高校和非重点高校改为实行国务院有关部委和省（直辖市、自治区）政府双重领导，但以部委为主。1978 年 7 月 21 日，国务院发出通告：高校招生一律纳入国家计划。

1979 年 9 月，中央政府批转教育部《关于建议重新颁发〈关于加强高等学校统一领导、分级管理的决定〉的报告》，重新恢复了 1963 年的决定。此后，国务院各部委和各省（直辖市、自治区）政府对各自所属的高校的领导管理关系进行了调整，使中国高等教育逐步恢复了"中央政府统一领导，中央和省（直

辖市、自治区）政府两级管理"的领导管理体制。到 1981 年，全国有高校 704 所，其中 312 所是这 4 年来恢复和增加的，教育部直接领导的有 38 所，国务院各部委领导的有 226 所，各省（直辖市、自治区）政府领导管理的有 440 所（《中国教育年鉴》编辑部，1984）。

经过 1978～1984 年的"拨乱反正"和对教育秩序的有力整顿，中国高等教育事业很快得到恢复和发展。但是，随着经济体制改革的全面展开，随着国家整个社会经济、科技体制的转型，原有的高等教育管理体制暴露出越来越多的矛盾和问题。

新中国成立 30 多年来，中国高等教育管理体制经历的"收"、"放"，基本上是在中央政府和地方政府之间进行的权力划分，受计划经济体制的影响，没有更多地考虑高校应有的办学自主权。中央政府高度集中管理的体制，对高校统得过死，高校缺乏应有的办学自主权和活力，无法调动高校办学的积极性。基于对过去中央政府集权过多的反思，有识之士开始呼吁扩大高校办学自主权并迫切要求进行新的改革。1979 年 12 月 6 日，复旦大学校长苏步青等呼吁给高校一点办学自主权。随着党和国家的工作重点转移到经济建设上来和经济体制改革的推进，扩大高校办学自主权已成大势所趋。随后，以上海交通大学为先导，从 1979 年起，浙江省、湖北省、黑龙江省、山东省相继出台了"扩大高校办学自主权"的改革政策。这些省级"改革放权"举措，不能仅仅看做是"扩大高校办学自主权"，而应看做中央政府与地方政府两级高等教育主管部门之间关系的调整、政府与高校之间关系的调整，标志着向原有偏重集中统一的高等教育管理体制提出了挑战。

（二）高等教育管理体制改革全面展开阶段（1985～1992）

1984 年 10 月，党的十二届三中全会通过了《中共中央关于经济体制改革的决定》，1985 年 3 月，中共中央又做出了《中共中央关于科学技术体制改革的决定》。经济是基础，"经济的发展必然会带动教育的发展"（邓小平，1993），经济体制和科技体制的改革必然带动高等教育管理体制的改革。为了与经济体制改革和科技体制改革相适应，党和国家决定把高等教育管理体制改革作为全面改革的重要内容之一。1985 年 5 月，中共中央颁布了《中共中央关于教育体制改革的决定》，改善和强化了政府对高校的宏观管理职能，扩大了高校办学自主权，由此拉开了中国高等教育管理体制改革的序幕。

1985～1991 年，中共中央和中央政府针对高等教育管理体制改革，先后颁布和实行了《中共中央关于教育体制改革的决定》、《高等教育管理职责暂行规定》、《国务院办公厅转发〈国家教委关于推动联合办学和校际协作若干问题的意见〉》、《全国教育事业十年规划和"八五"计划要点》、《关于国家教委直属高校内部管理体制改革的若干意见》、《关于国家教委直属高校深化改革，扩大办学自主权的若干意见》等政策文件。

1985年5月，中共中央颁布了《中共中央关于教育体制改革的决定》，指出传统的高等教育管理体制存在着严重的弊端，已不能适应中国改革开放、经济体制改革的形势和世界范围内新技术革命兴起的形势，"在教育事业管理权限的划分上，政府有关部门对学校主要是高等学校统得过死，使学校缺乏应有的活力；而政府应该加以管理的事情，又没有很好地管起来"，明确指出高等教育管理体制改革的方向是"改革管理体制，国家及其教育管理部门要加强对高等教育的宏观管理和指导，坚决实行简政放权，在国家统一的教育方针和计划的指导下，扩大高等学校的办学自主权"。为了调动各级政府办学的积极性，《中共中央关于教育体制改革的决定》提出了实行中央、省（直辖市、自治区）、中心城市三级办学的体制，学校逐步实行校长负责制，有条件的学校要设立由校长主持的校务委员会作为审议机构（中共中央，1991），增强了高校面向社会需要的主动性和活力。

1986年，国务院又颁布了《高等教育管理职责暂行规定》和《普通高等学校设置暂行条例》，分别对国家教育委员会、国务院有关部门、地方政府对高等教育的管理职责、权限和扩大高校的管理权限作了具体规定，明确了中央各部门、地方政府、高校的管理权限和责任。国家教育委员会在国务院的领导下，主管全国高等教育工作，负责贯彻执行党和国家有关高等教育的方针政策、法律和行政法规，制定高等教育工作的具体政策和规章等，并直接管理少数高校。国务院有关部门在国家教育委员会（简称国家教委）指导下，管理其直属的高校。省（直辖市、自治区）政府管理本地区内的高校，并对扩大高校在教学、科研、人事、经费和外事工作等八个方面的自主权作了具体规定（何东昌，1998b）。

经过这一阶段的改革，中国高等教育管理体制改进了政府对高等教育的宏观指导和管理，扩大了高校办学自主权，促进了政府职能的转变，对增强高校适应社会和经济发展需要的能力，促进高校的教育体制改革，产生了积极作用。由于扩大了地方政府管理高校的权力和责任，既充分调动了省级政府管理高校的积极性，又增强了其管理高校的责任感，加大了地方对高校的投入，促进了地方经济、社会发展与高等教育之间的联系。但是，在体制方面仍然存在许多矛盾和问题。原有的弊端，如中央部门权力过于集中、政府统得过死、高校缺乏主动适应社会需要的活力等，只有通过进一步的改革才能克服。

（三）高等教育管理体制改革不断深化阶段（1992~1997）

1992年邓小平南方视察讲话和党的"十四大"确定了中国经济体制改革的目标是建立社会主义市场经济体制。以1993年2月中共中央和国务院发布的

《中国教育改革和发展纲要》为标志，中国高等教育管理体制改革进入了全面探索建立与社会主义市场经济体制相适应的体制的新的发展阶段，开始打破"条块分割"的局面，基本形成中央政府和地方政府两级管理、以地方政府统筹为主，实行政府宏观管理、高校面向社会自主办学的新的管理体制格局。

1995 年 7 月，国务院办公厅转发了国家教委《关于深化高等教育体制改革的若干意见》，并明确提出"高等教育管理体制改革，不是简单地把学校'下放'与'上收'，不是将原来'条条'管理简单地改为'块块'管理而继续自成体系，而是要建立与经济、政治、科技、文化体制改革相适应的，有利于高等教育事业的发展和改革的新的高等教育管理体制"；要"淡化学校单一的隶属关系观念"，"逐步变条块分割为条块有机结合"，使高校"真正实行面向社会依法自主办学"；提出"高等教育管理体制改革的目标是：争取到 2000 年或稍长一点时间，基本形成举办者、管理者和办学者职责分明，以财政拨款为主多渠道经费投入，中央和省、自治区、直辖市人民政府两级管理、分工负责，以省、自治区、直辖市人民政府统筹为主，条块有机结合的体制框架"。根据这一精神，要逐步扩大省级政府的教育决策权和统筹权。中央部委所属高校要转变观念，淡化单一的隶属关系，扩大学校服务面和经费来源渠道，为所在地区的经济和社会发展服务。随着中央各部门管理的大部分高校逐步转由省级政府管理，或实行中央部门和地方政府联合办学，变条块分割为条块结合，省级政府就可以对所在地区的所有高校进行统筹，统一进行合理布局，对高校和专业设置在自愿和充分协商的基础上进行必要的调整。

（四）高等教育管理体制改革的深入突破阶段（1997 年至今）

1997 年 9 月召开的党的"十五大"提出了"优化教育结构，加快高等教育管理体制改革的步伐，合理配置教育资源，提高教育质量和办学效益"的改革思路，成为新一轮高等教育改革的指导思想，高等教育管理体制改革也进入全面推进的新阶段。

为落实"十五大"精神，国家教委于 1998 年 1 月在扬州召开了全国高等教育管理体制改革经验交流会，按照党的"十五大"报告中"加快高等教育管理体制改革步伐"的要求，李岚清副总理提出"共建、调整、合作、合并"的"八字方针"。会议提出了改革的目标是："争取到 2000 年或稍长一点时间，基本形成中央和省级人民政府两级管理、分工负责，以省级人民政府统筹为主，条块有机结合的新体制。"1998 年 3 月，九届全国人大一次会议通过了国务院机构改革方案，国家教育委员会改建为教育部。1998 年 8 月，九届全国人大四次会议通过了《中华人民共和国高等教育法》，以法律的形式巩固了前一阶段高等教育管理体制改革的成果。

1998 年 7 月国务院颁布《国务院关于调整撤并部门所属学校管理体制改革的决定》，1999 年 3 月国务院办公厅转发教育部、国防科学技术工业委员会、国家计划委员会（简称国家计委）、财政部《关于调整五个军工总公司所属学校管理体制实施意见》的通知，1999 年 12 月国务院颁布《国务院办公厅转发教育部等部门〈关于进一步调整国务院部门（单位）所属学校管理体制和布局结构的决定〉》，基本上解决了国务院部门（单位）办学体制问题，高等教育管理体制改革取得了历史性的重大突破。三次调整分别是：1998 年 7 月，对机械工业部等 9 个撤并部门所属院校的调整；1999 年上半年，对兵器、航空、航天、船舶、核工业等五大工业总公司所属院校的调整；2000 年上半年，对铁道部等 49 个国务院部门（单位）所属院校进行了调整，其中一部分划归教育部管理或与教育部所属学校合并，大部分实行中央政府与地方政府共建、以地方政府管理为主的管理体制。

1999 年 6 月，中共中央和国务院发布了《关于深化教育改革，全面推进素质教育的决定》，要求"进一步简政放权，加大省级人民政府发展和管理本地区教育的权力以及统筹力度，促进教育与当地经济社会发展紧密结合。今后 3 年，继续按照'共建、调整、合作、合并'的方式，基本完成高等教育管理体制和布局结构的调整，形成中央和省级人民政府两级管理、以省级人民政府管理为主的新体制，合理配置教育资源，提高教育质量和办学效益"。

2000 年，进行了范围最广、规模最大的调整，涉及 49 个中央部门的 161 所普通高校、97 所成人高校、271 所中专校、249 所技工校。其中 55 所普通高校划归或并入教育部直属高校，其余划归地方政府或以地方政府管理为主。截至 2000 年年底，全国原有的 387 所普通高校、169 所成人高校经合并调整为 212 所普通高校、20 所成人高校。另外，有 317 所高校开展了校际间的合作办学，形成了 227 个合作办学体（周远清，2001）。共有 360 余所中央部委属高校划转到地方政府管理或实行中央政府与地方政府共建、以地方政府管理为主的体制。2005 年进一步强化了中央政府与地方政府共建、以地方政府管理为主的新的高教管理体制框架的建设。一是进一步加大地方政府对高等教育的统筹权，二是进一步加强了中央政府与地方政府共建高校的力度。

经过改革，基本上扭转了长期形成的中央政府和地方政府条块分割、重复办学、教育资源浪费严重的局面，建立起中央政府和省级政府两级管理、分工负责，在国家宏观政策指导下以省级政府统筹协调为主的新体制，初步形成了比较合理的结构布局，实现了调整结构布局，改革高等教育管理体制的基本目标。至此，全国高校大规模的"共建、调整、合并、合作"工作已基本告一段落。下一阶段，高校要按照"巩固、深化、提高、发展"的要求，把高等教育全面改革与发展引向深入，使高等教育管理体制向适应社会主义市场经济体制的方向迈出更加坚实的步伐。

第四节　中国高等教育管理体制改革现状分析

一、中国高等教育管理体制改革的现实依据

中央部委属高校划转的现实依据在于，高等教育供求关系的变化和中国经济社会发展多元化的实际情况。高等教育供求关系是教育发展的基本依据，而供给约束型的高等教育供求关系则是中国高等教育大众化时代发展的基本现状。中国社会主义市场经济的建立决定了政府职能的转变，加快了机构精简、权力下放，同时也推动了高等教育管理体制的改革，促使中央部委属高校划转地方政府，解决了部门办学这一越来越困扰社会主义市场经济发展的瓶颈问题。

（一）社会主义市场经济体制确立，推动高等教育管理体制改革

一定的经济体制要求有相适应的高等教育管理体制与之相适应，社会主义市场经济体制的确立，需要不同于计划经济体制的高等教育管理体制相配合。社会主义市场经济就是要发挥市场对资源起到的基础性的配置作用，高等教育机构作为培育人才的机构，也要走向市场，主动适应社会主义市场经济发展的需求。

新中国成立以来，在计划经济体制下，高等教育实行的是国家集中计划、中央部门和地方政府分别办学并直接管理的办学体制。高校的布局、层次设置、系科专业设置按照计划经济需要安排进行，在很长时间内适应了国家经济建设的需要。但随着社会主义市场经济体制的建立，中央各部门、各机构展开了一系列的改革并转变了一些相关职能，传统的计划经济体制下的"等、靠、要"的方式已不能适应社会主义市场经济的需要，高校必须面向市场，自主办学。

社会主义市场经济是一种在政府的宏观调控下，主要依靠市场的供求规律进行社会资源配置的经济运行方式，它与计划经济主要依靠指令性计划指标、行政调控手段来配置社会资源的方式不同，具有如下基本特征：各种资源配置市场化（包括自然、人力、财力、物力和信息技术资源）、企业行为主体化、市场管理法制化、宏观调控间接化。社会主义市场经济的发展要求高等教育资源配置遵循透明性、公平性、效益性原则，高度集权的计划经济向富有活力的社会主义市场经济转轨客观上要求赋予地方政府更多自主权，以便各地能够更好地根据自己的实际情况有效地配置资源和发展经济。这种客观要求反映到高等教育管理体制的改革，即应赋予地方政府高等教育的投资和治理自主权，从而调动地方政府办学的积极性，使他们能够更好地根据本地区社会经济发展的需求，适当调整高等教育投资，促进高等教育发展。

虽然中国高等教育管理体制改革已取得了诸多成效，但仍跟不上经济体制改革的步伐。随着科学技术的迅猛发展，以人才和知识为核心的国力竞争日趋激烈，如何加大高等教育管理体制改革步伐和加快高等教育的发展，使之适应社会主义市场经济体制，已经成为燃眉之急。在现代市场经济条件下，许多高校是独立或相对独立的实体，他们在一定程度上有着独立的经济利益，具有"法人"地位。因此，改革高等教育"条块分割"管理体制的任务再一次被提到议事日程上来。其改革内容和方针是：改革高等教育机构的举办体制，逐步形成以国家举办为主，社会各界积极参与举办的新格局；改革投资体制，建立以财政拨款为主，其他多渠道筹措教育经费为辅的体制；改革高等教育的管理体制，调整结构布局，建立中央政府和省级政府两级管理、分工负责，在国家宏观政策指导下以省级政府统筹协调为主的新体制，形成合理的结构布局；改革高校招生和毕业生就业制度，实行学生缴费上学、政府和社会助学，在国家指导帮助下毕业生和用人单位双向选择的就业制度（胡建华，2005）。

社会主义市场经济体制是高等教育管理体制良性运行的基础，必须从社会主义市场经济这个视角，从高等教育管理体制改革是整个教育体制改革的组成部分，而教育体制改革又是在整个社会主义市场经济体制改革的有机组成部分这个宏观背景来探讨高等教育管理体制改革的新思路。离开了社会主义市场经济的发展对高等教育管理体制改革进行抽象的分析评价，脱离了经济基础的变更对高等教育管理体制进行孤立的改革都是行不通的。社会主义市场经济体制的建立，为中央部委属高校的划转提供了政策依据。

（二）政府职能的转变，确保高等教育管理体制改革顺利推进

中国已切实把政府职能转到"经济调节、市场监管、社会管理和公共服务"上来，全面实现从"全能政府"向"有限政府"的转变、从"管制政府"向"服务政府"的转变、从"细职能、大政府"向"宽职能、小政府"的转变、从"权力政府"向"责任政府"的转变，其核心是从"全能政府"向"有限政府"转变。

现代政府是典型的"有限政府"。政府的权威其实并不在于权力的张扬和炫耀，而在于这种权威是建构在权力制约基础之上的公信力，是一种受制于法律的有限的权威。政府行政职能的扩张，一种情况是为保障社会和经济的发展和进步所必需的；另一种情况则是人们陷入对政府作用的认识误区所致。中国在20世纪50年代通过政府对经济及社会生活的全面领导而使国民经济迅速恢复、发展等事例，使许多人误认为政府无所不能，从而赋予政府全面干预经济、管制社会的种种职能，政府逐步演变为"全能政府"。

随着时间的推移，政府不再是"包打天下"的"全能政府"。在社会主义市

场经济下，政府职能的范围应当取决于市场和社会的需要，市场失灵需要政府的干预，而维护社会公平更是政府的职责。市场经济的自主性、平等性、竞争性、开放性和规则性要求与之相适应地建立起有限的、服务的、透明的、法治的政府（张振东，2009）。

在政府转变职能的情况下，高校与政府之间的关系不断发生着变化。高校成为拥有独立的权利、责任和利益的法人实体。对于公立高校来说，这种法人实体的独立性内在的要求，在管理制度上将国家对高校的财产所有权、政府对高校的行政主管权与高校的办学自主权分离。政府作为公立高校的出资举办者，拥有公立高校的财产所有权，这种财产所有权是财产的终极所有权，表现为国家依法享有举办高校的社会收益、制定高校法规，以及高校财产的最终处置权力（孙忠铭，2005）。政府作为股份制高校的出资举办者之一，拥有监督、引导的权力。高校作为办学者，在拥有法人地位后，实质上成为国家——高校财产权终极所有者委托的高校法人财产所有权及其经营权利的代理人，即高校法人财产所有者和高校法人财产经营者。

（三）高等教育管理体制改革的深化，扩大了高校办学自主权

随着社会主义市场经济体制的建立、中央政府部门职能的转变，高等教育管理体制改革滞后于经济体制改革和社会发展的问题进一步突出。特别是高校管理体制上的条块分割、办学分散、重复设置、规模偏小、效益偏低，多科性、综合性院校和单科性院校比例不合理，学校、学科、专业结构不合理，办学条件差，整体办学实力弱的状况日趋显著。行业划转院校在划转前，部分高校和专业重复设置、教育资源配置和高校结构布局不够合理；以及部分高校办学效益不高等问题较为严重，使得高等教育仍然不能适应现代科技、经济、社会发展对人才培养的要求，不利于高校提高办学水平和教育质量。部门办学并直接管理的体制的改革，滞后于社会主义市场经济条件下政府机构改革、职能转变、企业下放的改革，造成部门办学的严重困难和不适应。

高校作为独立的法人实体，其独立的经济利益必须通过独立的办学自主权利才能得到保障。富有活力的社会主义市场经济资源配置方式要求赋予高校更多的办学自主权，使得高校能够主动适应千变万化的人才市场需求，调整办学方向和专业设置，主动面向社会经济发展的需要，自我约束、自我发展。与此同时，社会主义市场经济的发展客观上要求资源配置上的透明性和公平性。以以往的支出结果为依据的"基数加发展"的高等教育经费分配方式，不仅缺乏透明的公平竞争机制，而且人为的非制度化因素很多，与社会主义市场经济的原则不相适应。为提高资金的使用效率，政府在资金的分配方面给予高校更大的自主权，形成促进高校提高经费使用效益的激励机制，使得高校能够把提高办学效益同自身

利益有机地结合起来，充分调动其主观能动性。这些都推动了高等教育管理体制的改革，调整结构布局，建立中央政府和省级政府两级管理、分工负责，在国家宏观政策指导下以省级政府统筹协调为主的新体制，形成合理的结构布局，也使中央部委属高校划转地方政府成为必然（朱欣等，2005）。

可以说，中国目前许多高校所进行的调整、改革、共建、合并等多种形式的办学，既是主动适应高等教育管理体制改革的需要，也是高校在新形势下积极探索，通过实践形成新的机制，产生新的活力，适应社会主义市场经济和社会发展的需要。

二、中国高校划转现状分析

（一）中国普通高校隶属关系变动情况

在党中央、国务院的正确领导下，配合政府机构改革和职能转变，从1998年开始，教育部、财政部、国家发展和改革委员会等有关部门在各地政府的配合下对国务院部门所属高校集中进行了三次大的调整，基本上解决了部门办学体制问题。经过十余年的持续努力，高等教育管理体制改革取得了重大进展，这项改革覆盖面广，涉及900多所高校。中央政府和省级政府两级管理，以省级政府管理为主的中国高等教育管理的新体制已经形成。1998年、2000年、2004年、2007年、2008年中国普通高校隶属关系状况如表1-1所示。

表1-1　1998年、2000年、2004年、2007年中国普通高校隶属关系变化情况

年份		高校数/所					所占比例/%				
		1998	2000	2004	2007	2008	1998	2000	2004	2007	2008
总　计		1022	1041	1731	1908	2305	100	100	100	100	100
中央部委		263	116	111	111	111	25.73	11.14	6.41	5.82	4.82
其中	教育部	45	72	73	73	73	4.4	6.92	4.22	3.83	3.17
	其他部委	218	44	38	38	38	21.33	4.23	2.19	1.99	1.65
地方政府		759	925	1394	1500	1538	74.27	88.86	80.53	78.61	66.72
民办		—	—	226	297	656	—	—	13.6	15.57	28.46

资料来源：1998年、2000年全国教育事业发展统计公报，教育部公布的2004年、2007年、2008年高等教育学校（机构）数。

经过三次大的调整，中国高等教育已基本形成中央政府和省级政府两级管理、分工负责，以省级政府统筹为主，条块有机结合的体制框架。高等教育管理体制改革的整体效果已经逐步显现：高等教育的结构、布局在全国或地区范围内

进行优化的势头正在形成，有限的教育资源的配置日趋合理，改变了中国单科性高校过多、缺少真正意义上的综合高校的问题，办学效益日益提高；长期条块分割的局面正在打破，逐步实现条块有机结合；高等教育管理体制向适应社会主义市场经济体制的方向迈出了重要的步伐。

（二）中央部委属高校划转统计分析

在高等教育管理体制改革过程中，各高校抓住改革机遇，积极探索多种形式办学，借助彼此的优势，降低高校的办学成本，以实现规模效益，减少生源的不确定性等因素谋求高校的共同发展。具体来讲，中央部委属高校划转类型可以分为以下几种：一是一部分中央部委属高校直接划归国家教育部所属；二是通过合并，中央部委属高校并入教育部所属高校，促进学科的交叉综合和资源的优化配置；三是通过划转，一部分原来由国务院有关部门直接管理的普通高校实行了省级政府管理、地方政府与中央政府共建的体制，同时在划归地方政府管理过程中，行业划转院校通过与其他高校合并的形式组建新校；四是部分原来由国务院有关部门直接管理的普通高校划归地方政府管理后，独立存在，仍保持原有规模。通过高等教育管理体制改革，大大克服了国务院有关部门和地方政府条块分割、重复办学、资源浪费的弊病，省级政府对本区域内的高校有了统筹管理的权力。

在中国高等教育管理体制改革过程中，全国各省（直辖市、自治区）高校划转情况有所不同（表1-2），下面以北京市、江苏省和辽宁省为例加以说明。

（1）北京市。1992～2008年，北京市共有32所高校实施了划转，是行业划转院校数量最多的地区。从划转的形式来看，北京市有13所高校通过直接划转的形式归教育部所属（如铁道部所属北京交通大学划归教育部所属）；5所中央部委属高校通过实施与教育部高校合并的战略划归教育部所属（如卫生部所属北京医科大学与教育部所属北京大学合并，更名为北京大学医学部，归教育部所属）；另有4所中央部委属高校划转后实施了与地方高校合并的战略（如贸易部所属的北京商学院与轻工总会所属的北京轻工业学院合并，组建北京工商大学）；还有10所高校独立划转地方政府管理。

（2）江苏省。1992～2008年，江苏省共有24所高校实施了划转，是行业划转院校较多的省份之一。从划转的形式来看，江苏省共有4所中央部委属高校通过直接划转的形式归教育部所属（如水利部所属河海大学划归教育部所属）；2所中央部委属高校通过实施与教育部高校合并的战略划归教育部所属（如铁道部所属南京铁道医学院与教育部所属东南大学合并，归教育部所属）。另外，在划归地方政府管理的18所高校中，有13所中央部委属高校划转后实施了合并的战略（如建设部所属苏州城市建设环境保护学院与铁道部所属苏州铁道师范学院合并，组建苏州科技学院），只有5所高校独立划转地方政府管理。

表 1-2 1992～2008 年中央部委属本科院校划转状况统计 （单位：所）

地区	行业划转院校合计	教育部		合并至其他部委	地方政府	
		独立划转	合并划转		独立划转	合并划转
辽宁	19	1	0	0	18	0
北京	32	11	7	0	10	4
江苏	24	4	2	0	5	13
湖北	18	2	8	0	6	2
陕西	16	1	5	0	10	0
上海	16	1	2	0	10	3
吉林	12	0	4	0	5	3
湖南	9	0	3	0	2	4
重庆	9	0	2	0	2	5
河南	9	0	0	0	6	3
河北	9	1	0	0	8	0
四川	8	3	1	0	3	1
山东	8	0	1	0	5	2
广东	7	0	1	0	3	3
江西	7	0	0	0	7	0
浙江	7	0	0	0	5	2
黑龙江	6	1	0	1	3	1
天津	4	0	0	0	4	0
安徽	4	0	0	0	3	1
山西	4	0	0	0	4	0
甘肃	3	0	0	0	2	1
广西	2	0	0	0	2	0
云南	2	0	0	0	2	0
新疆	2	0	0	0	2	0
海南	1	0	0	0	0	1
福建	1	0	0	0	0	1
内蒙古	1	0	0	0	1	0
西藏	0	0	0	0	0	0
宁夏	0	0	0	0	0	0
分类合计	—	25	36	—	128	50
总计	240	61		1	178	

资料来源：教育部公布的 1992～2008 年行业划转院校名单，《全国普通高等学校管理体制变动情况》（国办发 [2000] 11 号），各高校网站学校简介。

(3) 辽宁省。1992~2008 年，辽宁省共有 19 所高校实施了划转。从划转的形式来看，除冶金部所属的东北大学划归教育部所属外，其余 18 所本科院校均独立划转辽宁省政府管理（如铁道部所属大连铁道学院划归辽宁省政府管理，现更名为大连交通大学）。辽宁省是全国范围内划转地方政府管理本科院校数量最多的省份，也是全国范围内划转之后没有实施合并战略的少有省份之一。

此外，湖北省、陕西省、吉林省、上海市、重庆市、湖南省等通过实施合并战略，将部分中央部委属高校并入教育部所属；江苏省等通过实施合并战略，将中央部委属高校划转地方政府管理后，进行合并或与地方高校进行合并，组建新校，通过整合资源，扩大规模，提高办学效益。

目前，中国高等教育管理体制改革在"八字方针"的指引下不断深入，淡化了单一的隶属关系，解决了原有体制下条块分割、管理权限过度集中等问题。在划转过程中，绝大多数省份积极采取与教育部所属高校"合并"、直接划归教育部或划转到地方政府管理后积极与原地方高校"合并"等形式整合资源，提高办学效益。

特别指出的是：辽宁省是高校划转后全部保留独立建制的少有的教育大省，且省内无一所高校通过合并方式划归教育部所属，行业划转院校均保留了独立建制，均未参与高校之间的合并。

第五节　中央部委属高校划转地方政府管理后的发展战略分析

"战略"一词源于军事用语，是指为实现战争的目标而制定的策略、方针和方法，是指导战争全局的方略。在管理学中，战略是企业或组织通过所选择的发展方向，所确定的行动方针、资源分配方针和资源分配方案的一个总纲，并据此来实现企业或组织长远目标。战略分析是从宏观上把握高校未来经营的一种方式，它使高校经营者的视野开阔，可以全面地统筹高校的一切工作。没有战略意识的高校经营者，往往把自己置于危机管理之中，不能全面统筹，只能应付偶发事件。进行经营战略分析为价值观、使命和未来远景的构建提供了一个较高的视角。

为了自身的生存和发展需要，处在社会主义市场经济中的高校，同样需要制定战略。其根本目的是使高校尽可能有效地比竞争对手占有持久的优势，努力提高高校的实力，使教育资源合理配置，实现高校经营效益最大化。因此，高校经营战略就是指高校在教育市场中为了获得竞争优势，实现经营效益最大化所确立的高校发展目标，以及为实现这些目标而进行的谋划。

一、影响高校发展的内外部因素分析

高校作为一个教育机构或公益组织，不是孤立存在的，而是整个社会系统的一部分。在战略制定过程中，高校经营管理者要进行战略分析，对外部环境和内部实力进行研究，以判明高校在本地区、本省（直辖市、自治区）、全国，乃至世界同类型高校中所处的位置和生存发展的可能性，进而确定高校的发展目标和实现目标的战略。在这一过程中，确定战略目标的关键是：如何确定高校的竞争优势，给高校以合理的定位。

（一）外部环境因素分析

高校外部环境包括宏观层面的发展环境和微观层面的客观环境两大部分，如表1-3所示。前者指社会的政治、经济、科技、文化、教育、人口；后者指竞争者、公众认可、主管部门、毕业生状况。高校所处环境的各要素（包括不同层次）之间是一种对立统一的关系，而且高校所处的环境总处于不断变化中，既有渐变也有突变，既有量变也有质变。

表1-3　影响高校发展的外部因素

外部因素	宏观因素	政　治
		经　济
		科　技
		文　化
		教　育
		人　口
	微观因素	竞　争　者
		公　众　认　可
		主　管　部　门
		毕业生状况

从宏观层面来看，政治因素是影响高校发展的主导因素。中国现代高校一直具有国家高度集权控制的典型特征，我国宪法规定：高校的办学必须坚持社会主义方向。高校发展高度依赖国家政府，政治化倾向鲜明。

经济、科技是高校发展的重要基础，相应地，高校的发展对经济、科技的发展也有着巨大的推动作用。

人口对高校的影响有时更直接、更迫切。人口是教育预测的重要甚至是主要依据。当人口高峰逼近时，解决入学或升学问题不仅是教育问题，也是社会问题，它无疑要成为压倒一切的教育任务。反之，当人口低谷出现时，教育又必须相应地做出调整。

政治、经济、科技和人口对教育的影响可以看做是"硬性"的,而现代教育理念的变化对教育活动的影响可以看成是"软性"的,也就是说其影响不那么直接、迅速,但也是潜在和持久的。

从微观层面来看,教育内部的竞争者是影响高校发展的重要因素之一。这一环境是宏观环境与高校具体内部环境的结合面,是对所有高校都发生影响的环境因素。中国教育正处于从"精英化"向"大众化"迈进的关键时期,高等教育市场呈现增长率高、替代教育服务多种多样、竞争者数量多的特点。对于高校,特别是行业划转院校而言,面临的竞争更加激烈。因此,认真研究竞争对手的多少、空间分布,评估各自的办学模式、办学规模、资金、师资、学科专业特色、科研成果等,通过价值链分析寻找与竞争对手竞争的活动领域,已成为高校发展的必然。

(二)内部因素分析

高校内部因素分析是对高校办学资源、人才培养能力、学术能力、管理能力、文化力的分析,如表 1-4 所示。

表 1-4　影响高校发展的内部因素

内部因素	办学资源	基本条件
		教育经费
		师资队伍
		学科专业
		高校声誉
	人才培养能力	招生
		就业
		规格
		规模
		质量
	学术能力	科研队伍与基地
		科研数量
		科研参与面
		成果水平
		成果转化率
	管理能力	管理队伍
		管理制度
		管理手段
		管理效益
	组织文化力	校园精神
		校园文化

从投入角度来讲，高校办学资源主要反映在高校的基本条件、教育经费、师资队伍、学科专业、高校声誉等方面。经营者对高校办学资源进行分析，进一步明确高校办学资源水平。从产出角度来讲，可以通过高校人才培养能力、学术能力、管理能力和组织文化力几个层面来衡量。对于一所高校而言，组织文化是指高校成员所具有的共同的思维方式、价值观念、精神状态和工作作风等的综合反映，这些无形的资源对高校的管理与发展构成了巨大的内在张力，因此也就成为高校经营者所关注的重要因素。

二、影响行业划转院校发展的内外部因素的变化分析

高校由行业部委主管改为中央政府与地方政府共建、以地方政府管理为主后，因其隶属关系、投资渠道、科研来源、招生和就业市场、服务方向和范围等都发生了较大变化，进而带来高校发展空间、人才培养和社会服务功能具体任务的变化。

（一）服务面向由为行业服务变为为区域经济发展服务

由于高校隶属关系的转变必然带来高校办学定位的转变。划转前，高校隶属于行业部委，高校直接为行业和部委服务。中央部委从为行业服务的角度，根据行业发展计划，制订人才需求计划；行业划转院校按照计划为行业培养人才。科学研究活动的开展也都是直接为行业和部委服务的。划转地方政府管理后，高校隶属于地方政府，以为区域经济服务谋得地方政府的支持，以对区域经济发展所作贡献谋得高校的持续发展。高校要根据区域经济、社会发展的需要，以及人力资源市场的供求状况，大力调整学科专业结构，形成具有特色的人才培养、科学研究和社会服务方式。高等教育办学模式要更加适应经济社会发展的需要，主动适应区域经济结构的战略性调整，人才市场需求和提高国际竞争能力的需要，更多地参与和服务于区域经济社会的发展。

（二）经济条件由行业经济发展环境变为区域经济发展环境

划转前，高校具有鲜明的行业特色，高校的建立与发展取决于行业的现状与未来发展要求，人才培养、科学研究都是为行业服务，在部委内部实现的。划转后，高校划归地方政府管理，高校发展直接为区域经济发展服务。地方政府的经济能力直接决定了对行业划转院校的财政支持力度，地方经济发展需求是指导高校人才培养、科学研究的重要参考。地方政府要求高校以区域（地方）经济建设与社会发展进步服务为其办学方针，各高校继续发挥原有的行业特色和优势，为行业和部委继续提供服务，同时又必须寻求新的增长点。

（三）竞争者由单一化向多元化转变

从宏观上说，在计划经济时代，高校之间基本上不存在竞争，更谈不上高等教育市场，行业高校之间是分工协作关系。伴随着计划经济向社会主义市场经济体制转轨，高校之间的竞争日趋激烈，高等教育市场逐渐形成和发育起来。

中央部委属高校划归地方政府管理后，高校的竞争趋向多元化。不仅存在着区域内公立高校（包括中央部委高校、地方高校）之间的竞争，也存在着与民营高校及国际教育机构之间的竞争。竞争是市场的本质特征，而趋同是竞争的前提条件。高校定位中一定程度的趋同可导致高校之间的竞争，竞争的结果一方面是高校的分化，各自找到自身的位置；另一方面是高等教育市场的发育与成熟，包括市场规则的成熟和市场主体的理性化。建立和健全高等教育市场需要各高校积极参与市场竞争。

（四）办学经费来源由中央财政变为地方财政

高校划转后相应的教育经费来源和渠道均发生了相应的改变。划转前，由中央政府直接经办和垄断高等教育，中央部委属高校的教育经费主要依赖单一的中央财政拨款体制。中央财政以转移支付的形式向各部委划拨款项，各部委再将款项划拨给所属高校，其中包含专门用于高校设备采购及基建投资的基本建设费用。在这一管理体制下，管理者分别对自己所管辖的高等教育投资，教育经费列入国家预算，实行统一领导，中央政府与地方政府分级管理，高校财政来源比较单一。

中央部委属高校划归地方政府管理后，在中央政府和地方政府分级管理负责的财政体制下，根据事权与财权相统一的原则，高等教育财政资源配置位置中心下移，即在保障和促进高等教育发展方面，由省级政府承担更多的财政责任。行业划转院校教学经费的主要来源仍然是财政拨款和学杂费收入，其中学杂费收入比重逐年上升，政府的财政性投入比重不断下降，国家财政投资的主渠道有弱化的趋势。教育经费总量不足已经成为制约中国高等教育稳健发展的瓶颈。

（五）招生由面向全国转为以面向地方为主

划转前，招生计划的制订完全依据本行业人才的需求，不会兼顾本地区对高等教育资源及区域经济发展对人才的需求，在招生人数和专业设置上都有制约，在很大程度上限制了高校教育规模的发展。高校必须根据中央部委的计划要求来确定自己的工作计划、用人计划、课程设置计划和教学计划。划转后，在招生规模上，高校划归地方政府管理后，高校有了更大的办学自主权，高校招生规模有所扩大，在本区域招生人数有所提升；在专业结构上，高校的专业结构得到了扩展，在保留原有行业特色专业的基础上，结合社会需求和区域经济发展需要，设置了一批社会急需、发展前景良好的专业，形成了新的专业特色；在生源质量上，录取最低分超出当地重点线的高校比例有了大幅度的提高。此外，在高校招生计划中，本地招生比重明显增加。

（六）就业实现了从单一为本行业服务到面向社会服务、根据市场需求就业的转变

划转后，高校的一个重大变革就是就业服务面向的变化，即高校从为本行业服务或以为本行业服务为主（毕业生从只能在行业内部就业，严格限制人才在各部门间流动），转变为为全行业服务（各部门之间人才可自由流动）；从面向本行业服务改为以面向区域或全国的经济服务为主。在巩固行业就业市场的同时，极大扩展社会就业市场，就业方式更加灵活，服务面向更加广阔，为区域及全国经济发展输送了大量人才。毕业生在区域内就业的比重逐年升高，到本行业就业的比重呈逐年下降趋势。

通过上述分析可以看出，在影响行业划转院校发展的诸多因素中，财政投入与招生就业是至关重要的，两者集中体现了高校的投入产出水平，成为决定高校核心竞争力的关键因素。

三、划转后高校发展战略分析

（一）高校发展战略

战略分析是指一个组织通过对其所处的内外部环境进行扫描、综合分析，以识别该组织对于其竞争对手所具有的优势、劣势，以及所面临的外部机会和威胁的过程。SWOT（S 即 strengths，优势；W 即 weaknesses，劣势；O 即 opportunities，机遇；T 即 threats，威胁）分析法就是系统确认行业划转院校作为一个组织所面临的优势、劣势、机遇和威胁，并据此提出行业划转院校发展战略的一种方法，即环境与资源统一起来的双向分析。

优势是指能使高校获得战略领先并进行有效竞争从而实现自己目标的某些强大的内部因素或特征；劣势是给高校带来不利，导致高校无法实现其目标的消极因素和内部的不确定性；机遇是指那些有助于高校实现或超越自身目标的外部因素或状况，在战略制定中，如何对待机遇是重要问题，机遇引起战略的确定，也引起目标的调整；威胁是对高校经营状况不利并导致其无法实现既定目标的外部因素，是影响高校当前地位或其所希望的未来地位的主要障碍。

这种分析是以同类高校之间的竞争为参照，从内外环境的结合上确认高校应该选择的战略方向。这种分析避免了环境分析与资源分析的单一性，因而更容易

使人明晰高校的战略状况。

根据高校所面临的内外部环境中优势、劣势、机遇、威胁分析，可以将高校发展战略分为如图1-1所示的四种类型。

图 1-1　行业划转院校发展战略择优图

（1）增长型（或成长型）战略。高校内部条件具有强大的优势，外部环境又提供众多的机遇，宜采取增长型战略，即扩大高校规模、开发高校市场等，属于第Ⅰ类。

（2）扭转型战略。高校外部环境面临机遇，但内部条件差，应采取扭转型战略，即一方面抓住机遇，另一方面应致力于改变高校劣势，属于第Ⅱ类。

（3）储备型战略。外部有威胁，内部状况不佳，应设法避开威胁和消除劣势，采取储备型战略，即内部整顿，储蓄力量，属于第Ⅲ类。

（4）觅机型战略。高校有一定优势，但面临威胁，宜采取觅机型战略，即一方面充分发挥优势，另一方面避免威胁，寻找新机遇，属于第Ⅳ类。

（二）行业划转院校发展战略

1. 增长型战略

具体来说，当行业划转院校师资力量强，物质设施好，生源充足，又颇受地方政府重视，受到地方政府大力支持的情况下，可以采用增长型战略，包括：

（1）合并战略。行业划转院校可以通过兼并其他高校扩大办学规模，与此同时要积极宣传、包装和塑造高校形象，同时悉心培养和引进一批名师，努力扩大高校在社会公众心目中的知名度和美誉度。

（2）产学研一体化战略。积极以市场为导向，开展教学、科研活动，加强与企业的联系，以务实的态度帮助企业解决难题，在推动企业发展的同时实现自身的成长。

（3）空档战略。空档战略是指高校寻找许多家长和学生所重视的，但尚未被占领的教育细分市场战略。行业划转院校可借划转之机，充分利用办学自主权，对发展进行重新定位，盯准尚未被占领的教育细分市场，抢占市场新需求，寻找行业划转院校发展的突破口。

2. 扭转型战略

当行业划转院校面临诸如专业设置过窄，且某些学科专业竞争力不强时，可采取扭转型战略，包括：

（1）特色化发展战略。当行业划转院校办学自主权越来越大，上级的行政干预越来越少，但受行业学科专业过窄等因素限制时，行业划转院校可以坚持特色化发展战略。特色化发展战略是指结合高校自身的学科专业特色，着眼于社会需求，向其顾客即学生、家长和潜在的受教育群体提供在专业设置、课程设置、教育模式、方法和管理、学生培养和教学科研等方面别具一格、独具特性和特色的服务，创造高校办学的独特性。走特色化发展之路，通过挖掘、整合高校有价值的、稀有的、难以模仿的、不可替代的资源和能力，努力形成和强化高校的特色，形成21世纪竞争格局下的战略优势与核心竞争力。在培育核心竞争力的过程中必须坚持"有所为，有所不为"，要出奇制胜，突出特色、形成特色、强化特色，才能促进整体办学水平的不断提升，实现新的跨越式发展。

（2）专一化发展战略。行业划转院校可凭借原有的行业特色专业优势，将教育市场中某一个特殊的细分市场作为主攻方向，通过专业设置专一化，把资源集中在某一方面或某一点上以更高的效率、更好的效果为某一狭窄的战略对象服务。

3. 觅机型战略

当行业划转院校外部面临激烈的竞争，内部面临经济来源缺乏，教职工积极性不高等问题时，可采取的觅机型战略，包括：

（1）质量战略。质量是高校发展之本，对于高校而言，以高质量的教学取胜是高校走向成功的核心。在高等教育大众化的今天，特别是对于行业划转院校而言，由于教育经费的短缺和师资力量的薄弱，更加难以适应高等教育规模迅速扩大的新形势，教育质量受到一定程度的影响，这将最终影响到行业划转院校的竞争力。

（2）效益优先战略。对于教育经费不足的行业划转院校而言，倘若尚不具备自身扩展新市场、新领域的条件，应首先加强内部管理体制改革，在经营过程中降低教育产品成本、销售成本和日常运行成本，合理配置教育资源，提高经济效益，以谋求更大的发展。

第二章　行业划转院校办学理念

第一节　大学办学理念概述

一、大学办学理念的概念及其属性

（一）大学办学理念的概念

大学办学理念与大学理念密切相关。大学办学理念是大学理念的下位概念。大学理念是人们对于大学的有关教育思想、教育观念、教育哲学观点和理想追求，主要包括"大学应该是什么"、"应该如何办大学"等一些基本问题的价值判断。大学办学理念是办学者在坚持大学理念的基础上，对长期办学实践中所形成的优秀的办学经验的理性认识、追求和哲学思考，它是内化为全校师生的共同认识与追求。大学理念经过历史和实践的检验，具有一般性；大学办学理念指导具体的实践，具有特殊性。办学者应在一般性的大学理念基础上，树立自己的办学理念，也就是对一所大学的理性认识与理想追求，并使之成为全校师生的共同认识与共同追求；大学理念指导大学办学理念，大学办学理念丰富大学理念（韩延明，2003）。

大学办学理念具体包括办学目标、办学思路、办学定位、管理理念、教学理念、科研理念、教师理念、学生理念、治校理念等（王均强，2007）。大学办学理念属于高等教育理念，处于大学教育理念的最顶层，是大学各种教育理念中最基本的理念，是引发或构建其他教育理念的基础理念。大学办学理念是大学精神的核心。大学办学理念经过不断的扩展、吸纳和融合，形成大学精神，甚至于大学文化，构成一所大学的文化价值体系。

（二）大学办学理念的属性

1. 共性和个性的统一

美国学者布鲁贝克将大学存在的基础分为两种：一种是以认识论为基础，主要是以"兴趣"作为核心范畴来阐明大学的合法性，它关注的是真理本身，并以"知识本位"的原则来确证其合法性；另一种是以政治论为基础，主要是以"需要"作为核心范畴来解释大学的合法存在，它关注的是作为工具或手段的大学并以"关系本位"的原则来确证其合法性，他们奉行的是工具主义价值观（约翰·S. 布鲁贝克，1987）。

无论是知识本位的价值观还是工具主义的价值观，大学存在于宇宙之中，作为社会链条中的一环，它无论如何都是社会的组成部分之一。至于大学与社会关系结合程度的疏密是由历史与时代的发展决定的，也正是因为大学这种高于社会而又依赖于社会的特性，使大学拥有了承担推进社会进步与发展的神圣使命，决定了大学办学理念在某一时代的共性特征，这一共性特征遵循一般性的大学理念。同时，由于各个大学存在于不同的地域，处于不同的发展层次上，导致了大学办学理念的差异性，也就是个性特征。这也就形成了共性层面和个性层面上的不同的大学办学理念。

阿什比（1983）说："任何类型的大学都是遗传和环境的产物。"这句话实际上是阐明了大学理念的价值取向。就遗传而言，大学理念的价值取向是大学本位；就环境而言，大学理念的价值取向是社会本位。前者强调的是大学对价值自由的重视；后者强调的是社会对大学的客观需求。因此，我们在进行大学理念的主体选择时，要同时兼顾遗传和环境。但是，从组织的观点看，大学是一个独立的学术性社会组织。大学办学理念是大学自身发展的必然结果，它必须不断调整自己的办学理念，以主动的姿态适应社会和国家的多重需求，始终不放弃大学的根本使命，张扬大学的价值取向。

"大学不是风向标，不能什么流行就迎合什么。大学应不时满足社会的需求，而不是它的欲望。"（亚伯拉罕·弗莱克斯纳，2001）大学对社会的、政治的和经济的现象应采取一种客观立场，通过自身的独立选择，接纳任何有利于自身和社会发展的价值理念，同时保持自身发展上的价值追求，建设人类美好的精神家园。

2. 历史与时代的结合

办学理念是一个动态的过程，随时代的发展而不断赋予新的内涵。大学某一发展阶段的办学理念，要适应当前社会发展的需要，充分考虑国际教育改革发展的趋势，以国家的教育方针、政策和法规为指导，既要植根于传统，不割断历史，还要张扬时代精神，代表民族精神和社会的魂灵，能够激发学生和公众理性的光辉和力量。

不论是被世人公认的大学理念，还是一个大学的办学理念，都是建立在历史和实践的基础之上的。确立当代的大学办学理念，首先要传承人类优秀文化，同时汲取本校经实践检验过的成功经验。

3. 大学精神的内核

办学理念是大学核心竞争力的构成要素之一。先进的办学理念是打造大学核心竞争力的前提。大学办学理念是一所大学办学的理想和信念，是大学办学的灵魂和指针，也是大学可持续发展的精神支柱。它具有导向、约束、凝聚、激励及辐射等作用，是大学生命力、凝聚力和感召力之所在，凝聚大学和社会的优秀资源，为大学的改革、发展提供强大的动力，从而提升大学的核心竞争力，推动大学可持续发展。

一所大学的办学理念历经积淀，一旦为社会公众所接受，就会对大学内部产生巨大的凝聚作用，对外部社会公众产生强大的吸引力，从而增强大学的品牌价值。

二、国内外大学办学理念的发展历程

（一）国外大学办学理念的形成及其演变

牛津大学的学者纽曼（Newman）在 1852 年的著作《大学的理想》（*the Idea of University*）中最早对大学办学理念进行系统论述，这部著作集中了他对于大学的全部理解。纽曼认为："大学（university）是传授普遍（universal）知识的地方。"（约翰·亨利·纽曼，2001）首先，大学教育是理智的，而非道德的。大学教育的目的是理智训练，发展人的理性。其次，大学教育重在传播和推广知识而非增扩知识。在对大学的功能定位上，他明确提出科学研究与教学相分离。既然大学是传授普遍知识的地方，大学就应为传授知识而设，为学生而设，以教学为其唯一功能。基于这样的认识，他认为大学教育要达到提高社会理智格调，培养大众的心智，净化民族的情趣等目的。因此，大学应该提供普遍性的和完整性的知识教育，而不是狭隘的专门化教育。这种教育以人才培养为根本，而且主要是为社会培养有教养的、有趣味的、良好的社会公民或绅士，实际上是一种"博雅教育"。

19 世纪末，柏林大学的创造者洪堡提出了"学术自由"、"教学和科研相统一"以及强调大学追求科学发展的大学办学理念。洪堡认为："国家决不应该指望大学同政府眼前的利益直接联系起来，却应相信大学若能完成他们的真正使命，则不仅能为政府眼前的任务服务而已，还能使大学在学术上不断提高，从而不断开创更广阔的事业基地。"（弗·鲍尔生，1986）德国这种新的大学办学理念迅速影响了欧洲各国，并对美国大学产生了根本性的冲击，而且确立了德国世界学术中心的地位。20 世纪初，威斯康星大学开创了"大学必须为社会服务"的大学办学理念。以"威斯康星思想"为代表，美国大学的模式成为世界大学的主要模式，强调大学不仅要把教学与研究结合起来，同时应该成为一个社会服务的机构。美国加利福尼亚大学原校长克拉克·克尔在《大学的功用》中提出新的大学观：当代的美国大学，早已超出德英模式，而发展出自我的性格。当代大学是一种多元的结构，有多重目标，有多个权力中心，为不同的顾客服务。如果说纽曼心目中的大学只是一个"乡村"，而当代的大学则是一个五光十色的"城市"（克拉克·克尔，1993）。国外大学办学理念经过几个阶段的发展与嬗变，逐渐深化。现代的大学已集人才培养、科学研究和社会服务于一体，担负着创造知识、探索真理和推进人类进步的神圣使命。

（二）中国大学办学理念的形成与发展

中国历史上一些伟大的教育家、思想家曾提出了具有深刻哲理和鲜明特色的教育思想。《大学》曰："大学之道，在明明德，在亲民，在止于至善。"意思就是，大学的宗旨在于弘扬光明正大的品德，在于使人弃旧图新，在于使社会达到最完善的理想境界。而后，太学兴起之时，董仲舒也提出了"兴学育才"、"通经致用"等办学理念。在中国书院兴盛时期，大部分书院都形成了体现自身办学和治学精神的格言校训，例如长沙岳麓书院的"忠孝廉节"，岱麓书院的"竭智尽能，踵之以行"，无锡东林书院的"依德之行、庸言之谨"，贵州永宁书院的"格致、诚正、修养，知所先则近道；孝悌、谨信、亲爱，行有余以学文"（周谷平等，2005）。这些思想对中国现代大学及其办学者的办学理念产生了深刻的影响。

受西方教育的影响，中国形成了近现代的大学体制，并开始形成现代大学办学理念。时任北京大学校长的蔡元培，受当时德国洪堡的大学办学理念的影响大力主张学术研究的"兼容并包"、"思想自由"和"学校自治"。他说："大学者，囊括大典，网罗众家之学府也。""所谓大学者，非仅为多数学生按时授课，造成一毕业生资格而已也，实以是为共同研究学术之机关。"时任清华大学代校长的梅贻琦，提出了通才教育、教授治校和学术自由等思想。另外，张伯苓倡导"允公允能、育人救国"为核心的办学理念，孙中山倡导"博学、审问、慎思、明辨、笃行"和"立志做大事，不要做大官"的办学理念，竺可桢倡导"求是和牺牲精神，学业与道德并重"的办学理念，等等（张欣，2006）。

随着高等教育管理体制改革的逐步深化，进入21世纪，高校办学自主权进一步扩大，同时面向社会自主办学，使高校面临着更多的机遇和挑战。国内外一流大学的成功经验，昭示着大学办学理念对一个学校建设和发展的重要作用，使得越来越多的大学更加重视办学理念。在全球大学理念的影响下，中国的大学开始根据自身条件和实际情况提出自己的办学理念，充分显示出个性化、多样化和层次化的特征，呈现出绚丽多姿的局面，如"以人为本"的办学理念、"人才强校"的办学理念、"科研兴校"的办学理念、"人才培养为根本"的办学理念等。

三、大学办学理念形成的关键：大学制度

历史证明，大学制度对于大学的生存与发展具有重要意义。从中世纪欧洲大学模式建立大学自治与学术自由等一系列大学制度框架，到柏林大学建立教学科研结合及讲座制等制度体系，再到美国大学建立自由选课和校院系体制，以及教学科研服务的完美结合，这些无不表明制度在保证组织的正常运转与承启组织的观念层和物质层中发挥着重要的作用，同时也表明制度是最重要的教育资源。

大学办学理念作为一种观念，必须借助于办学实践来实现。大学制度创新和制度建设是贯彻大学办学理念、履行大学使命的关键。大学制度是大学发展的一种基础保障，离开了制度安排，理念只是一种冲动、愿望和可能，它虽然可以影响个人的行为，但不能形成统一的集体意志和全校师生的共同认识与共同追求。大学制度的建立便标志着相应的大学办学理念的最终确立。大学制度（在这里指微观层面）作为一种组织要素，以规则和框架的形式规范、调节、引导和激励大学人的行为，它是大学办学理念的物化，是大学办学理念的具体化和操作化，是思想观念转化为行为实践的中介。一所大学，只有选择适合自己的大学制度，创造激励大学人自主创新的制度环境，才能把大学办学理念转变为全校师生员工的理想追求和统一的行为实践，使大学办学理念得以实施。

由于大学的社会活动主要集中在教学、科研和社会服务三方面，因此大学制度应包括教学、科研和社会服务三方面的结构和规范。制度是大学有序发展的支撑，它的基本特征是：大学自治、学术自由、校长治校、教授治学、民主管理等。大学制度通过"激励保障机制"、"竞争淘汰机制"和"评价约束机制"，调动大学内部人积极性、能动性、创造性，激发个人才智和组织力量，使各职能部门、各院系和每个人都关注学科专业建设、人才培养、课程建设、师资队伍建设、大学文化建设等，实现大学的价值追求，促进大学的发展壮大。

第二节　行业划转院校办学理念的影响因素分析

大学办学理念的变迁受到多种因素的影响，主要包括大学办学实践和发展历史（林新宏等，2007）、社会环境、大学校长的影响、高等教育管理体制（陈利民，2005）、学校自身的发展要求，等等。

行业划转院校在国家大规模的院系调整过程中，成长为农业、林业、水利、地质、矿产、石油、电力、通信、化工、建筑、交通等多个行业领域大学。由于历史的原因，行业划转院校在适应行业人才培养、技术创新和产业技术升级改造

的主要任务的过程中，与行业形成了天然而紧密地联系，并逐渐形成了自己显著的办学传统和办学特色。因此，行业划转院校作为高等教育中的一员，办学理念的影响因素不能脱离一般性规律，同时具有自己鲜明的个性特征。本书把影响行业划转院校办学理念的影响因素分为外部因素和内部因素两大类，外部因素包括高等教育管理体制和社会环境，内部因素包括办学传统和高校自身的发展要求。

一、行业划转院校办学理念的外部影响因素

（一）高等教育管理体制

大学的办学理念与高等教育管理体制处于不同的层面。大学办学理念是大学办学的价值追求，体现在精神层面上；管理体制是大学实施管理实践过程的层面，强调可操作性和客观务实性（蔡贤榜，2006）。

大学办学理念与高等教育管理体制之间存在着一定的联系。19世纪60年代以来，美国涌现出了一批世界一流大学，雄踞世界各国大学之首。这与美国高等教育管理体制具有"自治、竞争和反应能力"的显著特点具有一定的相关性。哈佛大学在艾略特、科南特等校长的领导下，改变传统落后的办学理念，使哈佛大学的学术声誉大幅提高，在激烈的竞争中立于不败之地（陈利民，2005）。高等教育管理体制改革以前，行业划转院校隶属于国务院各个部门。1998年以来，中央部委管理的高校在"共建、调整、合作、合并"的方针指导下，逐步脱离了行业主管部门的管理，划归教育部或省级政府管理，基本形成了中央政府和省级政府两级管理、在国家政策指导下以省级政府统筹管理为主的新体制。由于隶属关系的特殊变化，行业划转院校较其他高校，受中国高等教育管理体制的影响更为显著。

在计划经济体制和中央集权型管理模式下，行业划转院校与其他高校一样，统一管理。高校发展缺乏生机和活力，缺少办学自主权，办学资金来源单一化，学科狭窄单一，招生就业由政府统一管理，不能适应经济和社会发展需要等弊端，限制了教育事业的发展。在社会主义市场经济体制下，国家宏观指导和管理，行业划转院校由中央部委管理改为由地方政府管理，办学自主权扩大，增强了适应经济和社会发展需要的活力。同时，在这一转变过程中，也面临着一些新的问题。服务面向由部委转变为地方区域经济和社会，使得与行业系统之间的沟通不断弱化，而与经济社会和区域经济相适应的新的人才和科研服务面向还没有及时形成；来自行业部门政策、经费和项目支持减少，而地方和区域资源支持还没有形成可持续发展，经费资源困难（张长宽，2008）；与原地方高校比较，体制机制变革还没有完全开展，不能适应多元化的市场要求，组织文化和组织结构与新形势下高校发展战略不相适应，使得掌控和整合资源的能力不够，在与同类

别的地方高校的竞争中处于不利境地。这些问题引发行业划转院校在服务面向、办学目标、办学定位、发展道路等方面的办学理念的新思考。

(二) 社会环境

社会环境是指人类生存及活动范围内的社会物质、精神条件的总和,包括整个社会经济文化体系,如生产力、生产关系、社会制度、社会意识和社会文化。现代大学已经走出"象牙塔",从社会边缘逐步走向社会中心,成为"人类社会的动力站"。大学与社会的发展密切相关。大学办学理念受社会环境的影响是一个客观存在。人才培养、科学研究和社会服务的大学办学理念的演变过程体现了社会文化、政治、经济环境对大学的深刻影响。世界各国大学的办学理念都是社会环境的缩影,反映时代的发展变化和需求。哈佛大学校长德里克·博克(De-rickerbok)在哈佛大学 350 周年校庆演讲中指出,"必须十分明确:大学的职责是为了养育自己的社会服务的","当知识和高等教育在社会中扮演的角色越来越活跃时,国家自然希望能确保大学为公共利益提供服务"(德里克·博克,1988)。

现代社会,高校之间的竞争日趋激烈。能否科学判断高校面临的机遇与挑战,反映时代的发展变化和需求,以服务求发展,将有利的环境和机遇化解为可利用的资源进行战略规划,将是提高高校核心竞争力的有效途径。

行业划转院校由中央部委划转地方政府或教育部管理,由面向行业转为面向地方政府,管理体制变化较大,对新的管理体制存在着诸多不适应,这都使得社会环境对行业划转院校的影响较大。要确立高校的办学目标、办学层次、办学思路,以及发展战略,就要认真分析国家政策方针,行业的发展机遇和战略、地方需求,教育政策和教育理念等。

二、行业划转院校办学理念的内部影响因素

(一) 办学传统

《现代汉语词典》对"传统"的解释是:世代相传、具有特点的社会因素,如文化、道德、思想、制度等(吕叔湘等,2008)。传统具有传承性,是文化的积淀,具有稳定性和凝固性。优秀传统被历史和公众认可,具有榜样和示范意义。大学办学理念受制于优秀的办学传统,一是古今中外具有普适性大学办学理念和优秀大学的办学理念;二是自身优秀的办学传统和办学实践。但是,传统也需变革,环境需要适应。阿什比(1983)认为,传统就是一种惯性,这种惯性反映了大学的内部逻辑,因而有其优点,但是一旦这种惯性"大到非外力推动便不能改革时,就成了阻力",而"受外力推动的变革是非常激烈的,以致会危害大

学的传统"。因此，大学办学理念在社会环境的变迁面前，必须在继承传统的同时进行变革，为大学的发展注入新的生机和活力，获取更大的发展空间。

行业划转院校大多是在新中国成立初期根据国民经济建设的需要以服务行业为使命创建起来的，隶属中央各部委，后逐渐成长为行业领域高层次应用型人才培养的主要基地，为各行各业培养了一大批优秀创新人才和行业技术骨干，承担着行业技术创新和产业技术升级改造的主要任务，成为科技进步的重要技术支撑，取得了开创性的科研成果。

高等教育管理体制改革之后，虽然长期以来行业主管部门办学培养行业人才的模式被打破，但与经济社会及行业发展相适应的新的人才和技术供需体系却没有及时形成，行业主管部门在学科建设、人才培养、学术发展、科技创新等方面给予的指导和扶持也日渐减少，进而导致行业特色高校发挥传统特色优势、为行业服务的空间在一定程度上缩小，因此而失去了一部分有力的支持。所以，行业划转院校要在继承优秀的办学实践的基础上，加以创新，构建新的办学理念。

（二）高校自身的发展要求

高校自身的发展变化是重新审视大学办学理念的直接动因。行业划转院校发展历程特殊，随着高等教育管理体制的改变，高校的经费来源、资源条件、发展空间、科技支撑等都发生了新的变化，其自身在学科专业设置、师资队伍、规模、层次等许多方面的发展要求也具有自身的特点。在这种形势下，如何立足现实，转变观念，充分发挥自身优势，克服困难，科学确定办学目标、发展定位，迎接新的机遇和挑战，走出一条符合本校实际的发展道路，都是无法回避的重要课题。这就要求行业划转院校树立科学、正确的办学理念，进一步明确学校的办学思路和办学方向，既要顺应时代潮流，又要张扬学校个性，用于指导行业划转院校的未来发展。

第三节　行业划转院校办学理念的思考

一、科学定位

办学定位主要指高校在发展目标、办学类型、办学规模与层次、人才培养规格、学科特点、服务面向等方面的定位。它是高校建设与发展的起点，是确定发展战略的前提。一所高校只有科学定位，才能制定正确的发展战略，确定战略目标，才能创出品牌，办出特色。

行业划转院校经历高等教育管理体制的变化，办学定位受到影响。行业划转院校在行业主管部门的管理过程中，多数已经确立起自己在所属行业中的领导地位和绝对优势。但是，随着划转教育部或地方政府管理，行业划转院校在国家高等教育格局中所处的地位及办学环境都发生了很大变化。随着中国高等教育逐渐向多样性和多层次发展，各高校之间的竞争不断加剧。行业划转院校只有科学合理定位，制定科学有效的发展战略，才能提高社会声誉和社会影响力。

行业划转院校要以理性的态度明确自身的发展定位，确立在我国高等教育体系中的战略地位。办学定位的分析过程要建立在高校的办学传统、学科优势，以及目前所处的社会政治环境、高等教育发展趋势之上；在发展目标和办学类型上，要克服盲目追求"大型化、综合化、高水平"的误区，在多层次、多样化、各显特色、各具优势、结构科学、布局合理的高等教育体系中，找准自身的发展类型和层次，走特色化发展道路；在人才培养上，要坚持行业特色，处理好通用性和专门性、研究型和应用型的关系；在学科建设上，要坚持传统优势学科和特色学科，做大做强，形成相对优势，同时发展新兴交叉学科，保持青春活力；在服务面向上，要在服务行业的同时，融入地方经济建设和社会发展。要科学分析自身的内外环境，科学定位，坚持走内涵发展为主的道路，树立正确的大学办学理念，促进高校的长远发展。

二、特色办学

特色就是优势，特色就是竞争力，特色就是生命力。特色既是高校的生存战略，更是高校发展至高的价值理性体现。在国家"特色办学"的教育思想的指导下，特色办学逐渐成为指导高校发展的一种理念。

行业划转院校在长期的办学过程中形成了一系列的办学特色。利用与行业紧密相连的便利条件，形成一批特色鲜明的学科专业。这些学科专业逐渐发展成为高校独有的品牌，是高校的核心竞争力所在。在人才培养上，产学研结合，强化对学生实践能力的培养。下放到教育部或地方政府后，行业划转院校虽然失去了行业主管部门的资源优势，但是原有的学科优势、科技和人才特色等是客观存在。行业划转院校发展的实践证明，保持行业特色和水平，立足为区域经济服务求发展是行业划转院校的成功办学之路。

行业划转院校要走特色办学之路，不仅要把办学特色作为摆脱高校发展困境的求生之道，更应该使特色办学成为一种重要的办学理念，指导高校的发展战略。

行业划转院校要统一思想认识，坚持因行业主管部门办学形成的特色，并形成学科建设、人才培养、科学研究的长效机制，寻求与行业企业合作的新机制和新模式。同时，要在服务区域经济的过程中，努力创建新的办学特色。

三、"崇术"为上

和飞（2005）在他的博士学位论文《地方大学办学理念研究》中提出，地方大学应坚持"学术并举，崇术为上"的办学理念。"学"是为了"求知"，即探索自然和社会的内在规律、法则及其抽象理论，即求真，追求真理；"术"是为了"求用"，即为人类、为政治、为现实服务，即"求善"，为实用。纵观古今中外大学办学理念的演变历史，都是在尊学与崇术之间变化。

行业划转院校在中国高等教育管理体制改革后，大多都划转为地方政府管理，成为地方高校。因此，应遵循地方高校发展的一般规律，坚持应用型人才培养的办学宗旨，着力开展应用研究，坚持为地方经济社会发展服务。在开展应用型人才培养和应用研究的同时，有能力的学科培养研究型人才，开展基础研究，反哺教学，提高社会服务能力和水平。

四、开放办学

开放办学是经济全球化和知识经济对高等教育的客观要求，是高等教育发展的必然趋势。开放办学是高校参与国家经济建设和社会发展，提升教学科研水平的重要途径，是高校盘活教育资源的重要手段，是高校创新管理体制的重要方式。开放办学相对于封闭办学而言，包括大学精神的开放、办学理念的开放、办学体系的开放、教育对象的开放、教育时空的开放和管理过程的开放（纪望平，2008）。

在计划经济体制下，行业划转院校在长期的行业主管部门办学历史过程中，或多或少地形成了"等、靠、要"的狭隘观念。划转地方政府管理后，失去了很大一部分行业主管部门办学资源，面临着办学资源相对不足、发展空间变化、管理体制不畅等一系列的问题和困难。解决这些问题和困难需要行业划转院校破除狭隘的办学观念，树立开放办学的办学理念。

行业划转院校开放办学，一要拓展空间，把自己放在行业、区域和世界的广阔的坐标系中建设与发展；二要从主要以行业政策为导向，转变为落实国家、地方教育政策和法规，提高教育教学质量；三要与国家经济、政治、科技融合，了解相关产业的发展现状，以国家和产业的重大需求为导向，积极参与区域创新体系建设，以自身的行业优势和学科优势赢得更多的社会资源；四要积极寻求与行业企业合作的新机制，打破现代教育制度和教育空间的限制，学校教育和社会教育相结合，智力与体力相结合，培养创新人才，同时利用行业企业丰厚的师资、设备资源，弥补教育资源不足；五要加强国际学术交流与合作，开展多层次、多形式、多元化的联合办学和合作，利用国外高校的优质的师资、设备等教育资源，促进人才培养、学术交流和科研合作。

五、勇担社会责任

办学理念的演变过程体现了高校促进社会发展，担当社会责任的特征。高校在勇担社会责任的过程中走向成功是现代大学成功的共同规律。当今世界的著名高校，如哈佛大学、斯坦福大学等，都是在通过一流的教学和科研服务影响和作用地区、国家，乃至全球的过程中，自身也得到了快速发展。

行业划转院校在行业办学的过程中，为国民经济与社会发展做出了突出贡献。划转教育部或地方政府管理后，高校应该融入社会发展之中，勇担社会责任，吸纳社会对高校的合理化要求，在精英与大众、文化与功用、科学与人文、知识与德性、"象牙塔"与"发动机"的争辩中，树立起和谐理念、以人为本理念、国际化理念、综合化理念、特色化理念、社会服务理念、止于至善理念、终身学习理念等。同时，在具体的教学、科研和社会服务过程中还应该建立起立德树人的理念、学术独立和自由的理念、崇高的使命感理念、创新理念、创业理念等。

第三章　行业划转院校财政因素分析

第一节　国内外高校财政管理体制演变历程及现状分析

高等教育财政管理体制决定于国家高等教育管理体制和财政体制状况，对高等教育机构的改革和发展具有导向作用。高等教育财政投入体制是国家高等教育财政管理体制的集中体现，并不断对高等教育管理体制和财政体制提出新的要求，进而推动高等教育管理体制和财政体制的进一步完善（吕炜，2004）。

一、国际高等教育财政投入体制分析

高等教育投入体制应与高等教育管理体制相适应，根据高等教育管理权限分配结构与某一层次教育行政权力的大小，可将高等教育投入体制分为集权型投入体制、分权型投入体制和混合型投入体制三类（马陆亭，2007）。

（一）集权型投入体制

集权型投入体制的投入主要源于中央财政。中央政府通过计划、法律、监督等手段直接调节高等教育活动，按照预算分配高等教育资源。高等教育投入由国家统一管理，中央政府设专门教育部门对高等教育投入过程进行全面管理。地方教育部门主要负责支出部分教育项目经费，并进行有效的监督与管理。集权型投入体制有利于中央政府对全国高等教育事业进行统一规划，有利于提高全国高等教育的管理效率。法国、英国是实行这种投入体制国家的典型代表（马陆亭，2007）。

（二）分权型投入体制

实行分权型投入体制的国家，高等教育的财政权和管理权掌握在州政府（地方政府）手中。联邦政府对高等教育没有直接管辖权，其权力仅限于国家宪法中规定的权力，对高等教育的支持主要是通过拨款和立法来实现。联邦政府通过向学生发放奖励金或贷款、科研拨款和高等教育重点投资等形式来弥补州政府财力的不足，通过各种渠道将拨款直接给予高等教育机构或学生个人。州政府拨款是

高等教育经费的另一来源。实行分权型投入体制有利于发挥地方政府办学的积极性，加强高校与地方联系，提高办学活力。美国、德国、澳大利亚和加拿大等是实行这种投入体制国家的典型代表。例如美国各州的高等教育拨款，无论从总量上还是从比例上都没有统一标准，而且拨款差额巨大，反映了高等教育以州政府为管理和统筹核心，拨款分权化特征明显。

（三）混合型投入体制

混合型投入体制介于集权型投入体制和分权型投入体制之间。一般来说，举办者承担所办高校的费用。中央政府的投入主要用于国家教育活动直接开支，如对国立高校拨款，同时也给予公立高校和私立高校经费补助。地方教育行政机关负责管理本级公立高校及社会教育投资，私立高校的投入由其法人代表负责筹集并管理。但为了消除地区之间经济发展不平衡现象并减轻地方政府财政负担，中央政府制定了国家负担、财政补助和地方交付税金制度。确保地方公立高校经费来源并确立教育机会均等的有效措施，同时强化中央政府和地方政府的公共高等教育责任。日本、韩国是实行这种投入体制国家的典型代表。

二、中国高等教育财政投入体制演变历程

新中国成立后，与计划经济体制相适应，高等教育财政投入体制的基本特征是由举办者负责筹措和管理经费。改革开放后，高等教育的经费来源开始发生变化，多元化的投入体制逐步形成。世纪之交，中央政府和省级政府两级管理、以省级政府管理为主的高等教育管理体制基本形成。

（一）统一财政与分级管理阶段

1949～1979年，在计划经济体制框架下实行统一的财政体制。中国少数高校由教育部直接领导、部分由地方政府管理、大多数高校由中央各部委管理。高等教育财政投入体制大致可以分为四个发展阶段（马陆亭，2006）。

（1）统收、统支阶段（新中国成立之初）：对教育经费实行统一列支，按照中央、大行政区和省市三级管理，办学经费根据其管理关系由中央政府和地方政府分别安排。

（2）统一领导、分级管理阶段（1953～1957）：全国财政划分为中央、省和县三级财政管理。教育经费列入国家预算实行统一领导，地方政府根据需要上报，最终由中央政府审批。

（3）条块结合、以块为主阶段（1958～1966）：各级人民政府财政部门在编制经费预算和核定下级经费预算时与同级教育部门协商拟定，在下达经费预算时

将教育经费单列。

（4）财政单列、"戴帽"下达阶段（1966～1979）：教育经费单独列出，教育经费由中央财政统一"戴帽"下达，上级部门将经费直接指标分配给下级部门。

（二）分级财政分级管理阶段

1980年，中国的财政体制发生了本质变化，开始实行分级财政分级管理的体制，即中央统一的财政体制改为由中央政府和地方政府分级管理负责。除教育部所属高校的经费仍由中央政府直接负责外，各省（直辖市、自治区）高校所需经费由各省级政府负责。这样可以根据事权与财权相统一的原则，做到高等教育财政资源配置下移，即在促进高等教育发展方面，中央政府不再统一负责高等教育财政，省级政府承担更多的财政责任。

（1）财政切块、分级负责阶段（1980～1994）：高校的教育事业经费由中央政府和地方政府两级财政各自切块安排，分级负责。

（2）分税制阶段（1994年至今）：国家开始实行分税制，明确划分中央政府和地方政府收入与支出，明确各级政府在教育投入方面的责任和义务，保障了高等教育持续、健康、快速的发展。

三、中国高等教育财政拨款机制变革

中国高等教育财政拨款机制先后经历了"基数＋发展"拨款模式和"综合定额＋专项补助"拨款模式两个阶段。

（一）"基数＋发展"拨款模式

该拨款模式是以定员定额为基础，即按照机构规模的大小或事业的需要确定人员编制、房屋和设备标准等指标，以其上年经费所得额为基数确定当年的经费分配额。但由于它以上年的支出结果为依据，并不以合理的成本分析为基础，会导致单位成本越高的高校获得经费越多，不利于高校进行成本控制和提高经费的使用效率（钟云华等，2009）。

（二）"综合定额＋专项补助"拨款模式

1986年，"综合定额＋专项补助"拨款模式开始实行。1986年10月出台的《高等院校财务管理改革实施办法》规定："高校年度教育事业费预算，由主管部门按照不同科类、不同层次学生的需要和学校所在地区的不同情况，结合国家财力的可能，按'综合定额加专项补助'的办法进行核定。"与之相应，省（直辖市、自治区）属高校的财政拨款标准公式也大致相同。以标准普通本、专科生人数为主要拨款依据，并引进体现基本办学条件要求的生师比、生均教学行政用房、生均教学科研仪器设备值、生均图书、具有研究生学位教师占专职教师的比例五个调控参数，以期使高校积极改善办学条件，提高规模办学效益和办学质量。

"综合定额＋专项补助"拨款模式的设计原理是将高校正常运营支出平均分摊到每个学生身上，按照在校学生数进行补助。这种拨款模式与"基数＋发展拨款"模式相比是一种进步，体现了公式拨款法的优点。该拨款模式基于对高校的初步成本分析，从一定程度上反映了高校的成本运行规律，在透明性和公正性方面均有明显进步。但是，这一模式在实施过程中也存在种种不足，具体表现在以下两个方面（吴伟，2005）：

一是单一公式拨款方式无法真实、准确地反映高等教育成本的变化规律，在教育资源十分有限的情况下，微观办学主体会产生低水平的不当竞争行为。同时，因其仅以在校学生数作为单一的政策参数，忽略了拨款机制的多目标要求，不能体现多政策参数对高校办学行为的多重激励作用。

二是该拨款模式只考虑招生人数，不考虑实际培养成本、效益回报和高校学科专业特色，因此无法有效地实现政府拨款作为对高等教育发展宏观调控、实现政策目标主要经济手段的功能，也不利于调动高校在投资日趋多元化的时代主动获取其他资源的积极性，甚至有可能使高校陷入无限扩大招生的循环怪圈。

由于两种拨款模式均不尽合理，近年来财政部门也在寻求科学的拨款模式，并在现有拨款模式中引入公平与效率的原则。例如从 2002 年开始，财政部对中央政府部门的预算核定方式采取基本支出加项目支出预算，开始实施财政集中收付制度。这项改革从总体上要求中央政府部门的预算外收入全部纳入预算管理或财政专户管理，收支不挂钩，支出要透明，其目的是对财政资金的全过程进行监督，特别是做到事前监督。

20 世纪 90 年代以后，中央财政增加了对高等教育的专项资金投入。为了切实发挥教育专项资金的宏观调控功能，国家教委对专项资金实行项目管理。通过对项目的立项、论证与评估、执行和监督等全过程进行管理与跟踪，项目结束后通过中介评估机构对投入资金的使用方进行项目使用评估，有力促进资金效益目标实现，包括"211"和"985"工程都采用此拨款模式（胡卓加，2008）。

四、中国高等教育经费投入状况分析

高等教育的社会性表明，高等教育经费投入状况直接决定着国民素质的高低和经济发展的潜力。自改革开放以来，中国经济快速发展，居民收入水平不断提高，但高等教育经费投入力度不够，人民日益增长的高等教育需求与国家支持高等教育能力不足的矛盾日益突出，高等教育经费总量不足已成为制约中国高等教育持续发展的瓶颈。

（一）中国教育经费执行情况分析

根据成本分担理论，教育作为准公共物品，政府除应承担普及义务教育的责任，也应承担非义务高等教育的成本。1993 年《中国教育改革和发展纲要》规定，到 2000 年年末实现国家财政性教育经费支出占国内生产总值的比例达到4%。1995 年《中华人民共和国教育法》规定了"各级人民政府教育财政拨款的增长应当高于财政经常性收入的增长"、"按在校学生人数平均的教育费用逐步增长"和"保证教师工资和学生人均公用经费逐步增长"的"三个增长"原则，在中国历史上第一次从法律上明确了各级政府在教育投入中的责任。

1. 教育经费"三个增长"分析

"三个增长"中的第一个增长是预算内教育财政拨款增长应当高于财政经常性收入增长。从图 3-1 可以看出，除了 2000 年外，近 10 年来，中国预算内教育财政拨款增长一直高于财政经常性收入增长，基本达到了这一要求。但由于各个地区经济发展的不平衡，部分地区的预算内教育财政拨款增长并没有高于财政经常性收入增长。2003 年，有 18 个省没有实现这一增长，2005 年和 2006 年仍然有 11 个省教育财政拨款增长低于财政经常性收入增长。

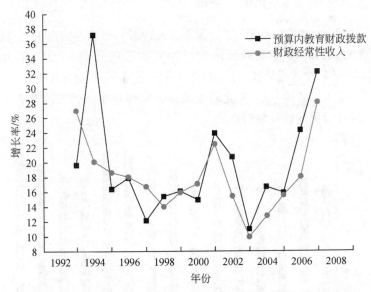

图 3-1 预算内教育财政拨款增长与财政经常性收入增长比较

资料来源：根据 1993~2007 年全国教育经费执行情况统计公告整理计算。

如图 3-2 所示，1996~2001 年，高等教育预算内生均事业性经费及预算内生均公用经费的增长率均不断下降，2000 年甚至开始出现了负增长，2001 年到达最低点，负增长的原因与中国高等教育的规模快速扩张密不可分。之后逐步好转，但一直到 2006 年预算内生均事业性经费及预算内生均公用经费才开始出现正增长。

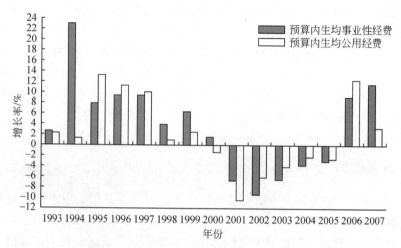

图 3-2 高等教育预算内生均事业费及预算内生均公用经费增长情况
资料来源：根据 1993～2007 年全国教育经费执行情况统计公告整理计算。

2. 教育经费的"两个比例"分析

如图 3-3 所示，1995～2002 年，国家财政性教育经费占国内生产总值的比例基本上不断增加，即使在亚洲经济危机期间也没有下降。2003 年出现下滑，2005～2007 年又开始缓慢增长。近 10 多年来，国家财政性教育经费占国内生产总值的比例一直在 2.5%～3.4% 之间波动，要实现《中国教育改革和发展纲要》提出的 4% 的目标无疑任重而道远。

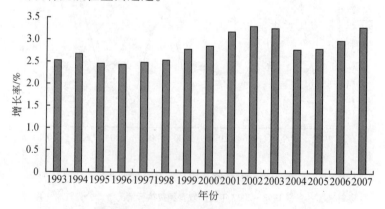

图 3-3 国家财政性教育经费占国内生产总值比例情况
资料来源：根据 1993～2007 年全国教育经费执行情况统计公告整理计算。

从中国与部分国家公共教育经费占国内生产总值比重看，中国公共教育经费投入占国内生产总值比重较低。据联合国教育、科学与文化组织公布的资料（图3-4），2004年世界各国公共教育经费投入占国内生产总值的平均比重为5.7%，其中发达国家为6.1%，发展中国家为4%。图中显示美国、英国、法国、德国、韩国等12个国家的公共教育经费投入均高于中国。

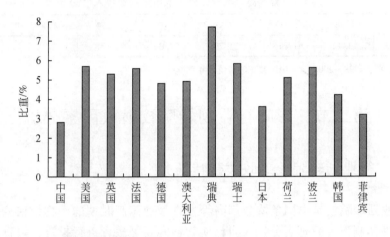

图 3-4 2004 年中国与部分国家公共教育经费投入占国内生产总值比重比较

资料来源：根据 2006 年世界发展指标整理计算。

（二）中国高等教育经费收入结构分析

高等教育总体规模的急剧扩大使绝大多数国家意识到，高等教育主要依赖于财政资助已经难以为继。在这一背景下，世界各国都在进行成本分担机制的改革，提出非政府方面也应分担高等教育成本。高等教育成本分担机制改革的总趋势是逐步增加个人分担比例，同时还在继续拓展其他渠道的分担比例。

新中国成立后的几十年里，中国高等教育一直实行免费教育，由政府负担全部教育成本。1993年颁布的《中国教育改革和发展纲要》明确提出："要逐步建立以国家财政拨款为主，辅之以征收用于教育的税费，收取非义务教育阶段学生学杂费、校办产业收入、社会捐资集资和设立教育基金等多种渠道筹措教育经费的体制。"1998年《中华人民共和国高等教育法》规定："国家建立以财政拨款为主，其他多渠道筹措教育经费为辅的体制"，标志中国高等教育经费来源多元化的格局逐步形成，其中政府拨款和学杂费成为多渠道中的两个主要渠道。按"谁受益谁负担"的市场经济原则，举办高等教育的政府（国家）、学生（家庭）、社会各界均成为成本分担的主体（曾建吉，2001）。世界银行专家20世纪60年代以来对教育收益率的研究表明，高等教育的个人收益率高于社会收益率。在中国高等教育成本分担的诸多主体中，学生（家庭）所占的比例不断加大，成为除政府财政拨款之外的高等教育主要财政支撑。1996 年，国家规定高等教育学杂费水平不能超过当年生均教育培养成本的 25% 。如表 3-1 所示，从 2000 年开始学杂费收入已占高等教育经费收入的 20% 以上，且呈上升趋势，在 2006 年占到了32.12% 。这充分表明，学杂费收入已成为普通高校的一大财政来源。

表 3-1 普通高等教育经费收入中学杂费收入比例

年 份	1998	1999	2000	2002	2004	2006	2008
百分比/%	13.42	17.15	21.29	27.00	32.38	32.12	33.6

资料来源：1998~2008 年《中国教育经费统计年鉴》。

第二节 影响行业划转院校财政因素分析

一、行业划转院校财政拨款特征

行业划转院校是中国条块分割高等教育管理体制时期的产物，在这一高等教育管理体制下，管理者分别对自己所管辖的高等教育进行投资，教育事业经费由高校申报预算，高校所属部委进行审核下拨。划转后，这些高校的财政投入体制也相应地发生了重大变化，行业划转院校的财政拨款特征表现在以下几个方面。

（一）财政拨款部门及权限改变

高校划转不仅改变了高校的隶属关系，更重要的是改变了高校的财政投入体制，由原来中央财政拨款改为地方政府负担教育事业经费。行业划转院校与地方高校共同享有地方政府的教育投入，无疑增加了地方政府的财政负担。行业划转院校不仅继续承担为行业和部门培养人才、科学研究的职能，同时还应面向区域经济服务。虽然中央财政通过专项资金的形式仍对地方高等教育给予财政支持，但地方发展状况及经济实力直接影响到行业划转院校赖以生存的财政拨款的多寡。为了获取更多的财政支持，行业划转院校必须积极服务区域经济，以服务求支持，以贡献求发展。

（二）财政拨款基数的确定

1998 年开始的高校划转标志着中国高等教育逐步形成中央政府和省级政府两级管理、以省级政府管理为主的新体制。当时的调整工作是在国务院领导下，由教育部会同国家经济贸易委员会、国家计委、财政部，区别不同情况，对不同类型高校的事业编制、专业设置、招生计划和经费划转提出可行措施。国家计委会同高校原主管部门和有关省（直辖市、自治区）政府，根据高校前五年预算内非经营性投资平均数，上浮一定比例作为下划的财政拨款基数，经由地方政府转拨给高校。同时，按建设项目给予高校一次性专项投资补助。据初步推算，中央财政为推动此次调整至少增加教育投入数亿元（姚启和，2002）。不过，由于行业划转院校在中央部委管理时存在多种专项经费，且该经费并未列入核定的拨款基数之中，大部分行业划转院校获取的实际财政收入比划转前大大下降。

二、辽宁省高等教育财政投入与全国其他省（直辖市）的比较

一个地区分担高等教育成本的能力与地区经济发展水平密切相关。辽宁省的财政收入从 1999 年的 279.63 亿元增长到 2008 年 1356.1 亿元，财政收入增量和增幅逐年提高，彰显出辽宁省老工业基地进入全面振兴阶段所取得的重要成果，从一个侧面反映了辽宁省地方政府负担高等教育成本的能力不断增强。中央部委高校划转对地区经济和社会发展影响深远，辽宁省有 18 所中央部委高校划转到地方政府管理，是全国划转高校最多的省份，大大增加了全省教育资源的存量，成为高等教育大省。尽管辽宁省高等教育财政投入逐年增长，但财政投入增长的速度远远低于高等教育规模扩张的速度。

北京市、上海市、江苏省、浙江省、广东省等是中国的教育大省（直辖市）和教育强省（直辖市），这些省（直辖市）在普通本科院校的预算内生均事业性经费支出和年末设备购置额支出方面，也处于较高的水平。从表 3-2 和表 3-3 可以看出，2008 年辽宁省普通本科院校预算内生均事业性经费、生均公用经费支出低于全国平均水平，2006 年辽宁省高校年末设备购置额支出低于全国平均水平，也低于其他教育大省（直辖市）和教育强省（直辖市）。通过对辽宁省高校与其他 6 省（直辖市）高校预算内生均事业性经费支出和年末设备购置额支出的对比分析，可以在一定程度上揭示辽宁省高校的财政投入状况。"十五"期间，辽宁省高等教育取得了跨越式发展，根据中国科学评价研究中心 2006 年开始的中国大学教育地区（省、直辖市、自治区）综合竞争力排名，辽宁省高等教育已排在国内 9 大高等教育中心的第 5 位（北京市、江苏省、上海市、山东省、辽宁省、广东省、湖北省、陕西省、浙江省为 9 大高等教育中心）。虽然辽宁省政府对省属普通高校的预算内事业性经费拨款逐年增加，但仍低于其他省（直辖市），这充分说明辽宁省的高等教育用较低的投入获得了较大的效益，但要将辽宁省由教育大省转变为教育强省，还必须进一步加大对高等教育的投入。

表3-2　2008年辽宁省普通本科院校预算内生均事业性经费、公用经费支出与部分省市比较表

项目	辽宁省	全国	北京市	上海市	江苏省	浙江省	广东省	陕西省
事业性经费支出/元	5 643.13	7 459.51	16 005.72	12 856.68	8 526.74	9 195.79	12 926.86	6 591.74
公用经费支出/元	2 494.28	3 024.12	8 899.22	7 915.26	3 218.86	3 857.2	6 876.48	2 262.6
事业性经费支出之比（辽宁为1）	1	1.32	2.83	2.27	1.51	1.62	2.29	1.16
公用经费支出之比（辽宁为1）	1	1.21	3.56	3.17	1.29	1.54	2.75	0.9

资料来源：2008年中国教育经费统计年鉴。

表3-3　2006年辽宁省高校年末设备购置额支出与部分省市比较表

项目	辽宁省	全国	北京市	上海市	江苏省	浙江省	广东省	陕西省
年末设备购置额支出/亿元	4.99	17.44	23.29	10.85	16.12	9.94	12.21	5.66
年末设备购置额支出之比（辽宁为1）	1	3.49	4.60	2.21	3.21	2.01	2.51	1.13

资料来源：2006年中国教育经费统计年鉴。

三、辽宁省行业划转院校划转前后财务运行状况分析

（一）辽宁省行业划转院校划转前后财务状况分析

高等教育的资金占用体现在两方面：一是事业性经费支出；二是基本建设支出。高校划转改变了中央部委属院校的财政投入体制，事业性经费部分的拨款来源由中央财政负担改为地方政府投入。基本建设支出由中央部委按项目拨款改为主要依靠单位自筹。如表3-4所示，部分年份行业划转院校的基建投资中，划转前的1995年国家预算内基建投资占基建投资总额的64.38%，高校划转开始的1998年降为48.4%，到2008年国家预算内基建投资仅占基建投资总额的12.12%，单位自筹投资比例升至87.87%，行业划转院校的基建投资几乎全部依靠高校自筹。

表3-4　部分年份划转辽宁省行业划转院校基建投资中国家预算内投资与单位自筹投资比

年份	1995	1998	1999	2005	2007	2008
国家预算内投资/万元	8 573	8 284	94 775	19 248.8	12 354	8 726
单位自筹投资/万元	4 744	8 833	152 718	49 627.8	93 986	63 239
国家预算内与单位自筹投资之和/万元	13 317	17 117	247 493	68 876.6	106 340	71 965

续表

年份	1995	1998	1999	2005	2007	2008
国家预算内投资所占百分比/%	64.38	48.4	38.29	27.95	11.62	12.12
单位自筹所占百分比/%	35.62	51.6	61.71	72.05	88.38	87.87

资料来源：根据1995年、1998年、1999年、2005年、2007年、2008年辽宁省教育统计年鉴整理计算。

注：1998~1999年行业划转院校共6所，2005~2008年行业划转院校共18所。

1999年，国务院决定实施高校扩招政策。辽宁省抓住这一有利时机，实现了高等教育规模的扩大，各行业划转院校也完成了规模扩张。但基础设施、教学资源严重不足的问题也随之出现。划转后，依靠贷款进行校园基本建设，改善了办学条件，适应了高等教育发展的形势。据统计，行业划转院校新建、扩建后校园面积增加5 247 246平方米，校舍面积增加1 559 809平方米，固定资产总值增加322 443万元。但新建、扩建过程中的基建投资来源于国家预算内的部分很少，贷款是高校管理者寻求高校发展的无奈之举。

如表3-5所示，辽宁省行业划转院校扩招后的搬迁、扩建过程中基建投资的资金来源主要是银行贷款和土地置换投入。从基建投资结构来看，政府给予的财政拨款仅为28 299万元，占全部基建投资额的2.88%；银行贷款为505 612万元，占全部基建投资额的51.63%；土地置换投入为315 329万元，占全部基建投资额32.19%。大量的基建贷款导致2007年年末行业划转院校的负债高达564 262万元，占辽宁省省属高校负债的53%。

表3-5 2007年辽宁16所行业划转本科院校异地搬迁及财务状况调查表

项目	资金来源	完全异地重建或扩建（8所）	原地或部分异地扩建（8所）	合计	百分比/%
基建投资/万元	财政拨款	14 395	13 904	28 299	2.88
	银行贷款	263 580	242 032	505 612	51.63
	土地置换投入	296 104	19 225	315 329	32.19
	学校自筹	42 928	23 387	66 315	6.77
	其他	50 673	13 070	63 743	6.53
	合计	667 680	311 618	979 298	100
截至2007年年末负债/万元	负债	274 023	290 239	564 262	100
	其中 基建贷款	216 780	231 750	448 530	79.48
	欠付工程款	35 733	25 332	61 065	10.82

资料来源：根据辽宁省教育厅会计年报整理计算。

在搬迁、扩建的16所行业划转院校中有4所高校的负债是5亿~9亿元，5所是3亿~5亿元，7所是3亿元以下。个别高校贷款规模之大已经导致利息费用挤占教育事业性经费支出，资产负债率逐年上升。加之2008~2010年是高校还本付息的高峰时期，个别高校的现金流一旦断流，势必会影响高校正常教学业务运转，加大高校财务风险。

（二）辽宁省行业划转院校预算内教育经费支出分析

通过前面的分析可知，辽宁省财政性教育经费拨款虽然逐年增加，地方政府对高校的拨款基数每年递增5%左右，但增加的份额基本都用于越来越高的人员经费支出。特别是高校的离退休人员还没有纳入社会统筹范围，离退休人员经费在高校人员经费中占很大比例。所以，辽宁省地方财政给予高校的财政拨款用于教学四项经费的部分并没有明显增加，从而影响了高校内涵建设。

在高等教育经费投入上，目前采取的仍然是财政预算内拨款方式，高校的隶属关系决定其教育财政拨款的来源。从政府高等教育拨款的主体看有三种类型拨款：中央财政拨款、地方财政拨款和市级财政拨款。辽宁省18所中央部委属高校划归地方政府管理后，虽然丰富了辽宁省高等教育资源，但也加大了地方政府的财政负担。

表3-6显示了2008年省属本科院校与其他类型本科院校预算内生均事业性经费支出情况。从预算内生均事业性经费支出看：1998年辽宁省有6所中央部委高校划归地方政府，辽宁省省属本科院校（18所）预算内生均事业性经费支出8743.9元，比部属本科院校高1183.6元，比市属本科院校高1582元。2008年，辽宁省有18所中央部委高校划归地方政府，辽宁省省属本科院校（30所）预算内生均事业性经费支出4383.6元，比部属本科院校少7811.3元，比市属本科院校少1998.3元。从分析可以看出，1998年划转当年，省属本科院校预算内生均事业性经费支出最高，部属和市属本科院校次之，表明辽宁省政府当时对省属本科院校的财政投入力度很大。但随着划转高校数量的不断增加，辽宁省省属院校由1998年的18所扩大到2008年的30所，地方政府的教育投入也随之扩大。特别是自1999年的高校扩招以来，地方政府的财政投入没有与规模扩张同步增长，导致辽宁省各类本科院校中部属本科院校的生均拨款最高，市属本科院校次之，省属本科院校获取的财政支持最少。

表3-6　1998～2008年辽宁省各类本科院校预算内生均事业性经费支出情况 （单位：元）

年份	1998	1999	2000	2005	2006	2007	2008
辽宁省部属本科院校	7 560.3	6 928.5	6 442.3	8 469.7	9 734.0	11 217.6	12 194.9
辽宁省市属本科院校	7 161.9	4 150.8	4 021.0	5 821.3	6 448.4	8 419.9	6 381.9
辽宁省省属本科院校	8 743.9	6 499.9	5 556.3	4 224.7	3 450.7	4 315.3	4 383.6

资料来源：根据1998～2008年辽宁省教育经费执行情况统计公告整理计算。

注：表中数据选取不同类型本科院校预算内生均事业性经费支出平均值；1998年部属按照17所，市属按照4所，省属按照18所计算；1999年部属按照17所，市属按照4所，省属按照18所计算；2000年部属按照6所，市属按照4所，省属按照29所计算；2005～2008年部属按照5所，市属按照4所，省属按照30所计算。

第三节 辽宁省行业划转院校财政对策

行业划转院校财政政策的制定是一项系统工程，需要从国家、政府和高校三个层面分别提出行业划转院校财政发展策略，才能使辽宁省高等教育实现快速、稳健发展。

一、依托行业办学优势，寻求行业和政府对划转院校的财政支持

辽宁省作为行业划转院校最多的省份，据统计，每年为行业和全国各省（直辖市、自治区）输送的毕业生占全部毕业生的50%。但行业划转院校从行业部门获得的财政支持相对于人才培养成本来说却是杯水车薪。约翰斯通"成本分担理论"强调，高等教育成本应遵循"利益获得"和"能力支付"原则，教育对国家、企事业单位和个人是受益的，因此教育投资应该由国家、企事业单位和个人三者分担，受益越多教育成本负担越多。从高校财务发展性角度看，行业划转院校开拓除财政拨款和学杂费收入之外的融资渠道之一便是更多寻求行业和政府的双重财政支持。

（一）行业和部门专项资金支持

行业划转院校应充分发挥和利用与行业保持的协作关系，与行业共建科研平台，联合攻关、项目协作和结成战略联盟等。通过行业和部门提供的科研经费支持，增加行业划转院校科研经费数额，推动行业划转院校科研水平提高，最终通过加快行业划转院校科研成果的产业化进程，促进行业在由传统产业向高新技术产业升级的过程中与行业划转院校实现双赢。同时，行业划转院校从行业也可以获得设备捐赠和设立奖、助学金等多种资金支持，维持行业划转院校不会因为从行业剥离而淡化行业特色。

（二）中央政府和地方政府应进行转移支付或实行差别收费

中国高等教育发展不平衡且高等教育资源分配不均匀。从辽宁省来看，行业划转院校数量位居全国首位，涉及16个行业和部门，与国家重点大学一样承担向全国输送多学科人力资源的职责，但这些高校大都面临教育经费短缺，债务规模过大等问题。因此，中央政府和地方政府应对行业划转院校进行专项财政转移支付，也可借鉴美国经验，为了保护居住地居民的教育权利，对进入本州高校就读的外州学生实行差别收费制度。实行差别收费制度可更好地体现高等教育成本分担地区的差异化，促进辽宁省省属高校的跨越式发展。

二、建立高校生均拨款稳定增长机制，依法加大教育投入

《辽宁省教育事业发展"十一五"规划》中强调："十一五"期间，要促进高等教育稳步、健康、协调发展。到2010年，高等教育的总体规模稳定在110万人，其中，普通高等教育的在校生规模达到90万人。辽宁省在实现由高等教育大省向高等教育强省转化进程中，着手高等教育内涵建设，切实保障高等教育质量提高是辽宁省省属高校生存与发展的必然选择。如果政府没有对高校增加投入的突破性政策，高校的发展将面临窘境。

（一）建立和完善高等教育事业发展的财政保障机制

按照科学发展观和公共财政的要求，建立稳定的、与经济增长和全省财力水平相适应的资金来源渠道，积极完善高等教育事业投入机制，提高高等教育水平和质量，为辽宁省老工业基地振兴提供科技和人才支持。

（二）强化政府对高等教育投入的主体地位

实现教育经费投入占辽宁省国内生产总值4%的目标，保证"两个比例"和"三个增长"的落实，到2010年达到全国同类经济地区教育投入水平。扩大财政投资规模，促使政府投入比例与高校教育事业发展规模扩大相协调，在可比价格下保证政府对高等教育投入的生均增长率，创造条件增加财政预算内拨款以保证大学所需投资规模稳定增长。

（三）推进高校生均拨款机制和提高生均经费拨款标准

据2008年教育经费统计公告和教育经费决算统计分析，2008年辽宁省地方高校预算内生均事业性经费支出4923.15元，比2007年降低4.17%，比2008年全国地方普通高校预算内生均事业性经费支出7577.71少2654.56元，比东部9省市平均水平（10 166.02元）少5242.87元。建议未来5年辽宁省预算内生均事业性经费支出标准力争达到东部9省的平均水平。

三、支持行业划转院校化解债务，增加安排贷款贴息专项经费

近年来，随着高等教育的大规模扩张和高校自身发展的需要，高校整体发展以扩大外延为主，但同时也给高校带来了沉重的债务负担。国家应采取措施帮助高校还清债务，真正形成国家、高校、企事业单位和社会"四位一体"的分担模式，这将在一定程度上促进高校债务危机的解决，并最终实现在较高入学率基

础上的平衡运行和办学水平提升。

（一）增加安排财政贴息专项经费

2007 年，经省政府积极努力争取，国家开发银行总行已经将 35 所辽宁省省属高校的 63.8 亿元贷款置换为国家开发银行的 15 年长期贷款，前 3 年为宽限期，同时还款利率全程下降10%，让利高校 7.5 亿元。目前应积极推进国家开发银行第二期贷款尽早落实到位，最为理想的是将高校短期其他银行贷款全部转为国家开发银行长期贷款，并将这部分贷款进行部分或全部贴息。也可由地方政府拨付一定的贴息资金专门对省属高校贷款给予贴息补助，或者由地方财政对部分省属高校的贷款本金科学计量政府和高校承担比例，实施部分"买单"。同时对省属高校贷款利率高于一定利率的部分由财政贴息，从而缓解高校偿债的阶段性压力。

（二）建立财务风险预警机制

财务风险预警机制是组织选择重点检测财务指标，确定财务危机的警戒标准，能够有效检测和发现财务危机，及时警戒有关负责人员。有关部门应为高校建立负债风险防范指标体系以控制贷款比例，为每所高校设定可贷款的上限额度，设置预警指标，超过指标之后需要审批，合理控制贷款规模，帮助高校化解贷款风险，保证高校财务稳定性、充裕性和效率性。

（三）拓宽教育融资方式，多元化筹措高等教育资金

我国的高等教育负债规模过大与融资方式单一有很大关系，为了有效规避高等教育债务风险，应当拓宽融资方式。

一是适量发行高等教育国债。目前我国城镇居民储蓄相当丰裕，债源不成问题。同时，银行利率比较低，居民有购买国债的需求。完全可以利用债券市场的卓越融资功能，聚集社会闲散资金，扶持高等教育事业，但要注意教育国债的分配与使用方式应当注重制度创新。

二是借鉴 BOT 项目融资方式，为高校后勤设施建设提供资金选择。其基本思路是：由高校为项目建设和经营提供特许协议作为项目融资基础，由校外的公司作为项目的投资者和经营者进行项目经营，并承担融资和经营风险，并在有限的期限内获取必要的投资报酬，根据协议约定期限最后将项目转让给高校，不改变项目的所有权。

（四）设立可持续发展高校偿债准备金

通过设立偿债准备金可以促使高校有计划地集中、储备偿债资金，避免债务

到期集中偿还影响高校正常运转的问题，减轻财务负担，规避财务风险。高校应当对偿债准备金进行专项管理，以增强偿债能力，确保财务稳健运行，实现高校的可持续发展。

沉重的债务负担和国家紧缩的货币政策，可能致使部分辽宁省省属高校随时出现资金链断裂的风险。另外通过减免高等教育事业的部分税费、将外汇储备对高校注资、建立健全高校的募捐机制等也可作为化解债务危机的新途径。

四、完善高等教育竞争性拨款制度，体现财政拨款公平和效率

2001年教育部颁布的《全国教育事业第十个五年计划》明确提出"建立和健全社会主义市场经济体制和教育拨款政策，建立各级教育的评估制度"。2004年国务院批转的《2003~2007年教育振兴行动计划》更进一步地提出："建立与公共财政体制相适应的教育财政制度，强化项目管理，建立行政、专家和社会中介机构相结合的项目评价系统实行与项目实效挂钩的滚动拨款制度和相应的激励机制。"可以看出中央政府及其教育部门改革高等教育拨款机制的思想是一贯的。

目前，辽宁省对省属高校实行的仍然是"综合定额 + 专项补助"拨款方式，主要考虑各高校的招生人数指标，没有反映高校实际成本，难以保证拨款的公平和效率，导致高校盲目扩大招生规模、低水平重复建设。其中隐含着财政资金的巨大浪费，与国家财政拨款的初衷相违背。从高等教育的公共属性来看，教育作为准公共产品，政府负担对高等教育的拨款责无旁贷，关键是要建立科学的拨款模式以体现高等教育资源配置公平和效率原则。

推行多政策参数的拨款模式，引入竞争性拨款机制，可以建立以标准学生人数作为拨款分配的主要指标，同时引入简单有效的多政策参数进行调控的拨款模式（陈牛则，2007），并辅之以评估为基础的质量与特色拨款。对于专项资金，特别是科研平台建设拨款应按照学科通过竞争性评估拨付，由省级教育部门公布项目，各高校可根据自己的办学条件和水准申请专项资金，专项资金实行项目目标管理，项目结束后通过绩效评估和验收可以优化资源配置，并有利于高等教育专项资金产生更大的效益（钟云华等，2009）。

五、推行高校全面预算管理，通过健全内部控制制度提高管理效益

近年来，辽宁省高等教育的改革和发展取得了巨大成就，各类高校，特别是行业划转院校均取得了跨越式发展。但是办学规模的不断扩大与办学经费不足已经严重影响高校的可持续发展。从现行的国家财政投入政策和实际情况来看，国家财政性拨款的比例和幅度短时间内不会有太大的提高。另外，在高校也确实存

在资源浪费，基础设施部分闲置，缺乏对教学资源的合理配置的现象。《中国教育改革和发展纲要》提出：高等教育的发展要坚持走以内涵建设为主的道路，努力提高办学效益。因此，行业划转院校更应在现有经济资源有限的条件下，确立高校发展战略目标，在高校引入经营理念，建立可持续发展视域下的高校财务管理，实施开源节流方略，进一步提高高校管理效益（蔡泽寰，2005）。

（一）培育预算管理的实施环境，实现资源优化配置

预算管理是财务管理的核心内容，预算管理的好坏直接影响到财务管理目标的实现。预算管理并非是悬在头顶的"达摩克利斯之剑"，而是将高校事业发展长远目标与近期目标结合并实现风险有效控制的工具。高校应实施全面预算管理，强调变被动执行为主动参与，强调单位负责人挂帅，各部门的参与和配合，这是实行预算管理的原动力和有效运行的关键。建立预算管理执行结果的奖惩制度，调动各部门优化使用资源的积极性。成立全面预算管理推进小组，避免预算执行中的"期末狂欢"。

（二）完善高校内部控制制度，切实提高管理效益

围绕高校内部控制，完善各个教育运行环节的执行标准手册，包括内部控制基本制度、内部审计操作指引、投资内部控制、成本费用内部控制，使内部监督规范化、制度化、体系化，保证学校财产的安全与完整，防止腐败现象产生。

第四章　行业划转院校招生就业分析

在社会主义市场经济和中国高等教育快速发展的大环境下，高校的招生和就业是事关高校生存和发展的两个至关重要的环节。因此，各高校无不对学生的"入口"和"出口"工作高度重视。行业划转院校在隶属中央部委期间，受行业办学体制的限制，招生、就业都以行业需求为依据，具有浓郁的计划经济色彩，高校自身无需进行更多的思考。划转地方政府管理后，办学规模、学科专业都发生了巨大变化。因此，研究行业划转院校的招生就业问题，探讨行业划转院校在新形势、新体制下招生就业工作的规律，科学制定招生就业的相关政策和发展战略成为亟待研究的问题，将不仅事关行业划转院校的发展，而且能够更好地促进行业和辽宁省社会经济文化发展及为社会主义现代化建设提供人才和智力支持。因此，对行业划转院校招生就业问题的研究具有重要的现实意义。

第一节　招生就业制度的历史演变

一、国外高校招生就业制度概述

分析国外招生就业制度的发展历史及现状，对行业划转院校适应招生就业制度的变革，制定相关策略，做好招生就业工作是很有裨益的。

（一）英、美、德、日四国的招生制度

英国高校招生一般不单独组织入学考试。比较正规的综合性高校选拔新生主要根据申请者参加普通教育证书考试所取得的成绩。考试由全国性的招生委员会协调，高校负责录取新生工作，各综合性高校都有负责招生的职能机构。除正规的综合性高校外，开放性高校不问学历，不要证书，也不举行入学考试，招收一切想入学的人。白金汉学院和多科技术学院由各校独立自主招生，学生可直接与学校联系。个别申请，个别办理。

德国高校录取新生是以中学毕业证书或与之有同等价值的文凭为依据，持证者受到法律保障可自由选择任何高校、任何专业。德国的高级中学毕业考试及其他高校入学考试是中等教育范围内的考试，高校不参与。这种考试由各州出题，审批通过后自行组织考试，考试结果全国承认。在德国，进高校原则上只限于

"基础学校—完全中学—高校"这一条途径。后经改革，在职人员和有特殊能力的人通过资格考试也可获得进入高校的证书，被称为"第二教育途径"。

美国高校录取新生是通过由民间考试机构主持的一个共同标准的统一考试。其中规模和影响最大的是 1947 年由大学入学考试委员会、美国教育理事会和卡内基教学促进基金会联合创办的教育测验服务处。它主持的全国性考试有学能测验和各门学科的学业成绩测验。此外，1959 年成立的美国高等学校测验机构主持的美国高等学校测验亦为一些高校所采用。以此为基础，美国高校按录取标准大致可分成以下四类：社区学院和四年制的州立高校实行开放性招生，录取所有申请入学者，并为那些不合格的学生补课；大部分高校实行"最低限度筛选"的招生，接纳那些符合最低入学标准的学生，量才施教，而非以此决定是否录取；近 300 所高校实行选择性招生，入学考试主要考查学生的一般能力，不注重学业成绩，一般录取中等成绩以上的学生；近 100 所高校实行竞争性招生，除了学能测验外，还要求学业成绩测验。

日本对国立高校实行国家统一和高校自主相结合的高校入学考试制度。第一次考试由国家大学入学考试中心主持，称为"共同一次试"；第二次考试由各高校自行主持。考生可依据第一次考试成绩参加适合自己兴趣的多所高校的考试，作为高校入学成绩评定的依据（腾讯教育，2007）。

（二）招生规模随高等教育发展不断扩展

从世界发达国家高校发展的情况来看，高等教育规模的扩张是社会经济发展对高等教育提出的内在要求，各国高等教育都经历了从无到有、从小到大的长期发展过程。

以美国为例。作为世界上高等教育最发达的国家，目前有 3000 多所高校，大量的社区学院，适应了高等教育大众化的需求。1900～1948 年，是美国高等教育规模全面扩大和飞速发展的时期。在此期间的普查显示，美国人口只增加了1 倍，而高校的入学人数几乎增加了 10 倍。经济大萧条和第二次世界大战时的高等教育计划，以及初中等教育的普及使成千上万的青年涌入高校，美国高等教育于 20 世纪 40 年代末进入大众化阶段。至 20 世纪 70 年代初，在校大学生数超过 18～21 岁青年人口的一半。美国高等教育以 300 多年的时间跨越了西欧高等教育千年的发展历程（吴向明，2008）。由此可见，高等教育的发展是一个漫长、渐进的过程。

（三）英、美、德、日四国的就业制度

毕业生就业是世界各国高等教育共同关注的话题，但由于各国社会政治、经济的不同，其就业途径也各不相同。表4-1 从政府作为、法律保障、管理体制等

方面列举了英、美、德、日四国就业制度的基本情况。

表 4-1　国外高校毕业生就业制度基本情况

国　家	类　型	政府作为	法律保障	管理体制	特　点
英　国	高校主导型	关注政策投入	《劳动就业与培训法》	高校设毕业生就业指导服务部	高校当就业高参
美　国	市场主导型	法律保障和信息引导	《公平就业机会法》	呈点状或分散的片状，中央政府几乎没有任何干预	学生自主、市场调控、高校辅助、雇主参与
德　国	政府高校企业联合型	咨询、指导和服务	《就业促进法》	劳动局负责就业工作，高校设就业市场学院，企业界常年提供实习基地	健全的就业法规体系、完备的职业指导体系和严密的职业培训体系
日　本	国家主导型	以政府为主导的统一就业制	《职业安定法》、《就业对策法》	由文部科学省主管、厚生劳动省协管、大学就业指导部门为中心	企业提供支持、就业考试予以保障、毕业生积极参与的就业援助体系

从表 4-1 不难看出，在各国高校就业体制中，政府、高校和毕业生扮演了不同的角色。例如美国首先强调的是个性和自主，其次是公平和效率，其在毕业生就业制度中基本规避了政府的责任。因此，政府没有特定的部门负责高校毕业生就业，也没有毕业生或高校因无法就业而怪罪政府。纵观美国毕业生就业的历史和现状，由于其经济高速发展，毕业生基本处于供不应求的状态，市场在配置毕业生资源当中起决定性作用。毕业生、高校和家长也都认为就业是个人的事情，即使毕业时暂时找不到工作也是一种正常现象。美国高校毕业生就业灵活而轻松，也就没有专门为毕业生就业制定的法案或法律，其就业法律主要是促进公平、消除歧视，例如《反雇佣年龄歧视法》、《公平工资法》、《公平就业机会法》等（荆德刚，2008）。

美国是一个市场主导型的国家，其动力来自毕业生的个人需求和市场的自我调节，中央政府几乎没有任何干预。州政府教育部门一般关注州立高校的就业状况，而私立高校学生主要靠自己找工作和高校自身的就业指导与服务。因此，美国高校毕业生就业管理体制呈点状或分散的片状。但美国很多行业协会和众多企业常年参与毕业生就业活动，内容丰富，态度积极，为美国高校毕业生顺利就业发挥了不可低估的作用。

在发达国家的高校就业工作中就业指导往往处于中心地位。各国政府和高校普遍重视就业指导和服务，就业指导服务机构都致力于帮助毕业生就业和创业。在就业指导方面，主要是开展职业规划、职业测评、能力训练、方法建议、答疑解惑等；在服务方面，主要是开拓市场、收集信息、发布需求、进行个别咨询和辅导、举办招聘会、提供实习见习机会等。它以政府、用人单位、高校和毕业生作为就业指导的主体，以"市场就业制度"或"自由就业制度"为基础，配备较多的专职人员在毕业生中开展内容全面、形式多样、方法先进的就业指导，帮助毕业生及时了解就业市场的变化，培养毕业生的职业兴趣和职业定向意识，提高毕业生的就业技能和就业方法，为毕业生就业提供能力和方法的指导。它与中国现阶段的就业指导和服务大多以帮助毕业生落实工作单位和提高就业率为目标，以就业前的政策指导和择业技巧指导为主要内容差异很大。

二、中国高校招生就业制度演变过程

高校依据中国改革开放的进程和经济体制的变革而演变，根据这些政策实施的背景和特征，中国高校招生就业大体上可以划分为四个不同的发展时期（表4-2）。

表4-2　中国招生就业制度演变过程

背　景	时　间	招　生	就　业	标志文件
计划经济体制	新中国成立初期至1985年	指令性计划	统包统分	
教育体制改革	1985~1993	国家计划招生、单位委托培养和定向招生、招收自费生	供需见面，双向选择	1985年《中共中央关于教育体制改革的决定》
社会主义市场经济改革进一步深化	1993~1997	国家任务计划和调节性计划相结合	少数毕业生由国家安排就业，多数由学生"自主择业"的就业制度	1993年《中国教育改革和发展纲要》
现阶段	1998年至今	高校自主权加大	市场导向、政府调控、高校推荐、学生与用人单位双向选择	2002年《关于进一步深化普通高校毕业生就业制度改革有关问题的意见》

（一）统招统分阶段（新中国成立初期至1985年）

在计划经济体制下，中国的高等教育是一种高度集中的计划管理模式，从招生到就业，无不打上了计划经济的烙印。高校按指令性计划招生，学生按照计划分配，用人单位就像一个"大箩筐"，分配什么学生装什么学生。这种计划经济体制下的高校毕业生招生就业制度被称为统招统分制度。

（二）招生就业改革初期阶段（1985~1993）

1985 年 5 月 27 日中共中央颁布的《中共中央关于教育体制改革的决定》是中国对高校招生和就业政策改革的重要标志。该决定中就改革高校招生就业体制明确指出："改变高等学校全部按国家计划统一招生，毕业生全部由国家包下来分配的办法，采取国家计划招生、单位委托培养和定向招生、招收自费生的双轨办法，从而改变过去高度集中的单一招生计划体制。"这一政策一改过去政府包得太多、统得过死的现象，使高校的招生出现了一定程度的自由度。关于改革高校毕业生分配制度，该决定明确指出，对于国家招生计划内的学生，其"毕业分配，实行在国家计划指导下，由本人选报志愿、学校推荐、用人单位择优录用的制度"，这项决策为毕业生就业制度的改革奠定了基础。国家有关部门开始对传统的"统招统分"制度逐步改革，形成了以"供需见面"为主要形式，以"双向选择"为指导目标的就业制度。

（三）招生就业改革逐步深化阶段（1993~1997）

随着改革开放的深入和社会主义市场经济体制的建立和完善，1993 年 2 月 13 日，中共中央、国务院颁布的《中国教育改革和发展纲要》明确指出：在招生方面，改变全部按国家统一计划招生的体制，实行国家任务计划和调节性计划相结合；国家仍要提出指导性的宏观调控的招生总量目标，并通过国家任务计划重点保证；招收委托培养和自费生的调节性计划由高校及其主管部门根据社会需求和办学条件确定。就业方面则体现出以"双向选择"为主要特征的毕业生就业制度，该就业制度只是过渡性的就业政策，建立以"自主择业"为主要特征的毕业生就业制度已经势在必行。以该纲要为政策依据而确定的毕业生就业政策改革目标是：改革高校毕业生"统包统分"和"包当干部"的就业制度，实行少数毕业生由国家安排就业，多数由毕业生"自主择业"的就业制度。即除少数享受国家奖学金、专项奖学金、单位奖学金的学生实行在一定范围内就业外，大部分学生在国家方针、政策指导下通过毕业生就业市场"自主择业"（吴庆，2005）。

（四）招生就业改革深化阶段（1998 年至今）

随着中国高等教育的跨越式发展，中国高等教育开始由"精英化"步入"大众化"阶段。1997 年中国的高校招生规模有了一个数量级的变化，当年招生规模突破了 1996 年的 96 万达到 100 万。中国从 1999 年开始扩大招生规模，当年扩招 51.3 万人，增幅达 47%。经过 10 年扩招，目前中国高等教育已由精英教育转型为大众教育，高校在校生人数达 2700 万人。省（直辖市、自治区）政府和高校的自主权加大，学生到国外和中国香港、澳门求学已经成为可能，各高校对生源的竞争日益激烈，高等教育规模迅速扩大。毕业生数量从 1998 年的 106 万人增至 2009 年的 611 万人，10 年间增加了近 5 倍，毕业生就业问题开始显现。

与此同时，随着中国加入世界贸易组织（WTO），国有企业体制改革深化，农村劳动力源源不断地涌入城市就业，中国的人才和劳动力市场发生了史无前例的变化，毕业生就业压力逐年增大。这一时期，政府在高校毕业生就业问题上给予了高度重视，高校毕业生就业制度进行了较大改革，国务院及各部委出台了多项针对毕业生就业的政策（表 4-3），采取了一系列措施，缓解毕业生就业的压力。

表 4-3　2002 ~ 2007 年全国高校毕业生就业政策一览

年　份	部　门	文件或事件	内容或作用
2002	教育部、人事部、公安部、劳动和社会保障部联合制定	《关于进一步深化普通高等学校毕业生就业制度改革有关问题的意见》	市场导向、政府调控、学校推荐、学生与用人单位双向选择
2003	共青团中央、教育部、人事部	大学生志愿服务西部计划	每年招募一定数量的普通高校应届毕业生，到西部贫困县的乡镇从事为期 1 ~ 2 年的志愿服务工作
2005	中共中央办公厅、国务院办公厅	《关于引导和鼓励高校毕业生面向基层就业的意见》	12 省（直辖市、自治区）先后启动大学生村官计划
2006	中共中央组织部等八部委	"三支一扶"计划	每年招募选拔 2 万名高校应届毕业生，主要安排到农村基层从事 2 ~ 3 年的支教、支农、支医和扶贫工作
2006		全国普通高校毕业生就业工作会议	做好就业网络联盟组建、就业政策咨询和信息服务、就业困难学生的帮扶、维护毕业生合法权益等工作
2007		《中华人民共和国劳动合同法》、《中华人民共和国就业促进法》、《就业服务与就业管理规定》	保障高校毕业生合法权益

第二节　辽宁省高校划转前后招生就业情况比较

1998～2000 年，辽宁省 18 所中央部委属高校相继划转为辽宁省政府管理，主管部门的变化使这些高校的生存环境、服务面向、高校排名、办学经费等产生了一系列变化，对招生就业工作产生了深远影响。

一、辽宁省行业划转院校招生就业基本情况

从划转后的情况看，辽宁省行业划转院校招生就业整体情况良好（表4-4）。普通本科招生计划逐年扩大，有 10 所高校 2008 年本科招生计划超过 3000 人，其中辽宁工程技术大学计划招生人数高达 6200 人。2008 年行业划转院校本科招生计划总数为 52 650 人，占辽宁省省属高校本科招生计划总数的 60%，行业划转院校省外招生 18 897 人，为国家高等教育的发展做出了贡献。

2007 年，辽宁省省属高校本科毕业生 58 651 人，行业划转院校本科毕业生 37 759 人，占总数的 64%。各高校普遍重视夯实就业工作基础，不断根据行业和区域经济发展情况，适应市场对人才的需求，调整专业，提高教学质量。毕业生受到用人单位的欢迎，就业率保持在较高水平。18 所行业划转院校中有 13 所 2007 年度本科毕业生就业率高于全省本科毕业生就业率91.64%的平均水平。

表4-4　辽宁省行业划转院校招生就业基本情况

序号	学校名称	招生情况（2008）			就业情况（2007）	
		人数/人	省份数/个	省外招生数/人	人数/人	就业率/%
1	大连交通大学	3 564	31	1 435	1 869	92.78
2	中国医科大学	1 176	24	661	857	98.37
3	大连工业大学	3 335	28	1 368	1 682	93.70
4	沈阳药科大学	1 380	30	900	1 219	98.36
5	大连海洋大学	2 500	21	1 039	1 860	93.17
6	沈阳理工大学	4 225	27	1 963	2 660	82.71
7	沈阳化工学院	3 150	27	611	2 115	97.40
8	沈阳体育学院	1 936	18	888	1 437	88.73
9	辽宁石油化工大学	3 609	30	1 075	2 677	93.95
10	沈阳农业大学	2 330	30	1 075	2 347	91.35
11	沈阳航空工业学院	3 980	29	855	2 565	95.71
12	辽宁科技大学	3 620	28	1 050	2 441	95.00
13	东北财经大学	2 400	30	1 187	2 446	93.25
14	辽宁工程技术大学	6 200	25	1 760	4 318	95.65

序号	学校名称	招生情况（2008）			就业情况（2007）	
		人数/人	省份数/个	省外招生数/人	人数/人	就业率/%
15	沈阳工业大学	3 670	29	3 670	3 508	94.75
16	沈阳建筑大学	3 005	31	1 248	2 411	98.18
17	辽宁科技学院	900	18	146	564	83.50
18	沈阳工程学院	1 670	29	600	783	88.76
合计		52 650		18 897	37 759	

资料来源：招生数据由高校提供或来自高校网站，就业数据摘自辽宁省教育厅《关于2007年辽宁省普通高等学校毕业生年度就业率的通报》（辽教发〔2008〕10号）。

二、辽宁省高校划转前后招生就业情况对比分析

行业划转院校具有鲜明的行业特色。划转前，在当时的历史条件下，高校在为行业服务的同时，自身也得到了一定的发展。但是，由于主管部门对人、财、物和招生就业统得过死，以及高校对其的依赖，一方面造成了高校办学上缺乏自主权；另一方面高校在招生和就业方面具有"双保险"，使得高校生存和发展没有压力，自主办学、自我发展的能力弱化。划转后，办学经费来源、服务面向的行业和地域都发生了变革，招生就业也相应发生了变化，高校自身发展的动力和能力增强了。

（一）划转后招生规模扩大

划转前招生计划的制订完全依据本行业的人才需求，对本地区高等教育资源及区域经济发展对人才的需求考虑较少，制约了这些高校在招生人数和专业设置上的扩展，高校规模长时间内得不到扩大。划转后，招生人数有很大增量。以辽宁省5所行业划转院校为例，划转前每所高校年招生规模不超过2000人，个别高校甚至不足1000人，划转后增长迅猛（表4-5）。虽然这与全国高等教育规模扩大有关，但很明显，如果行业划转院校没有管理体制的变化，就无法实现如此快速的发展。

表4-5 划转前后高校招生人数的变化 （单位：人）

序号	学校	1997	1998	1999	2000	2001	2002	2003	2004	2005	2006	2007	2008
1	大连交通大学	1004	975	1313	1988	2017	1973	2233	2783	3180	3582	3541	3564
2	大连海洋大学	439	554	654	940	1000	1100	2000	2000	2250	2227	2270	2500
3	东北财经大学	1500	1268	1360	1930	2010	1800	1890	1990	2040	2552	2595	2400
4	辽宁科技大学	905	1000	1900	2400	2300	2300	2460	3100	3300	3459	3391	3620
5	辽宁工程技术大学	1120	1420	2690	3268	4100	4428	4780	5080	5470	5813	5867	6200

资料来源：数据由高校提供。

注：阴影部分为划转年份。

划转后，高校在保持原有特色的基础上，大都根据地方经济和社会整体发展需要拓展优势专业、增设新专业，同时汲取地方高校办学之长，提高人才培养质量，社会声誉不断提高。在招生方面各行业划转院校生源数量充足，质量较高。例如，沈阳工业大学在教育部本科教学工作水平评估自评报告（2008年6月）中这样描述：学校总体生源好，主要表现在两方面，一是录取分数高；二是新生报到率高。录取分数高和新生报到率高是大部分行业划转院校乐见的局面，高质量的生源为高质量人才培养奠定了坚实的基础。

（二）划转后生源增加

截至2008年，辽宁省有普通高校87所，其中本科院校43所。高校在校生由2002年的74.4万人增加到115万人，高等教育毛入学率由2002年的25.7%提高到35.3%，高出全国平均水平13.3个百分点，而行业划转院校在辽宁省招生计划比例的提高为入学率的提高起到了举足轻重的作用。从图4-1可以看出三所行业划转院校在辽宁省招生比例的变化，划转前它们录取的辽宁省生源比例不足本校年招生计划的60%，划转后在辽宁省的招生人数及其所占比例均有较大提升，特别是辽宁科技大学1999年辽宁省生源比例高达82%，近3年均稳定在70%以上。

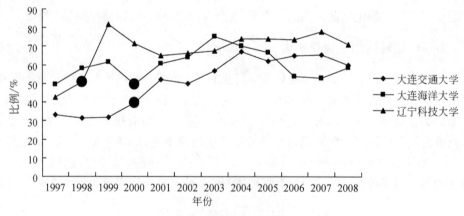

图4-1　三所行业划转院校辽宁省生源比例变化

资料来源：数据由高校提供。

注：●标注为划转年份。

（三）划转后就业服务面增大

高校划转后，由为本行业服务或以为本行业服务为主，转变为一方面以为行业提供服务为主，另一方面积极拓展为本省和全国经济服务，从而实现了服务面向的多元化。随着毕业生人数逐年增多，行业划转院校毕业生到省内及行业外就业的比例逐步提高，到行业就业的毕业生人数也保持持续增长。以行业特色比较明显的大连交通大学为例。划转后，到省内就业毕业生比例由20%上升到60%；2000～2008年，毕业生到铁路行业就业的人数也逐年增加，累计为铁路行业输送了4500多名毕业生，远远超过了划转前同年度的数量。这亦表明，行业划转院校依旧是为行业发展提供人力资源的主干力量。

第三节 划转对辽宁省高校招生就业的影响及面临的挑战

一、划转对辽宁省高校招生就业的影响

行业划转院校经过10年的改革与发展，在招生就业方面取得了突出的成绩和有益的经验，对高等教育的发展产生了深远影响。

（一）扩大招生规模，充分挖掘教育资源

招生规模逐年扩大，使教育资源得到了充分的挖掘和利用，走出了一条基本上靠内涵扩大的方式扩大高校规模的路子。行业划转院校原来在校生大都长期保持在3000～5000人，经过10年的发展，除沈阳体育学院外都已成为万人高校，有的高校在校生已在20 000人左右，为辽宁省乃至全国的人才培养提供了大量教育资源。而这些主要是利用原有教育资源实现的，与新建高校扩大招生规模相比，不仅见效快，而且节省大量投资。

（二）调整和完善专业结构切实推进招生就业

通过招生和就业两方面的助推，行业划转院校的专业结构得到了快速扩展与完善。大多数行业划转院校在保留和改进原有行业特色专业的同时，结合社会需求和区域经济发展需要，新开设了相当数量的社会急需、就业前景良好的专业。各校学科专业构成日趋完善，结构更近合理，为全方位向社会提供经济建设人才奠定了基础。很显然，如果中央部委属高校没有划转到地方政府管理，这种办学的生机和活力是很难实现的。

（三）转变就业观念，实现多渠道就业

行业划转院校突破了毕业生基本上在本行业就业的局面，实现了面向社会，根据社会需求实现就业的转变。特别是铁道、石化、煤炭、兵器、化工、航空、建工、冶金等行业特点比较突出的高校，在力求巩固原有行业就业市场的同时，努力拓展社会就业市场，取得了很好的成绩。10年来，尽管面临逐年扩招，毕

业生数量快速增长，供求矛盾加剧的严峻形势，各校实际就业人数仍每年都有增加，就业率保持稳定，有的高校还稳中有升。

（四）搭建招生就业平台，提高高校声誉

在新形势下，招生和就业两大平台建设得到了加强，职能作用得到有效发挥。在招生方面，面对连年扩招，生源竞争加剧的形势，行业划转院校普遍增强了招生的危机感，认真凝练本校特色，诠释专业特点，加强招生宣传，扩大影响力；及时分析反馈招生信息，改进调整专业设置，加强学校内涵建设，增强学校吸引力；改进招生手段，实现网上远程录取，保证招生工作公平、公正、公开，保证了生源质量，提高了学校声誉。在就业方面，各高校都从划转前"行业包分配，不愁就业"的自然就业环境中走出来，认清形势，转变观念，变换角色，进入新状态；普遍成立了就业工作的专门机构，加强毕业生的就业培训和指导，将就业指导课程纳入正常教学计划；在策略和方法上，积极搭建就业信息平台，努力巩固行业就业市场，积极扩大社会就业市场，鼓励和支持创业就业，取得了很好的效果。

二、划转对辽宁省高校招生就业带来的机遇与挑战

10年来的实践表明，高等教育管理体制的变革对行业划转院校的招生就业工作带来了生机和活力，产生了积极的推动作用。但随着国民经济、社会文化的发展和高等教育改革开放的深化，行业划转院校的招生和就业工作依然面临新的发展机遇和挑战。

（一）持续扩招和开放招生的深化，促使生源竞争日益加剧

从行业划转院校自身的情况看，原有的特色专业已经不是行业划转院校一统天下，一些重点高校及地方高校陆续开设这方面的专业，而其新开设专业大多不具优势，缺乏竞争力。我国港澳台高校已经获准进入我国内地招生，内地名牌和重点高校也逐年扩招和扩大自主招生，行业划转院校无疑面对着强势竞争。随着科技进步，行业的一些工艺技术被淘汰或改进，行业划转院校的专业设置及专业内容亟待调整和改进。

（二）划转后就业形势严峻，压力逐年增大

从总体上看，全国高校毕业生逐年增加，从2003年187万人增加到2009年611万人，6年间增加424万。2010年全国高校毕业生631万人，虽增幅趋缓，但总量仍然增大，就业形势相当严峻。行业就业市场已不是行业划转院校的固有

"领地"，其他高校逐步开始介入，市场竞争激烈。新开设专业的毕业生在社会就业市场上不具备竞争力，高校划转地方政府管理后对行业产业结构调整、总体发展缺乏了解和分析，人才需求、预测、培养相对滞后，毕业生就业观念、就业能力不适应新形势需要，这些都是需要认真对待和亟待解决的问题。

（三）与行业关系逐渐弱化，影响行业人才培养质量与专业结构设置

行业划转院校在行业中都具有显著的行业特色和学科优势，划转后，其优势学科仍旧是行业人才培养和科技支撑的主要阵地。但随着隶属关系的变化，部分高校与行业主管部门之间的密切关系逐年衰减弱化，行业主管部门对高校具有行业特色的学科建设、学术发展方向、科技创新能力的指导和扶持逐渐减少，高校发挥传统优势学科为行业服务的空间在一定程度上受到限制，严重影响行业主管部门后继科技人才的培养和新技术的创新。如何获得行业主管部门对行业划转院校的指导和支持，也是我们应特别重视的问题。

第四节 辽宁省行业划转院校招生就业发展策略

招生就业是事关高校生存和发展的关键环节，同时行业划转院校的招生和就业又具有自身的特殊性，是复杂的系统工程。为此，需要从国家、省、高校三个层面研究提出辽宁省行业划转院校的发展策略。

一、各级政府和中央部委发挥招生就业策略制定及实施上的重要作用

（一）营造良好的政策环境并提供充分的财政支持

为使行业划转院校真正成为企业创新型人才培养的摇篮、科技创新的基地、新产业培育发展的源泉，成为国家和地方经济发展的重要人才输出渠道和科技支撑，国家应在组织协调各相关部门制定政策时，积极创造条件，为行业划转院校的发展营造一个积极、宽松、健康的政策环境。

1. 制定促进地方高校发展的招生就业政策

中央部委院校划归地方政府管理是中国高等教育管理体制改革的关键性变革，这种变革不是中央政府推卸责任的策略，而是在更大范围、更深层面承担国家高等教育发展责任的战略。各相关部门在制定政策时，要注重全局性、协调性和导向性，充分考虑行业划转院校的办学历史、学科属性和服务面向，制定切实可行的政策，以便更好地发挥它们的作用。

2. 提供多种形式的财政支持

中央政府的高等教育财政不能只面向中央部委所属的高校和少数"985"、"211"工程高校，政府应考虑行业划转院校的特殊性。这些高校划归地方政府管理后，为国家建设和经济发展培养了大量人才，而高校毕业生作为宝贵的人力资源为国家创造了巨大财富。所以，行业划转院校的发展不单纯是地方高等教育的事业，也是国家的事业，政府的财政支持不应当将其排除在外，要考虑向地方行业划转院校提供各种形式的财政补助，这才有利于激发各级地方政府投资高等教育的热情。

（二）建立行业继续支持行业划转院校发展的机制

行业依然是行业划转院校人才培养最主要的受益部门。因此，中央部委有责任、有义务积极创造条件，设立专项经费，支持行业划转院校的发展建设，履行"共建"职责；在制定行业未来发展战略及预测人才需求时，应及时通报原所属高校，使其在学科设置及招生规模上与行业发展有机结合；在人才培养方面，利用行业划转院校的专业优势和师资条件，在高校建立行业干部、专业技术人员的继续教育培训基地（尹伟伦，2005），积极为行业划转院校毕业生提供就业指导，主动吸纳毕业生为其提供就业机会。

（三）地方政府制定具有可操作性的政策

地方政府作为行业划转院校的主管部门，应该通过政策导向、财政支持、评估监督等方式，扶持、引导、监督等途径，促使各行业划转院校建立和完善适应形势发展要求的招生就业工作机制。

一是地方政府要充分认识到地方高校的发展对优化高等教育结构和布局，实现高等教育社会功能的下移和拓展具有不可替代的作用，应科学制定地方高等教育布局规划并保证全面落实。尤其在行业划转院校和原省属高校教育规模的把握上，由于行业划转院校及原省属高校面向本省的招生比重较大，政府要及时调研，对未来高等教育规模及布局做出预测，作为高校发展的重要指导和参考。二是根据国家在招生就业方面提出的政策方针，地方政府应从具体工作的层面，制定切实可行的招生、就业政策及计划。对各行业划转院校的扩招计划，应从实际出发，依据各校的教育资源等情况，做到有增、有保、有压，不搞一刀切。三是就业方面，根据大学生的实践能力对就业的影响和制约，地方政府相关部门应制订大学生实践计划，安排大学生参加相关项目，促进高校和企业的密切联系，为将来的就业做好心理和认知上的准备。大学生自主创业是缓解就业难的一个有效途径，为此政府应该做好自主创业指导，同时为大学生自主创业创造资金、技术、税收政策的良好条件，并营造自主创业的环境，加强建设省、市、县三级大学生创业孵化基地，为创业毕业生提供资金扶持和小额贷款。四是地方政府应为行业划转院校间和与省内其他高校间在招生就业方面开展工作交流搭建平台，创造条件。

二、辽宁省行业划转院校招生就业发展策略

（一）行业划转院校招生工作的发展策略

1. 以科学发展观为指导，科学拟订招生计划

从总体上讲，在国民经济持续快速发展和高等教育大众化背景下，高校扩招和发展是长期的。但行业划转院校在拟定招生计划时，一定要以科学发展观为指导，从实际出发，减少招生的经济行为，统筹规划、科学安排，招生数量应考虑"四个相适应"。一是要与行业划转院校教育资源相适应，招生数量要充分考虑划转院校的软硬件条件、师资队伍和承载能力，量力而行。二是招生数量要与行业和社会对毕业生的需求相适应。即招生数量要与近年对毕业生的需求和行业及社会经济文化发展趋势相适应，使大部分毕业生能够就业，家庭支付的教育成本能得到及时补偿。三是要与国家、辽宁省的宏观调控和教育的总体布局结构相适应。避免各类、各层次高校对生源的无序"争夺"，造成社会教育资源的浪费和人才培养结构的失衡。四是要与国家财力增加和人民生活水平提高相适应。基本保证招录的学生，除国家投资外，大部分能上得起学，家庭能供得起，国家、辽宁省、高校的出资份额能负担起对特困生的资助，进而保证社会和谐和行业划转院校的有序运行。

2. 及时稳妥调整专业结构，提高教学质量

行业划转院校要加强对社会经济文化发展，特别是区域经济、行业发展趋势对人才需求的研究，把当前需要和前瞻性规划相结合，及时调整专业设置，保证招生的强势竞争力。行业划转院校要继承优良传统和办学理念，开阔视野，博采各行业、社会、高校教学之长，严谨治学、严格管理、强化基础，大力提高教学质量，与时俱进打造校园文化，提高高校知名度，以夯实招生工作的基础。

3. 加强招生职能部门建设，打造高质量招生工作平台

引导招生工作者认清招生形势，保证招生规模，提高生源质量。招生职能部门不仅要高质量、按计划做好日常工作，而且要在反馈信息、改进教学、调研社会人才需求、调整高校专业设置等方面有所作为。招生职能部门要采取积极措

施，加强对外宣传，增强招生工作吸引力。辽宁省大部分行业划转院校建校时间长，具有优良的办学传统，特色明显，处于辽宁中部城市群和"五点一线"沿海地区，办学和区位优势明显，交通便捷，经济发展势头强劲，就业空间大。各高校应通过各种形式总结、宣传自己的优势和特点，扩大在社会上的影响力。

（二）行业划转院校就业工作的开展策略

1. 高度重视，健全就业工作机制

高校良好的就业效果，从总体情况看是通过国家、省、高校、毕业生共同努力实现的；从高校的层面看，是由高校各有关部门齐抓共管和毕业生主动参与来实现的，仅仅凭借就业职能部门的力量是难以达到目标的。所以，行业划转院校应健全高校统筹，就业职能部门牵头，各有关部门配合，各二级学院为工作主体的就业工作机制，形成各有关方面共同关注，从不同角度齐抓共管的局面。高校各级领导要将就业工作提到重要议事日程，招生职能部门要与就业职能部门的工作相呼应，不断提高生源质量，为提高就业竞争力奠定基础。高校要加强调研工作，根据社会（区域）经济文化发展，及时地调整学科专业结构，为培养社会需要的对路人才创造条件。教务、学生管理部门及全体教师要以搞好就业、办好学校为目标，下大力气提高教学质量和管理水平。党群和行政管理部门，要加强管理，营造良好校园文化，为提高高校知名度做出积极努力。

2. 下大力气，巩固并积极拓展就业市场

随着国民经济的发展，国家振兴东北老工业基地战略的深入实施，辽宁省行业划转院校毕业生就业具有十分广阔的空间。各高校要发挥优势，抓住机遇积极抢占就业市场。一是积极巩固与行业、企业的人才供需协作关系，通过为企业建立培训基地、与企业联合培养急需人才等方式占领和发展行业、企业的就业市场；二是抓住辽宁省建立"两大基地"、"四大产业"，城市化进程加快的契机，积极开拓本省就业市场；三是抓住民营企业迅速发展的有利时机，积极进军非国有企业市场和国外就业市场。

3. 及时调整专业设置，奠定振兴就业市场的基础

培养符合行业和社会需求专业的毕业生是提高就业市场占有率的基础。各行业划转院校及时了解行业当前和长远对各类专业人才的需求状况，适时和前瞻性地对专业设置进行调整，才能避免就业时专业结构的失衡。结合高校的办学实力，应认真考察社会经济、文化的发展情况，调整和增设急需及有前景的专业，把教育资源配置到最需要的地方，同时提高新开设专业的教学质量。

4. 深化教育引导，转变就业观念

受传统就业观念的影响，大城市、国企、高薪成为毕业生就业追求的热点，造成"热点"单位供大于求，而边远和条件艰苦的地方以及民营企业等又是人才难求、虚位以待，进一步加大了就业的供求矛盾。要解决这方面的问题，高校要充分发挥思想政治教育的职能，通过专门授课、个别指导、有针对性的思想政治工作、阵地宣传等措施，教育和引导毕业生树立正确就业观，化解消极观念对毕业生择业的影响。

5. 加强学生工作队伍建设，搭建优质高效就业平台

行业划转院校的毕业生就业工作较划转前面临的形势任务和工作职能都发生了重大变化，就业职能部门和负责就业的工作者任务艰巨，责任重大。高校各级就业指导工作者要以搞好毕业生就业为己任，要像关心自己的子女和兄弟姐妹一样关心和抓好毕业生就业。职能部门要建立和完善工作责任制，加强软硬件设施建设，努力提高就业指导和服务水平，特别是在谋划工作思路、拓展就业市场、加强思想引导和就业能力培养、畅通就业信息渠道、创新就业模式等方面发挥积极作用。

6. 构建大学生自主创业教育体系，以创业带动就业

面对严峻的就业形势，行业划转院校要充分认识自主创业教育对社会、高校和大学生的价值，大力开展自主创业教育，有助于以创业带动就业。一方面，面向行业就业的毕业生通过创业教育，激发创业意识，树立在岗位上开创事业的"大创业"观念；另一方面，行业划转院校新办专业及通用专业的毕业生通过创业实践培训，提升自主创业能力，力争成为新岗位的开创者。行业划转院校要在构建大学生自主创业教育体系上下功夫，孕育创业教育新理念，培育创业教育师资队伍，夯实创业教育基础，打造自主创业实践平台。

第五章　行业划转院校多校区办学成因、趋势及管理分析

20世纪90年代末期，为适应国民经济发展和国民对高等教育的需求，中国高等教育规模呈现发展的高峰，行业划转院校也经历了快速发展，主要表现为办学规模不断扩大，学科结构日趋合理，多学科办学的局面日益显现，办学实力日益提升。但是，因长期以来行业办学和计划经济管理体制的限制，使这些高校的学科单一、专业面窄、办学规模小，面对日益扩张的教育规模，教育资源不足的矛盾愈加突出。这些高校创建时一般都处于城市的中心地带，校园占地面积一般较小。随着基础设施老化，校舍面积尤其是教学、实验用房和学生宿舍严重不足等问题日益突显，以及城市新功能的增多，功能不断完善，城市中心的地价迅速攀升，高校无法实现就近扩展，一些行业划转院校现有办学空间不断被挤压。这使行业划转院校的发展面临着办学空间和办学资源严重不足的双重难题。为此，一些行业划转院校开始另寻新的发展途径，通过建设新校区来解决高校发展中存在的问题。目前，在辽宁省的18所划转本科院校中，有16所已采用多校区办学模式。因此，对多校区办学模式的深入探讨和研究，对行业划转院校的健康发展具有尤为重要的意义。本书把行业划转院校具有两个及以上不同区域校区的办学模式称作多校区办学模式。

本章在综述国内外多校区办学形成背景的基础上，分析其形成的原因及发展趋势，并着重探讨了行业划转院校自主扩展型多校区办学的管理体制和运行机制，以期通过体制与机制的研究，使高校调整权力结构，提升管理专业化水平，更好地坚持规模、质量、结构、效益协调发展，进一步巩固发展成果，推进行业划转院校的可持续、健康发展。

第一节　国内外多校区办学的形成背景及方式

由于文化和社会背景不同，国内外对多校区大学的界定不尽相同。在国内，一般认为多校区大学是指具有一个独立法人地位，却有至少两个在地理位置上不相连的校区的大学（陈运超等，2001）；而在国外指具有相同大学名称前缀的几所或几十所相互独立的大学组成的系统，即多校区大学系统。虽然两者都称为多校区大学，但由于其形成均有特定的历史背景，本质并不相同。我国学者对国内

外多校区办学进行了大量的研究，但大多数研究主要是针对国内外多校区办学的差异及其管理模式的探讨，对国内外多校区办学的成因及发展趋势研究得很少。本节将就这一问题进行深入分析和探索，以期对我国多校区大学的建设提供指导和借鉴。

一、国内外多校区办学形成的历史背景

自 12 世纪开始，国外开始出现多校区办学，至今已有悠久的历史。由于各国国情与文化背景的差异，多校区办学的形成方式各异。有的是学校发展过程中自然形成的，有的是高等教育结构调整形成，有的是二者综合作用的结果。

为了适应工业革命对经济发展和社会进步的推动，19 世纪英国形成了一些多校区大学。例如成立于 1836 年的伦敦大学，是由 53 个学院、研究院共同组成的联盟。伦敦大学实行学院制管理，在这种管理模式下，主要学院统一在一起组成联合体，多个学院独立运行，学院负责教学，学校则控制考试标准和文凭授予。亚非学院、伦敦大学学院、国王学院、帝国理工医学院和伦敦经济学院等也是英国当时有代表性的多校区大学①。

德国的多校区大学出现于 19 世纪，历史非常久远。例如创建于 1868 年著名的慕尼黑工业大学，为解决学科发展空间受限的问题，发展为多校区大学。该校由位于市中心的主校区、加兴校区和魏恩施蒂芬校区 3 个校区组成，各校区主要以学科进行布局。建筑学、土木工程与测量学、企业经济学、地球科学、电子与信息工程、医学（临床教学中心）等位于主校区；加兴校区有化学、数学与计算机科学、机械、物理等学科；魏恩施蒂芬校区则兴办营养学、土地规划与环境科学、农业与园艺、生物科学、林学、景观设计与景观规划、营养学、食品工程等学科②。

巴黎大学是法国多校区大学的代表，它是欧洲最古老的一所大学，在国际上享有盛誉，其前身是诺丹（Notre Dame，巴黎圣母院）主教学校，成立于 12 世纪初期。现在所说的巴黎大学，实际上是 13 所大学的联合体。19 世纪末，巴黎大学分别建立了 6 个学院，分别是法学院、医学院、药学院、文学院、神学院和科学院。1968 年学潮后改组和调整的巴黎大学，由 13 所大学组成，分别命名为"巴黎第××大学"，即现在的巴黎第一至第十三大学，编号只代表顺序，与质量和名望无关。这 13 所大学在学科设置上都具有多科性的特点，不过各校根据各自的条件有所侧重。巴黎第一、二、三、四、八、十这 6 所大学以人文科学和

① 资料来自 http：//baike. baidu. com/view/37207. htm。
② 资料来自 http：//zh. wikipedia. org/wiki/慕尼黑工业大学。

社会科学为主，兼设其他学科；巴黎第五、六、七、十一、十二、十三这 6 所大学兼有文、理、医、法、经济等学科，其中巴黎第十一、第十二和第十三大学还设有工科；巴黎第九大学以经济和管理学科为主①。

第二次世界大战后，为了满足急剧膨胀的公民入学需求，美国政府大幅度增加对高等教育和科技的投入，各州也大力发展公立高等教育，这些措施极大地刺激了高等教育的迅速发展。1960 年，自从美国加利福尼亚州经过高等教育总体规划（the California Master Plan for Higher Education）诞生出第一个多校区大学系统——加利福尼亚州州立大学系统以来，美国的多校区大学就如雨后春笋般地发展起来，并成为美国庞大的高等教育系统中一道亮丽的风景（王国均，2002）。目前，多校区大学系统在美国公立高等教育中成为一种较为典型的主流组织形式。美国发展公立高等教育的途径主要有两条：一是利用原来已经建立起来的州立大学基础，在各地开设新的分校；二是新建一批州立大学。因此，多校区大学系统主要有两种演变和形成模式，一种是"行业自主扩展型"，即一个学校根据自身发展的需要实行扩张，创办新的校园，各校园本身都属同一个学校行政管理系统；另一种是专具美国特色的"多校区院校系统"，专指分散在本州、本县或本市的公立高等院校的互不隶属的集合体（沈红等，2001）。美国多校区大学系统的形成主要有三种方式：一是在原有赠地大学的基础上经过拓展而自然形成的系统，如加利福尼亚大学系统；二是由原来的教师学院等逐步演变和新建立的大学逐步组合形成的系统，如宾夕法尼亚州州立高等教育系统；三是由各地区、各城市建立的社区、地区性学院组合建立起来的系统，如休斯敦大学系统。这些大学系统的形成是高等教育扩张过程中的自然发展过程，而不是把已经建立的独立设置的大学进行合并组建成为一所统一的、集中管理的大学的过程。所以，才有"大学系统"的概念，而不是套用原有大学的概念（崔炳辉，2008）。

日本的多校区办学主要形成于第二次世界大战后高等教育的复兴和改革时期。由于学校间的合并，形成了以"学科割据"为特色、地理位置上一般相距不太远的日本多校区大学（沈红等，2001）。具有代表性的东京大学由 3 个校区组成：本乡、驹场和六本木。本乡校区是学校的研究生教学、本科高年级教学和科学研究的主要基地，理、工、医、农、文、经等学院和附属医院基本上集中在这一校区；驹场校区基础教学部则以基础教学为主要特色；六本木校区是以应用型科研为主的校区，这里以重大项目和科研课题为纽带组成相应的课题组，在进行科研的同时承担研究生的培养任务（周玲，2001）。日本东北大学在仙台市及郊区共有 6 个校区。本部在仙台市内片平，各校区间按学科进行布局，校内的各

---

① 资料来自 http：//www. hudong. com/wiki/巴黎大学。

行政管理机构、大多数研究所及共同研究中心设在这里；青叶山校区有理学部、药学部、工学部；星陵校区有牙科学部、医学部；雨宫丁校区只有农学部；川内校区有文学部、教育学部、法学部、经济学部、教养学部[①]。

20 世纪八九十年代，澳大利亚通过对高校的合并而形成多校区大学。通过合并高校，政府将 16 所大学与 60 所院校逐步合并为 36 所大学（周玲，2001）。创建于 1850 年的澳大利亚天主教大学通过逐步合并多所学院而成为多校区大学，该校在布里斯本市、悉尼市、堪培拉市、巴拉瑞市、墨尔本市等设有 8 个不同的校区[②]。格里菲斯大学也是多校区大学，是联邦政府投资承建的高等学府，也是通过逐步合并多所学院而成的，有 6 个校区，包括 Nathan、Mount Gravatt、黄金海岸校区、劳根、昆士兰艺术学校、昆士兰音乐学校[③]。

中国多校区办学的形成有着十分复杂的社会背景，1952 年的院系调整实行的是分科设立大学的高等教育办学思路，形成了部门办学体制，使得高等教育的基本格局是单科性与多科性院校"一统天下"。这一体制在某种程度上适应了当时政治、经济制度发展的需要，为我国工业化建设和科学技术的发展初步奠定了基础，培养了一大批专门人才。但改革开放后，这种办学体制的弊端逐渐凸显出来。进行高等教育管理体制改革，以建立起与社会主义市场经济体制和民主政治制度相适应的、与世界文明接轨和与现代生活契合的教育制度势在必行。1994 年，全国高等教育体制改革座谈会之后，进行了共建共管、合并学校、合作办学、协作办学、转由地方政府管理等五种形式的高等教育改革。经过"共建"、"合作"、"合并"、"协作"和"划转"，使得高校办学规模扩大，学科综合性增强，改变了单科大学一统天下的高等教育格局。但随着高校办学规模的扩大，办学资源奇缺，高校为了自身建设和发展的需要，积极寻求外部发展空间。与此同时，1999 年，中央对高等教育实行了扩招政策，致使高校的规模迅速扩大，办学资源更加匮乏，多校区办学就成为这一历史时期的必然选择。多校区的形成和发展是在我国政治、经济体制发生深刻变化的背景下，对高等教育管理体制进行的有目的、有计划、有组织的改革的历史必然。多校区的发展促进了高校招生规模迅速扩大，推动了我国高等教育迅速实现了精英教育向大众化教育的转型，同时也为我国高校的管理者们提出了如何有效管理多校区的问题。

由上可见各国多校区大学形成的历史背景。尽管各国的社会和文化背景不同，但多校区办学都有共同的特点，既满足了时代、国家、社会的需要，又满足了各高校相互竞争，以及知识、学科不断分化或综合的内在需要。

---

① 资料来自 http：//baike. baidu. com/view/54846. htm。

② 资料来自 http：//baike. baidu. com/view/763672. htm。

③ 资料来自 http：//baike. baidu. com/view/247553. htm。

二、国内外多校区办学的形成方式

(一) 国外多校区办学的形成方式

1. 联合型

联合型多校区办学又包括多校区大学系统和学院制两种形式。多校区大学系统是将多所大学置于一个地方政府所属的公立高等教育系统下进行管理，形成所谓的多校区系统，其中的大学称为旗下的分校，各个分校作为一个相对独立的办学实体，多校区大学系统只是一个政策协调者、公共事务提供者，以及政府与各个分校之间的代理者（严新平等，2003）。如加利福尼亚州州立大学系统、纽约州州立大学系统等。学院制是将多个独立运行的学院统一在一个大学名目下，如伦敦大学等。

2. 扩展型

一些高校在发展过程中由于主校区的发展空间有限，通过购置新校园、向外扩展新建校区而走上自我扩张之路。通过这种方式形成的多校区大学，经过扩展的大学办学主体通常保持不变。美国的康奈尔大学、西雅图华盛顿大学，霍普金斯大学，日本东北大学，加拿大麦吉尔大学等都属于此类大学。

3. 合并型

一些实力较强的高校为了扩展实力，如增加学科数量、增大办学规模等，对其他高校进行合并，日本的不少多校区大学走的就是这条道路。历史上，日本高校都以建立具有单一学科意义的学部为开端，高校间的合并也就是学部的增加。大学学科综合化的过程可简单地看做是代表多个学科的多个学部的叠加，如此形成了以"学科割据"为特色、地理位置上一般相距不太远的日本多校区大学。澳大利亚多校区大学的形成也是一些高校在政府的主导下合并形成的。例如通过政府干预，在20世纪八九十年代将当时的16所大学和60所学院逐步合并为36所大学（周玲，2001）。

(二) 我国多校区办学的形成方式

1. 政府主导合并型

政府主导合并型即政府主管部门以某一大学为基础，将一些原来自主办学的高校合并进去，形成综合性大学以增强办学实力，导致出现多校区办学。政府主导合并型又可细分为创新型和强化型。创新型是以建设国内一流甚至是国际一流大学为目标的合并，如清华大学、北京大学、吉林大学、浙江大学、上海交通大学、中南大学、华中科技大学、同济大学、东南大学、山东大学等；强化型则是强化管理、增强综合实力的合并，如武汉理工大学、重庆大学、湖南大学、郑州大学等。

2. 自主扩展型

自主扩展型是指一些高校随着国家扩招政策的推动和自身办学实力的增强，走向了高校的扩张之路。随之带来人员增多、各项设施不足、发展空间受限等问题，这些问题严重影响高校教学和科研的需要，因而增设新校区，寻求新的发展空间和新的办学增长点。南京大学、华东师范大学、东南大学、华南理工大学、大连交通大学、兰州大学、兰州交通大学、华东师范大学、浙江工业大学、广东药学院、青岛科技大学等都属于自主扩展型的多校区大学。

3. 合并重构型

合并重构型多校区大学是由于高校竞争的加剧，一些综合办学实力一般的高校为了增强竞争力，结合自身发展的需要，根据学科综合、资源配置的需要而自愿合并形成的多校区大学，如扬州大学、青岛大学、苏州大学、重庆医科大学等。1992年，扬州大学在全国率先进行合并办学，由扬州师范学院、江苏农学院、扬州工学院、扬州医学院、江苏水利工程专科学校、江苏商业专科学校6所高校合并，由8个校区组建而成。

4. 合并升格型

由于国家扩招政策的推动，一些基础较好的中专学校联合起来，升格创办新的大学或学院，从而形成多校区办学格局，如辽东学院、南通大学、湖南工业大学、大同大学等。辽东学院是在2003年由辽宁财政高等专科学校、丹东职业技术学院合并升格而成，有南北两个校区。南通大学是2004年5月由南通医学院、南通工学院、南通师范学院合并组建而成的省属综合性大学。湖南工业大学由株洲工学院、湖南冶金职业技术学院、株洲师范高等专科学校于2006年2月合并组建而成。大同大学是2006年由原雁北师范学院、大同医学专科学校、大同职业技术学院、山西工业职业技术学院4校合并成立的多科性大学。

第二节　扩展型多校区成因分析

所谓扩展型多校区是指高校在发展过程中为拓展办学空间，高校在地理位置不相连的地域新建或购置校区，进而拥有两个或两个以上校区。扩展型多校区的形成是内外因综合作用的结果。

一、扩展型多校区形成内因

（一）高校办学资源严重不足

扩展型多校区大学大多成立于 20 世纪五六十年代，其主校区一般处于城市的中心地带，校园占地面积一般较小。近 20 年来，基础设施老化，校舍面积尤其是教学、实验用房和学生宿舍严重不足，给高校的教学、管理和学生生活带来了诸多困难。由于经济社会的快速发展，城市中心的地价迅速攀升，寸土寸金，使得高校无法实现就近扩展。因此，一些高校开始建设新校区以解决高校发展的燃眉之急。

（二）高校办学层次提升的需要

随着社会的进步，社会大众对高等教育的需求越来越高，社会大众对高等教育的迫切需求与教育资源稀缺之间的矛盾已转变为人民群众对优质高等教育资源需求之间的矛盾，且日渐激烈。许多高校已经认识到，高校之间的竞争是综合实力的竞争。为了增强自身的实力，许多院校有升格为大学的强烈愿望，并形成了多科性或综合性大学。而升格大学是有条件的，按照《中华人民共和国高等教育法》和《普通高等学校设置暂行条例》有关规定，学院更名为大学，校园占地面积至少 800 亩。为提升办学层次，扩展校区成为必然选择。

（三）多元化办学的需求

随着办学经费筹措的多元化，办学模式也日益多样化，在这种大背景下，民办、民办公助、校企合作、中外合作办学等办学形成应运而生。新的办学形式催生了一些新的校区，使校区得以扩展。

二、扩展型多校区形成外因

（一）社会变革及经济发展的要求

改革开放 30 年来，我国社会发生了翻天覆地的变化，实现了由计划经济体制向社会主义市场经济体制的转变，经济快速发展，综合国力显著增强。经济和社会发展需要大量的人才，这就需要扩大高校的办学规模，建设新校区是实现这一发展的自身选择。经济的发展也为高等教育的快速发展提供了物质基础，为建设新校区提供资金、物质支持。此外，地方政府为了发展经济，需要高校提供人才智力支持，为新校区建设提供优质资源条件，这也是新校区形成的重要原因。例如深圳、廊坊等城市提供很多优质资源来吸引高校落户，许多高校在深圳和廊坊建立了研究生院和新校区。

（二）教育部本科教学工作水平评估的推动

教育部本科教学工作水平评估体系中，土地、校舍、基本设施和设备还有教育环境等都是极为重要的考察指标，按照优秀（A级）标准，对教学条件与利用提出了较高的要求。很多高校为了达到优秀（A级）标准而新建校区。

（三）高等教育扩招政策的带动

1999年实行的高等教育扩招政策是党中央为了发展我国的高等教育而做出的战略决策，是新形势下我国经济和社会发展的需要，也是将人力资源大国变成人力资源强国的时代要求。在高校扩招的形势下，谁拥有足够的办学空间，谁就可以吸纳足够的生源，规模效益才能最大化，才能提高办学效益。由于扩招导致很多高校办学资源不足，这就为多校区的建设形成了动力。

第三节　多校区办学发展趋势分析

一、多校区办学热潮逐渐减弱

随着扩招规模的日趋稳定，一方面经过这些年的挖潜，大多数高校的潜能得到了极大的发挥，办学条件有所改善；另一方面是由于多校区办学带来的办学成本增加使得有些高校有所顾忌，尽可能不采用这种模式。加上高等教育管理体制改革的深入，政府已完成对高校的战略调整，不再整合高校，而是抓高校评估和办学效益。

二、按学科和功能调整分区

由于高校规模不断扩大，造成了内部组织过分松散与组织形式单一之间的较大矛盾，致使管理效率有所下降。为此，出现了在一个母体下，按学科组织不同校区的管理体制，即按学科对各校区进行功能定位，成立按学科组织的学院，让有关联的学科处于同一校区。多校区办学进入了按学科和功能调整分区阶段。

三、多校区向单一校区回归

由于多校区办学带来高成本、学科之间的交叉融合困难、难以形成统一的校园文化和大学精神，教师在各校区之间来回奔波，消耗了大量的人力和物力。一些实力较强的多校区大学，通过择地置换重建，整体搬迁的战略决策，由多校区办学向单一校区回归的趋势明显突出，如上海交通大学、沈阳工业大学、广州大学、杭州师范大学、青海大学等。

四、一校多制多种形式办学

由于新兴产业的崛起和城市的振兴，高校利用无形资产与工商企业、地方政府合作办学，形成了许多新型的与母体联系较弱的独立学院，出现了新的多校区办学模式。这种模式，虽然具有相同的名称前缀，但不是一个法人，两者虽然有千丝万缕的联系和共同的利益，但这些只是经济的联系，没有隶属关系。多校区使一校多制模式的出现成为了现实。

五、质量效益和规模效益并重

教育质量和办学效益已经成为关系高校生存与发展的重大问题。对于多校区高校，由于校区间的学科布局、办学层次、社会服务定位等功能不同，教育质量的要求也不同，则追求的办学效益不同，必然带来规模经济要求的不一样，因此不能用一个模式来衡量所有院系。如何在满足质量要求的前提下，合理确定不同类型院系的生师比、专业规模和院系规模，优化资源配置，提高办学效益，是多校区办学高校需要解决的重大课题。

第四节 自主扩展型多校区的管理体制与运行机制

管理体制和运行机制直接影响着自主扩展型多校区的管理效率和效能。所谓自主扩展型多校区管理体制是指行业自主扩展型高校管理系统的组织架构及其运行方式，其核心是管理机构的设置，关键是管理机构间职权的分配以及各机构间的协调。总括起来，自主扩展型多校区具有两个特征：办学资源分散，学科专业分置。行业自主扩展型高校的每一个校区，都有着不同的办学目标；不同的办学目标，决定了每个校区具有不同的学科设置；不同的学科设置决定了不同校区有着不同的教育功能定位；而不同的教育功能定位又使每个校区的建设、管理和资源配置呈现不同的特点。正是这些特点，使自主扩展型多校区产生了管理跨度大、资源共享难、信息不对称、学科交叉融合难、教师来回奔波，以及校区间不同薪酬体系等增大办学成本的问题，办学成本增大已成为高等教育系统内外共同关注的重要问题之一。因此，有必要对自主扩展型多校区的管理体制和运行机制进行研究，以使之能够高效、协调运行。

一、自主扩展型多校区管理中面临的挑战

自主扩展型多校区中每个校区的教育功能设置，都建立在学科专业分置的基础上，与之相应的管理体制构架可以归纳为三种类型：① "学院 + 职能部门"型，指每一校区按学科专业分布若干学院，在新校区的行政职能部门以条或以块进行延伸管理。② "年级 + 职能部门"型，指把本科或研究生按不同年级安排在不同校区上课，各校区分别对不同年级的学生进行授课。实质上这种管理体制也是按学科专业分置的，只不过是把基础学科置于某一校区，而将与专业课有关的学科置于另一校区，新校区由不同的职能部门延伸进行管理。③ "培养层次 + 主校区"型，指其中一个校区被定为主校区，培养本科生，其他校区培养研究生、高职生等，高校主要职能部门集中在主校区。这种管理体制是按学科教育的不同层次进行的校区功能设置。目前，这些管理体制，都因各校区的空间地域不相连和办学资源分散，影响了各个校区的资源调度、教学秩序，以及科研水平，也影响着新校区师资队伍的稳定和高校整体办学质量的提升。这使自主扩展型多校区在实际运行中面临着如下挑战。

（一）办学成本损失

办学成本损失既有显性的，又有隐性的。综合起来可以分为两类：一是办学资源的浪费；二是由浪费对正常教育教学和科研活动产生的负面影响。前者属于显性的，后者则是隐性的。自主扩展型多校区建设和运行过程中存在着一些浪费现象，这些浪费既有客观原因造成的，也有主观原因造成的。显性浪费主要表现为：不同校区公共设施重复建设而造成的规模性浪费；多种资源因各环节配合不到位或功能不匹配而造成的配套性浪费；一些资源利用率不高而造成的闲置性浪费等。隐性浪费往往会从以下这些方面表现出来：科层制强调的行政权力，与高校的学术权力并不会简单地吻合或匹配，科层制也会使学术民主和学术自由受到损失。这些损失还会因多校区行政组织机构膨胀和行政人员增多而加剧。校区的增多，也使高校管理与决策的"集权"与"分权"变得更为敏感，增加了管理者在决策与管理时需综合考虑的各种办学条件的复杂性。因角色错位而带来的管理功能性浪费，因教师校区间奔波所造成的时间精力浪费，在较短的时间内难以

形成不同校区同等的良好教风和学风,教师因组织归属问题而产生的科研积极性不高等。这些隐性浪费在表面上较难显现出来,但其负面影响却比显性浪费的要大得多。可以这样认为,显性浪费和隐性浪费及由此产生的负面影响造成了自主扩展型多校区相对于单一校区的资源紧张和运行中的低效率。

(二)学科交叉融合难度增大

促进学科发展是高校科研管理的终极目标之一,学科交叉与融合是现代大学学科发展的主要趋势之一。在单一校区内时,不同学科的发展就其结构、发展层次和发展水平而言,就已经存在不平衡现象。与之相伴而存的是学科发展过程中因学科封闭而造成的或大或小的"学科孤岛"现象。在自主扩展型多校区中,为发挥不同校区的功能,为了减少成本开支,小而全的学科布局一般不会出现,高校只能根据学科实际状况将学科资源配置于不同校区。从地理位置变迁这一角度来看,各学科间相互交流、彼此借鉴、互为渗透关系间的间距扩大了。因不同校区间的不同学科分置,要么使高校现有的相关或相近学科间的间距变大了(如"学院+职能部门"型),要么使基础学科与专业学科间的间距变大了(如"年级+职能部门"型),要么使本来自成一体的学科层次体系间的间距扩大了(如"培养层次+主校区"型)。发展不平衡、"学科孤岛"再加上学科间间距的扩大,使不同校区之间、不同学科之间交流的难度增加,学科之间相互开放的难度增加,教师进行多学科研究的机会成本会增加,学生在多学科环境中学习成为复合型人才的愿望也可能因各种不确定性而变小,整合各学科资源开展社会服务的能力也会在一定程度上削弱。所有这些,从客观上增加了学科交叉融合的难度。

(三)管理协调难度增大

管理协调难主要是由部门利益最大化和教师对校区间的相互比较造成的。为实现各职能部门管理目标,进行有效管理,在管理权限内,客观上各职能部门都需要获得相应的管理资源。单一校区时,一些管理资源可以彼此共享,人与人之间的区域和各职能部门间的陌生感不会出现,部门利益最大化的表现并不是十分突出。但在多校区环境中,出于满足管理条件的要求,各职能部门都会强调自身的重要性,部门利益最大化就有了合理的理由。因功能定位不同,不同校区会有不同的管理目标和管理要求。多种目标的存在成为部门利益最大化的潜在土壤,多种管理要求又在客观上衍生出不同的管理模式和管理内容,这为部门利益最大化提供了现实需求。对于教师而言,新老校区各有优劣,新校区硬件设施先进,条件布局优于老校区。而老校区有着深厚的历史积淀,在办学传统、治学风格、人才和图书设备方面拥有优势。不同校区间生活节奏的变化,教师工作环境的变化,再加上不同校区间存在着不同薪酬体系,彼此互比,处于不同校区的教职员工会产生某种不平衡感。这些原因加大了多校区的管理协调难度。

（四）师生缺少归属感

成长与发展是学生进入高校的第一选择。但在新校区中，对于学生而言，因新校区设施不全，或远离城市，或实验室不足、运动场地不足、图书不足等，再加上专业课教师来回奔波与学生交流和沟通的机会减少，校园中因缺少具有学术造诣的教师而显得学术氛围不浓，良好的学风难以迅速形成。这些会使学生认为自己提高学术修养和文化品位的条件不足，会认为其成长与发展受到了限制，这是学生缺少归属感的主要原因。教师缺少归属感的主要原因除外部环境的竞争压力以外，还在于高校内部的管理压力、学科专业发展的压力，以及对新校区环境的不熟悉。

到新校区后，教师最为关心的问题有两个：一是在将来的教学和科研管理评价中可能会处于何种地位；二是自己的学术晋升之路如何。在开始时，教师对这两个问题的答案并不非常明确，这样就形成了他们的管理压力和发展压力。教师到新校区生活和工作，尤其是在地处偏远的新校区，原来围绕老校区的居住场所和由此形成的生活常态被打破，社会交往范围受到限制，信息获得渠道减少，生活基础设施配套不足，会使教师对新校区的环境产生陌生感。因此，在新校区工作的教师，因所属组织（学院、系、教研室）的变化，或学科专业研究团体的变化，使其从属的组织被打乱，从属的学科建制被替换，熟悉的生活和工作环境被取代，他们对新校区产生归属感肯定会需要更长时间。

二、自主扩展型多校区管理体制重构策略

（一）坚持降低成本损失的原则

成本损失既有显性方面的，又有隐性方面的。坚持这一原则，可从两个方面入手：一是减少各种浪费现象。根据实际教学、科研和社会服务要求，完善新校区的基础设施；细化资源利用率指标，构建新的资源利用率评价指标体系，提高资源利用率；科学合理地进行建设规划和管理规划。二是降低成本损失，其关键在于降低自主扩展型多校区的组织成本，提高管理效益。组织成本是指组织系统运作的全部费用支出，它包括各组织工作环节所耗费的人力、物力、财力和时间资源。高校本身发展过程中其扁平结构已引起了研究者和管理者的共同关注，所以，降低组织成本的关键在于组织机构的减少和按岗设人。

随着高校教育规模的扩张、服务职能的转变，以及高校社会中心地位的确立，高校的科层制有向更深层次发展的趋势。面对这一趋势所带来的组织成本扩张，自主扩展型多校区的高校应当努力控制组织成本，减少组织机构，精简行政

岗位。为此，需要从管理体制和运行机制方面，控制组织成本，确保关键岗位的管理要求。通过精简岗位从而减少因岗位摩擦与职责不清所带来的信息失真和管理失调，会使行政岗位发挥应有效益，并最终解决人浮于事，人无所事，有事无人的吃大锅饭的局面。控制组织成本，精简岗位，还要求在选择和使用管理人员时既要求能力至上，又要通过增加管理者薪酬以增强其责任感和成就感，这才能促进各校区人、事、物最佳效益的发挥。

（二）促进学科交叉与融合，提升学科发展能力

学科管理是多校区管理中的重中之重，管理的实质在于通过学科发展促进高校学科水平的提升。高校的资源主要附着在学科载体上，根据学科分置的现实，重视学科发展、学科布局和学科水平，盘活学科资源，促进学科合理发展，是进行组织设置时的首要任务。学科发展往往会在两个方面展开：一是通过学科交叉与融合提升学科的整体综合实力；二是要建立新的学科生长点。现在社会科学和自然科学中存在的各种问题几乎都是综合的和多学科的。为培养复合型人才，高校要根据社会和行业发展需要，根据学科发展的要求，提升学科综合实力，要对各学科赋予必要的发展权力，促进学科间在彼此领域里的拓展。组织设置中要注重各个学科高层次人才的作用，要让他们发挥旗帜性的领导作用，形成人才聚集效应，通过学科内容的渗透、学科方法的借鉴和学术思维的连通与碰撞，加快学科交叉与融合的进程。要形成开放的学科布局，破解"学科孤岛"难题，注意把不同学科的问题向其他相关领域延伸，成立跨越学科和学院界限的研究所或研究中心，搭建起保持各相关学科间连通性的桥梁，促进学科的交叉与融合。

新学科诞生是学者们对自然、社会和科学规律的新的探索和认识的结晶，一个新学科形成的标志在于围绕核心问题形成的基本范式。一流的学科往往是围绕着一个重大问题开展学术研究，形成系统化的理论成果，开创新的学科领域（张定方，2009）。在学科的纵深发展上，司托克斯（D. E. Stokes）提出的科学研究分类的模式，巴斯德象限（代表一种既寻求拓展认知边界又关注应用目标的基础研究的象限）最值得关注（司托克斯，1999）。巴斯德象限为学科的纵深发展指明了方向，即把以应用研究为目的的基础研究作为学科纵深发展的一个方向，把既能反映科学纵深发展的内在逻辑和要求的，又能结合反映社会发展需要和行业需求的综合性科学命题，在领军人物的带领下，在已有学科范围内形成新的学科生长点，促进学科的纵深发展。因此，在各校区的学科结构布局上，要把有限的学科资源组织好，既要有所为又要有所不为，在促进学科交叉与融合的基础上，在形成新的学科生长点上发挥出应有的效益。

（三）根据校区功能重组校区管理人员，再造组织流程

根据校区功能组合管理人员。在管理人员的组合上，要根据师生需求、高校

的办学理念和各校区的实际，安排招生、授课、师资、科研等各个教学环节所需要的组织机构及相应人员。

阐明高校的目标，优化组织流程。根据校区功能定位，由高校组织、分析现有组织与工作流程，以工作为中心，以流程为依据，诊断组织效率低的症结所在，组织专门人员将各个部门的流程进行梳理，改变原有业务流程的直线职能制的纵向延伸，考虑并协调相关横向业务流程。在组织功能设置上，要根据实际情况，对拟设置的行政性组织进行功能分析，根据作用大小来设置机构，确定组织使命，以有效执行并完成高校的方针政策为目的，注意高校底层沉重的组织特性，首先要注意减少各中间层次，减少不必要的非教学管理和非科研性的功能性组织。对已设置的机构实施目标成本管理，并实施目标考核责任制；同时还要强化监控、督查和绩效考评，提高机构运转的工作效率（杨玉良，2009）。各部门既要考虑一项工作在本部门的贯彻情况，又要考虑如何协助相关部门顺利实施这项工作，从而减少因流程混乱导致的反复协调、管理成本加大的问题。通过重新进行组织设计，充分发挥管理者的效能，提高组织的执行力和创造力，解决事事依靠繁文缛节的程序而无创新开拓的局面。

充分发挥信息技术的作用，促进管理组织再造与管理流程优化，使多校区的管理变得更加顺畅。以资源的充分利用为前提，以方便快捷和管理高效为目的，充分运用现代化的信息手段，建立信息资源共享平台，利用信息技术汇集和传递管理信息，减少管理者的劳动强度，减少管理层次和管理人员数量，减少管理幅度，解决信息不对称的问题，实现高校教育教学信息资源共享，促进业务流程重整。通过以上方式控制组织成本，使组织系统运作所包括的组织工作环节变得协调流畅，人力、物力、财力和时间资源耗费物有所值。

（四）形成多校区良好的文化氛围，增强师生对新校区的归属感

专业学习和生活需求对学生的成长同样重要。因此，要使学生能够更好地成长与发展，在完善每个校区基础设施的同时，学生在哪个校区，哪个校区就应有与之对应的学科专业，有与之相对应的学院和教师，有优良的教风、学风和校园文化氛围。要解决客观上地理位置的隔断的问题，需增加师生间的交往和沟通渠道。通过教师的答疑辅导、指导与讨论，通过教师严谨治学风格、严谨治教的熏陶和影响，促进学生确立正确的学习方向，增强学生的专业学习兴趣。这样，学生在学习中才能形成对新校区的归属感。

高校教师至少拥有三种角色：生活人、教书人和学术人，这使其具有了不同于其他人的角色特征。不同的角色，要求不同校区要满足教师的生活归属、教学归属和学术归属的需要。要在新校区形成适合教师生活的条件，解决教师的生活归属问题。在校区间学科分置的情况下，除了生活方面的归属外，后两种归属更

为重要。教师需要有明确的教学组织归属，有明确的学科专业建制归属。有了这两种归属，教师才能与他人进行专业化的知识交流，专业教学水平才能得到认可，教学能力才会有明确表征，学术合法性就不会受到质疑和挑战。只有在这种情况下，教师在学术评价、教学评价和与二者相关的奖励系统中才具有合理合法的地位，从而在学术职务评定和课题申报中就会有公平感，在学术阶梯的上升中就会有希望。三种角色定位问题得到解决，教师对新校区的归属感自然会逐步形成。

第六章 辽宁省行业划转院校发展
现状调查与分析

第一节 辽宁省高等教育发展概述

一、辽宁省高等教育管理体制演进

辽宁省高等教育的发展与国家社会发展和国民经济的结构调整紧密相连。1949 年，辽宁省共有 8 所高校，在校生仅有 6245 人（张庆田，1994），不能满足新中国及辽宁省发展工业对人才的迫切需要。为此，辽宁省高校在 1950 年、1952 年和 1953 年先后三次进行了院系调整。到 1953 年，高校增加到 13 所，其中工学院 3 所、师范学院 2 所、农学院 1 所、医学院 3 所、财经学院 1 所、语言学院 1 所、艺术学院 2 所。调整后的辽宁省高等教育形成了一批单科性大学，有了比较明确的发展方向，并且形成了一定的规模，为辽宁省高等教育的发展奠定了基础（王少媛等，2007）。受"大跃进"的影响，1958 年之后辽宁省高校数量快速增加，到 1960 年增加到 90 所。依据中共中央 1963 年 5 月颁发的《关于加强高校统一领导、分级管理的决定（试行草案）》，1961 年辽宁省高校开始调整，至 1965 年调整到 29 所，这一格局一直持续到"文化大革命"结束。同时，辽宁省行业院校顺应国民经济建设的需要而建立并得到发展。

1978～1979 年是辽宁省高校的恢复时期，1980 年辽宁省普通高校发展到 36 所（中央部委属 23 所、地方政府属 13 所）（张庆田，1994）。1983 年辽宁省出台了《辽宁高教改革 15 条》，明确提出"改革高等教育结构，实行多层次、多形式办学"。1983 年邓小平同志提出"三个面向"以后，辽宁省高等教育改革逐步深化。

1985 年《中共中央关于教育体制改革的决定》和 1986 年国务院关于《高等教育管理职责暂行规定》出台，加快了辽宁省高等教育管理体制改革的步伐。此后，辽宁省高等教育在"加速发展"和"深化体制改革"两个方面取得了显著成效。在发展方面，加强了研究生教育，扩大了专科学校的招生规模，调整了高等教育的专业结构，压缩了长线专业，改造了老专业，增设了短缺专业和新专业。专业结构趋于合理，电子技术、能源、材料、生物技术、医疗技术等新兴学科得到了较快发展。在体制方面，相继成立一批市属大学、师范专科学校和职工大学。通过改造 100 多个老专业，新增设 80 多个新专业，全省高校的学科专业结构布局更加合理，层次结构比例相对均衡，更好地适应了国民经济发展的需要（王少媛等，2007）。这一时期辽宁省部属高校与辽宁省实行省部共建，1985 年，隶属于机械工业部的沈阳工业大学进行了机械工业部与辽宁省政府共建，实行了部省双重领导、以部管理为主的体制（郝克明等，2002）。

20 世纪 90 年代，国家为解决条块分割和单科性院校过多的问题，通过合并、转制、升格等方式进行大规模的高等教育结构布局调整。1992 年，辽宁省政府制定了《关于深化高等学校改革若干政策问题的通知》，提出进一步扩大高校办学自主权，增强高校主动适应社会需求的能力（李喜平，1999）。1993 年，《中国教育改革和发展纲要》指出："高等教育体制改革主要是解决政府与高等院校、中央与地方、国家教委与中央各业务部门之间的关系，逐步建立政府宏观管理、学校面向社会自主办学的体制"，并提出"共建、调整、合作、合并"的八字方针。辽宁省政府积极与国家各大部委院校进行共建，在与机械工业部共建沈阳工业大学的基础上，辽宁省政府先后与大连理工大学、沈阳农业大学、中国医科大学进行了共建。在合作办学方面，沈阳建筑工程学院与沈阳应用生态研究所联合办学，辽宁大学与沈阳华新国际实业有限公司联办辽宁大学华新国际工商管理学院，大连水产学院与辽宁大连海洋渔业总公司联合办学（邱连波，1997）。1995 年辽宁省有省属本科院校 11 所，部属本科院校 21 所[①]。

为落实国家决策，辽宁省制定了《辽宁省高等教育管理体制改革及高校布局结构调整总体规划》。2000 年，辽宁省下发贯彻落实《中共中央、国务院关于深化教育改革全面推进素质教育的决定》的实施意见，明确提出要推进高等教育管理体制改革，调整高校布局结构。截至 2000 年，共有 18 所中央部委属高校划归到辽宁省地方政府管理，辽宁省高等教育形成了中央政府、省级政府、市级政府三级办学，中央政府、省级政府两级管理，以省级政府统筹为主的办学格局。经过改革发展，辽宁省普通高校的数量有了较大幅度的增加，辽宁省高等教育水平位居全国前列。中国科学评价研究中心 2006 年开始的中国大学教育地区（省、直辖市、自治区）综合竞争力排名显示，辽宁省高等教育已排在国内 9 大高等教育中心的第 5 位（北京市、江苏省、上海市、山东省、辽宁省、广东省、湖北省、陕西省、浙江省为 9 大高等教育中心）。

二、辽宁省高等教育发展状况

辽宁省是我国的重要工业基地，是国有大中型企业和重工业企业比较集中的

---

① 数据根据辽宁省教育委员会内部资料整理计算。

省份。在产业布局上，形成了以沈阳市为中心，以大连市为口岸，包括鞍山市、抚顺市、本溪市、丹东市、锦州市、营口市、阜新市、辽阳市、盘锦市、葫芦岛市、朝阳市、铁岭市在内的重要工业基地。有从矿山、冶炼到轧材的钢铁工业和有色金属工业体系，有火电和水电相结合的大电网，有从原油开采、加工到石化的工业体系，有数控精密机床、高压输变电设备、机车、造船、仪表等机械工业群。石化、冶金、电子、机械是辽宁省的四大支柱产业，建材、轻工、纺织、医药等工业、产业也有着雄厚的基础（中国网联网，2008）。目前已经形成"辽宁沿海经济带"、"三大经济圈"和以沈阳市、大连市、鞍山市、抚顺市等为中心的特色产业集群。

与辽宁省工业布局相适应，经过60年的发展，辽宁省高等教育有了较大的提升。到2008年，辽宁省普通高校达87所。从地域分布来看，这些高校分布在全省的14座城市，其中沈阳市32所，大连市26所，其他地区29所。沈阳市和大连市无疑是辽宁省高校的集聚区，也是辽宁省"辽宁沿海经济带"、"三大经济圈"和辽宁省产业集群的中心地区。从高校性质来看，在辽宁省87所普通高校中，普通本科院校43所，其中中央部委属院校5所，省属院校30所，市属院校4所，民办高校4所，专科院校（高职）44所。国家"985"、"211"工程重点院校4所，其中中央部委属3所，辽宁省属1所。

2008年，辽宁省高校在校生总规模达到121.9万人，其中普通本专科在校生82万人，研究生7万人。辽宁省普通高校教职工89 848人，其中专职教师53 495人，具有博士学位的教师7056人，具有硕士学位的教师18 612人，教师中具有正高级职称的6836人，具有副高级职称的16 567人。

辽宁省普通高校的科学研究以服务区域经济为宗旨，高校综合办学实力不断提升。2008年全省普通高校有两院院士20人，博士后流动站73个，博士点320个、硕士点1291个；国家一级重点学科7个，国家二级重点学科30个，国家重点实验室12个，国家工程研究中心18个，省级重点学科353个，学科覆盖理、工、农、医、文、史、哲、经、教、管、法11大门类。2008年，全省高校科技活动人员36 947人，承担科技项目13 000项，其中国家"973"项目76项，国家"863"项目187项，国家科技攻关项目194项，国际合作项目62项，经费合计30.18亿元。校办产业179个，其中科技企业40个。一批重大科研成果实现产业化，取得了良好的社会效益和经济效益，辽宁省高校已经成为辽宁省培养高层次创新人才的重要基地、科技创新的主力军（辽宁教育网，2009）。

经过60年的发展，辽宁省高校从1949年的8所发展到2008年的87所，增长了9.9倍，与1979年相比增长了1.28倍，高等教育毛入学率达到36.3%。辽宁省已建立起与经济社会发展相适应的规模适当、结构合理、学科门类齐全的高等教育体系。在管理体制上，形成了中央政府、省级政府、市级政府三级办学，中央政府、省级政府两级管理，以省级政府统筹为主的管理格局。

第二节　辽宁省行业划转院校发展概述

一、辽宁省行业划转院校发展的历史演进

（一）辽宁省行业划转院校发展历程

新中国成立初期，为构建自主工业体系，实现国民经济快速发展，需要大批专业技术人才，而重点建设的大中型骨干企业却面临着专业技术人才奇缺的发展瓶颈。中央政府指令各行业部门快速新建一批行业高等院校，扩大已有行业院校的规模，同时进行大规模的院系调整。从表6-1可以看出，20世纪五六十年代国家各大部委相继组建高校或对高校进行归口管理，其中抚顺石油学院（石油工业部），本溪冶金高等专科学校（冶金工业部），沈阳航空工业学院（航空航天工业部），阜新矿业学院（煤炭工业部），东北工学院（冶金工业部），沈阳农学院（农业部），大连铁道学院（铁道部），沈阳机电学院（机械工业部），鞍山钢铁学院（冶金工业部），沈阳化工学院（化学工业部），中国工农红军军医学校、中国工农红军卫生学校（卫生部），沈阳工业学院（国家兵器工业部），大连水产学院（农业部），沈阳药学院（国家医药管理局），沈阳体育学院（国家体育总局），沈阳电力高等专科学校（国家电力总公司）等高校依托中央部委建校。20世纪70年代至20世纪80年代初，大连轻工业学院（轻工业部），东北财经学院（财政部），沈阳建筑工程学院（建设部）等高校陆续归并到国家部委管理。这些高校在重工业、农、医、水、矿、油、化、建、路、军等行业为国家建设快出人才、多出人才、出好人才起到了重要作用，满足了国家经济建设对行业人才的迫切需求，有力地推动了国民经济的发展。

20世纪90年代，随着经济体制改革和国家经济建设的发展，高等教育管理体制大规模调整。1998年、1999年和2000年，辽宁省高校中铁道部、卫生部、轻工业部、国家医药管理局、农业部、国防部、国家体育总局、中国石油化工总公司、航空航天工业部、冶金工业部、财政部、煤炭工业部、机械工业部、建设部、化学工业部等部委直属的高校管理体制发生了变革，其中东北大学由冶金工业部直属划转到了教育部直属，大连交通大学等16所高校实行中央政府与地方政府共建、以辽宁省管理为主的管理体制，沈阳工程学院、辽宁科技学院在划归辽宁省管理后分别于2003年和2004年由专科院校升格为本科院校。此次管理体制改革解决了辽宁省高等教育发展史上长期存在的"条块分割"问题。

（二）辽宁省行业划转院校的特色

从行业划转院校的地域分布状况来看，沈阳市 10 所、大连市 4 所、抚顺市 1 所、鞍山市 1 所、阜新市 1 所、本溪市 1 所，这些高校在长期的行业办学过程中形成具有行业特色的办学传统。

从表 6-1 可以看出，这些行业划转院校具有如下基本特征：第一，具有满足行业需求的比较优势。这些行业划转院校大多有 40 多年的行业办学历史，在轨道交通、医药、水产和海洋、石油石化、农业、经济、管理、建筑土木、电力、国防、航空航天、煤炭、机电、化工、冶金、机械、轻纺等领域形成自身独特的传统和鲜明的行业特色。在长期的部委管理下，这些高校熟悉行业的发展，学术积淀和办学体系打着行业的烙印，具有满足行业需求的比较优势。第二，人才培养的行业特色。由于计划经济体制下的招生计划限制，这些高校所培养的人才面向行业，有着鲜明的行业特质，这也使得这些高校划转地方政府管理后仍能与行业保持密切的联系，分布在行业中的众多校友也成为这些高校最宝贵的人脉资源。

表 6-1 辽宁省行业划转本科院校的基本情况

序号	学校名称		隶属关系		建校年份	划转年份	传统特色
	现名	原名	原隶属部委	现隶属			
1	大连交通大学	大连铁道学院	铁道部	辽宁省	1956	2000	轨道交通
2	中国医科大学	中国工农红军军医学校、中国工农红军卫生学校	卫生部	辽宁省	1931	2000	医药
3	沈阳药科大学	沈阳药学院	国家医药管理局	辽宁省	1931	2000	医药
4	大连海洋大学	大连水产学院	农业部	辽宁省	1952	2000	水产和海洋
5	辽宁石油化工大学	抚顺石油学院	石油工业部	辽宁省	1950	2000	石油石化
6	沈阳农业大学	沈阳农学院	农业部	辽宁省	1952	2000	农业与生命科学
7	东北财经大学	东北财经学院	财政部	辽宁省	1952	2000	经济、管理
8	沈阳建筑大学	沈阳建筑工程学院	建设部	辽宁省	1948	2000	建筑土木
9	沈阳工程学院	沈阳电力高等专科学校	国家电力总公司	辽宁省	1952	2000	电力
10	沈阳理工大学	沈阳工业学院	国家兵器工业部	辽宁省	1948	1998	国防
11	沈阳航空工业学院	沈阳航空工业学院	航空航天工业部	辽宁省	1952	1998	航空航天
12	辽宁工程技术大学	阜新矿业学院	煤炭工业部	辽宁省	1958	1998	煤炭
13	沈阳工业大学	沈阳机电学院	机械工业部	辽宁省	1949	1998	机电
14	辽宁科技大学	鞍山钢铁学院	冶金工业部	辽宁省	1948	1998	冶金

续表

序号	学校名称		隶属关系		建校年份	划转年份	传统特色
	现名	原名	原隶属部委	现隶属			
15	沈阳化工大学	沈阳化工学院	化学工业部	辽宁省	1952	1998	化工
16	辽宁科技学院	本溪冶金高等专科学校	冶金工业部	辽宁省	1914	1998	冶金、机械
17	大连工业大学	大连轻工业学院	轻工业部	辽宁省	1958	1998	轻纺
18	沈阳体育学院	东北体育学院	国家体育总局	辽宁省	1954	2001	冰雪运动

资料来源：教育部公布的 1992 年以来行业划转院校名单，《全国普通高等院校管理体制变动情况》（国办发［2000］11 号），辽宁省划转本科院校网站中学校简介。

注：东北大学（原东北工学院）也属划转本科院校，由冶金工业部直接划转到教育部直属，故没有包括在内。

1995 年辽宁省有省属本科院校 11 所，到 2008 年年底增加到 30 所。可以说，18 所行业划转院校扩大了辽宁省高等教育的规模，增加了辽宁省人民接受高等教育的机会，为辽宁省人口素质的提高做出了重要贡献。划转到地方政府管理后，这些高校主动适应地方社会经济发展的需求，拓展了学科覆盖领域，以其拥有的人才、学科、科技优势和浓厚的行业文化底蕴，成为辽宁省经济发展中人才培养的助推器、科技进步的孵化器和文化繁荣的辐射源。

二、辽宁省行业划转院校发展现状分析

（一）办学资源现状

高等教育管理体制改革以来，辽宁省行业划转院校一方面继续服务行业，承担为行业培养高层次人才、技术创新和产业技术升级改造的任务；另一方面这些高校为更好地适应区域经济建设发展的需求，对原有学科布局进行了较大的调整。经过发展，这些高校的办学规模、教学水平、科技发展能力和应对高等教育国际化能力都有了较大的提升。

1. 办学条件

随着我国高等教育规模的不断扩大，高校划转后，为了改善办学条件，进行了一系列新建、扩建和改造工程，增加了大批教学科研仪器设备和图书资料，使办学条件不断改善。从表 6-2 可以看出，到 2008 年年底，行业划转院校占地面积较 1998 年划转时增加了 1.81 倍，校舍建筑面积增加了 1.24 倍，教学科研仪器设备值增长了 3.32 倍，图书数量增长了 1.26 倍。行业划转院校整体办学条件的改善，一方面为学生提供了良好的学习和生活条件，另一方面为教师更好地开

展科研活动奠定了坚实的基础。

表 6-2　1998 年与 2008 年行业划转院校办学条件的对比

年份	占地面积 /平方米	校舍建筑面积 /平方米	教学科研仪器设备值 /万元	图书 /万册
2008	18 595 850	7 164 003	196 271.3	1 855.1
1998	6 625 284	3 199 234	45 455.97	820.12
增长倍数	1.81	1.24	3.32	1.26

资料来源：1998 年、2008 年辽宁省教育统计年鉴。

2. 师资状况

行业划转院校在发展中深刻地认识到人才对于提升高校竞争力的重要作用，依据学科、专业布局、自身发展定位和人才培养目标，科学地制订师资队伍建设规划，培养和引进了一批高层次人才，使师资队伍结构不断优化。如表 6-3 所示，2008 年年底，辽宁省行业划转院校教职工总数 27 772 人，占省属本科院校教职工总数的 60.60％；专职教师 15 672 人，占省属本科院校专职教师总数的 57.67％；具有博士学位的教师 2599 人，占省属本科院校具有博士学位教师总数的 67.74％；具有硕士学位的教师 6272 人，占省属本科院校具有硕士学位教师总数的 59.95％；博士生导师 709 人，占省属本科院校博士生导师总数的 74.55％；硕士生导师 3619 人，占省属本科院校硕士生导师总数的 58.18％。有两院院士 4 人（2009 年新增 1 位工程院院士）。

表 6-3　2008 年行业划转院校师资队伍发展状况与省属本科院校比较表

项　目	教职工总 人数/人	专职教师 人数/人	具有博士学位 教师人数/人	具有硕士学位 教师人数/人	博士生导师 人数/人	硕士生导师 人数/人
行业划转院校	27 772	15 672	2 599	6 762	709	3 619
省属本科院校	45 829	27 174	3 837	11 279	951	6 220
百分比/%	60.60	57.67	67.74	59.95	74.55	58.18

资料来源：2008 年辽宁省教育统计年鉴。

注：硕士生导师中不含既指导博士生又指导硕士生的导师；省属本科院校（含行业划转院校）中不包含民办学校，2008 年省属民办院校有：大连东软信息学院、辽宁财贸学院、大连艺术学院、辽宁对外经贸学院。

如图 6-1 所示，与划转之初的 1998 年相比，2008 年行业划转院校教职工总数为 1998 年的 1.27 倍，专职教师数为 1998 年的 1.98 倍，具有博士学位的教师数为 1998 年的 7.01 倍，具有硕士学位的教师数为 1998 年的 2.76 倍，博士生导师数为 2002 年的 2.75 倍，硕士生导师数为 2002 年的 1.71 倍。以上数据充分说明，辽宁省行业划转院校师资队伍不仅在数量上有了较大的发展，在结构上也趋于合理。

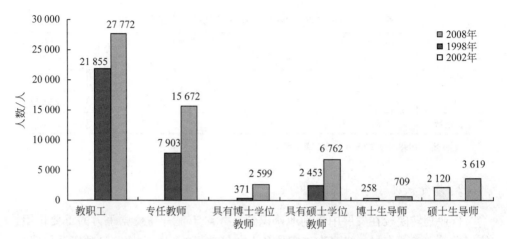

图 6-1　1998（2002）年与 2008 年行业划转院校师资队伍发展状况比较表

资料来源：1998 年、2002 年、2008 年辽宁教育统计年鉴。

注：硕士生导师中不含既指导博士生又指导硕士生的导师。

3. 人才培养状况

随着高等教育的快速发展，行业划转院校在招生数量、毕业生数量和在校生规模方面均有了快速发展。除沈阳体育学院外，其他 17 所高校无论本科生规模还是研究生规模都不断扩张，现均已发展成为万人高校。

如表 6-4 所示，到 2008 年，行业划转院校的办学规模不断扩大，面向辽宁省的招生数量连年增加。2008 年与 1998 年相比，行业划转院校招生数量增加了 2.41 倍，毕业生数量增加了 2.55 倍。这不仅增加了辽宁省高中毕业生的入学机会，而且进一步浓郁了尊重知识、崇尚科学、重视教育的氛围。1998 年，辽宁省每万人中大学生的平均人数仅为 50.3 人（辽宁省教育厅，2006），2005 年上升为 158.0 人，2007 年达到了 184 人，2008 年为 261 人，是 1998 年的 5.19 倍。每年大量的毕业生留在辽宁省，客观上提高了高学历人口在辽宁地区总人口中的比重，改变了区域人口结构，提高了公民素质。

表 6-4　1998 年、2008 年 18 所行业划转院校本科招生数、在校生数、毕业生数对比表

年份	招生数/人	在校生数/人	毕业生数/人
2008	68 828	244 330	60 539
1998	20 191	72 673	17 073
增加倍数	2.41	2.36	2.55

资料来源：1998 年、2008 年辽宁省教育统计年鉴。

同时，行业划转院校在人才培养模式创新方面也迈开了新的步伐。中国医科大学在 1998 年将部分本科学生的培养目标定位于临床医学硕士，实行"七年一贯，本硕融通，加强基础，注重素质，整体优化，面向临床"的培养方式，培养高层次医学专业人才。沈阳工业大学实施"4＋1"、"3＋2"复合型人才培养模式，大连交通大学实施"五年制双专业"复合型人才培养模式，沈阳建筑大学实施的"3.5＋1＋1"模式等，都极大地缩短了依靠国家专业招生计划来调节人才市场供求矛盾的周期，实现了在较短时间内培养满足各类人才市场需求的复合型人才的目标。行业划转院校在积极推进人才培养模式创新的过程中取得了明显成效，目前，已有 7 所行业划转院校被教育部批准为人才培养模式创新实验区（表 6-5）。

表 6-5　2007 年度、2009 年度行业划转院校人才培养模式创新实验区名单

序号	学校	实验区名称	年度
1	中国医科大学	宽口径医学本科教育人才培养模式创新实验区	2009
2	沈阳建筑大学	工程管理人才培养创新实验区	2009
3	大连交通大学	五年制双专业复合型人才模式创新实验区	2009
4	大连工业大学	艺术设计生态教学体系人才培养模式创新实验区	2009
5	沈阳航空工业学院	航空航天主机专业应用型人才培养模式创新实验区	2009
6	大连海洋大学	水产养殖学专业人才培养模式创新实验区	2007
7	沈阳药科大学	研究型药学拔尖人才培养模式创新实验区	2007

资料来源：教育部、财政部关于批准 2007 年度、2009 年度人才培养模式创新实验区建设项目的通知。

（二）教育教学现状分析

行业划转院校在长期的办学实践中，始终把教学作为学校的中心工作，视教学质量为学校的生命线，不断转变教育思想、更新教育观念。在教学过程中，各高校十分注重学生实践能力和创新能力的培养，不断创新人才培养模式、完善教学质量监控体系、深化教学改革、规范教学管理、加强教学建设。到 2007 年，接受教育部本科教学工作水平评估的 12 所行业划转院校中，11 所被评为"优秀"，1 所为"良好"。

1. 师资队伍建设

高等教育质量提高的关键是培养和造就一支教学经验丰富、学术水平高、乐于奉献的教师队伍。行业划转院校在多年教学工作的基础上，注重教学改革与实践，通过校级、省级、国家级教学名师和"双师型"教师的培养，国家级教学团队的组建，不断提升教师的教学水平。同时，为适应高校国际化发展需求，行

业划转院校还改革教学内容，开展双语教学示范课程建设，培训双语师资，聘请国外教师和专家来华讲学，引进与建设先进双语教材，进行双语教学方法的改革与实践等。

在教育部第三届、第四届、第五届高等院校教学名师评选中（表6-6），有4位行业划转院校的教师获得国家级教学名师称号。2007～2009年，14个教学团队获得国家级教学团队（表6-7），6门课程被评为2008年度、2009年度国家级双语教学示范课程（表6-8）。2005年和2009年辽宁省高校获得的国家级教学成果奖共38项，其中行业划转院校占了12项，所占比例为31.58%。2005年国家级教学成果奖获奖结果，行业划转院校占一等奖获奖数量的50%，占二等奖获奖数量的32%（表6-9）。

表6-6　行业划转院校获得教育部高等院校教学名师奖教师名单

负责人	学校	届
刘　军	沈阳建筑大学	第三届
刘永泽	东北财经大学	第三届
崔福德	沈阳药科大学	第四届
李天来	沈阳农业大学	第五届

资料来源：教育部、财政部关于公布第三、四、五届高等学校教学名师奖获奖教师名单的通知。

表6-7　2007～2009年行业划转院校获批的国家级教学团队

序号	团队名称	学校	年份
1	土木工程材料系列课程教学团队	沈阳建筑大学	2009
2	服装设计与工程复合型人才培养系列课程教学团队	大连工业大学	2009
3	蔬菜栽培学课程教学团队	沈阳农业大学	2009
4	临床医学导论教学团队	中国医科大学	2009
5	药物分析教学团队	沈阳药科大学	2009
6	经济计量分析类课程教学团队	东北财经大学	2009
7	金融学专业教学团队	东北财经大学	2008
8	药理学教学团队	沈阳药科大学	2008
9	机械设计与制造系列课程教学团队	沈阳建筑大学	2008
10	税务专业教学团队	东北财经大学	2008
11	力学教学团队	辽宁工程技术大学	2008
12	水生生物学系列课程教学团队	大连海洋大学	2008
13	药剂学教学团队	沈阳药科大学	2007
14	财务管理专业教学团队	东北财经大学	2007

资料来源：教育部、财政部关于立项建设2007～2009年国家级教学团队的通知。

表6-8　2008年度、2009年度行业划转院校获批的国家双语教学示范课程

序号	课程名称	学校	年度
1	生物化学	中国医科大学	2009
2	药物化学	沈阳药科大学	2009
3	网络营销	东北财经大学	2009
4	国际贸易实务	大连工业大学	2009
5	机械振动	沈阳航空工业学院	2009
6	财务管理	东北财经大学	2008

资料来源：教育部、财政部关于批准2008年度、2009年度双语教学示范课程建设项目的通知。

表6-9　2005年、2009年国家级教学成果奖获奖情况比较表

	一等奖		二等奖				合计	
	2005		2005		2009			
	数量/项	百分比/%	数量/项	百分比/%	数量/项	百分比/%	数量/项	百分比/%
总计	2	100	25	100	11	100	38	100
部委属高校	1	50	10	40	7	63.63	18	47.37
省市属高校（不含行业划转院校）	0	0	7	28	1	9.1	8	21.05
行业划转院校	1	50	8	32	3	27.27	12	31.58

资料来源：教育部关于批准第五、六届高等教育国家级教学成果奖获奖项目的决定。

注：统计结果中不含海军大连舰艇学院，本表中"数量"均为该校为第一获奖单位时，部委属高校指大连理工大学、东北大学、大连民族学院、中国刑事警察学院、大连海事大学。

2. 特色专业建设

划归地方政府管理后，行业划转院校为进一步提高人才培养质量，注重优化专业结构，努力建设特色专业。如表6-10、表6-11所示，第一、二、三、四批国家特色专业建设中，行业划转院校国家特色专业建设点所占辽宁省普通本科院校总量的百分比分别为46.15%、40.54%、47.06%和42.86%。四批合计行业划转院校国家特色专业建设点所占百分比为43.70%。特色专业涵盖工、理、文、经、管、农、医等学科，与部委属高校相比，特色专业建设方面具有比较优势。

表6-10　辽宁省国家特色专业建设点行业划转院校与部委属、省市属高校比较表

	第一批		第二批		第三批		第四批		合计	
	数量/个	百分比/%	数量/个	百分比/%	数量/个	百分比/%	数量/个	百分比/%	数量/个	百分比/%
总计	13	100	37	100	34	100	35	100	119	100
部委属高校	4	30.77	15	40.54	10	29.41	11	31.43	40	33.61

续表

	第一批		第二批		第三批		第四批		合计	
	数量/个	百分比/%	数量/个	百分比/%	数量/个	百分比/%	数量/个	百分比/%	数量/个	百分比/%
省市属高校（不含行业划转院校）	3	23.08	7	18.92	8	23.53	9	25.71	27	22.69
行业划转院校	6	46.15	15	40.54	16	47.06	15	42.86	52	43.70

资料来源：根据教育部、财政部关于批准第一、二、三、四批高等院校特色专业建设点的通知整理计算。

注：部委属高校指大连理工大学、东北大学、大连民族学院、中国刑事警察学院、大连海事大学。

表 6-11　行业划转院校国家特色专业

序号	学校	特色专业名称			
		第一批	第二批	第三批	第四批
1	沈阳工业大学		电气工程及其自动化	材料成型及控制工程	机械设计制造及其自动化
					测控技术与仪器
2	沈阳理工大学		探测制导与控制技术		机械设计制造及其自动化
3	辽宁科技大学		冶金工程	热能与动力工程	机械设计制造及其自动化
4	辽宁工程技术大学	矿物资源工程	测绘工程	工程力学	信息管理与信息系统
		安全工程		软件工程	
5	辽宁石油化工大学			化学工程与工艺	应用化学
6	大连交通大学		机械工程及自动化	车辆工程	材料成型及控制工程
7	大连工业大学		服装设计与工程	食品科学与工程	生物工程
8	沈阳建筑大学		建筑学	土木工程	无机非金属材料工程
					机械设计制造及其自动化
9	沈阳航空工业学院	安全工程	飞行器动力工程	工业设计	机械设计制造及其自动化
			飞行器制造工程		
10	沈阳化工学院		化学工程与工艺	过程装备与控制工程	
11	沈阳农业大学	园艺		植物保护	农学
12	大连海洋大学		水产养殖学	港口航道与海岸工程	

续表

序号	学校	特色专业名称			
		第一批	第二批	第三批	第四批
13	中国医科大学	临床医学		法医学	护理学
14	沈阳药科大学			制药工程	药物制剂
15	东北财经大学	会计学	金融学	财政学	统计学
			工商管理		
16	沈阳体育学院			运动训练	
17	沈阳药科大学		药学		

资料来源：教育部、财政部关于批准第一、二、三、四批高等学校特色专业建设点的通知。

3. 精品课程建设

精品课程建设是高校教学质量与教学改革工程的重要组成部分，也是高校办学水平的重要体现。"国家精品课程"是以一流教师队伍、一流教学内容、一流教学方法、一流教材、一流教学管理"五个一流"为特点的示范性课程。这些高校通过精品课程建设来促进教学观念的更新、教学方式的改革和教学内容的更新，并以此带动课程改革。如表6-12、表6-13所示，2003～2009年度，辽宁省本科院校中国家级精品课程总数为66门，行业划转院校占了26门。行业划转院校获得的国家级精品课程所占百分比波动较大，2004年度和2007年度国家级精品课程建设中有较大发展，与全省本科院校国家级精品课程相比所占比例较高，分别高达60.00%和53.33%。

表6-12　2003～2009年度行业划转院校国家级精品课程与部委属、省属高校所占百分比一览表

年度	总数/门	部委属高校		省属高校（不含行业划转院校）		行业划转院校	
		数量/门	百分比/%	数量/门	百分比/%	数量/门	百分比/%
2003	5	2	40.00	1	20.00	2	40.00
2004	10	3	30.00	1	10.00	6	60.00
2005	7	4	57.14	1	14.29	2	28.57
2006	7	5	71.43	0	0.00	2	28.57
2007	15	5	33.33	2	13.33	8	53.33
2008	13	9	69.23	1	7.69	3	23.08
2009	9	5	55.56	1	11.11	3	33.33
合计	66	33	50.00	7	10.61	26	39.39

资料来源：教育部关于公布2003～2009年度国家精品课程名单的通知。

注：部委属高校指大连理工大学、东北大学、大连民族学院、中国刑事警察学院、大连海事大学。

表 6-13　2003~2009 年度行业划转院校国家级精品课程名单

序号	课程名称	学校	获奖年度	一级学科	二级学科
1	计算方法	大连工业大学	2009	理学	数学类
2	土木工程材料	沈阳建筑大学	2009	工学	材料类
3	实验诊断学	中国医科大学	2009	医学	临床医学与医学技术类
4	妇产科学	中国医科大学	2008	医学	临床医学与医学技术类
5	法医物证学	中国医科大学	2008	医学	法医学类
6	中国税收	东北财经大学	2008	经济学	经济学类
7	水生生物学	大连海洋大学	2007	农学	水产类
8	放射诊断学	中国医科大学	2007	医学	临床医学与医学技术类
9	分析化学	沈阳药科大学	2007	医学	药学类
10	药学概论	沈阳药科大学	2007	医学	药学类
11	货币银行学	东北财经大学	2007	经济学	经济学类
12	计量经济学	东北财经大学	2007	经济学	经济学类
13	管理学	东北财经大学	2007	管理学	工商管理类
14	管理会计	东北财经大学	2007	管理学	工商管理类
15	药物分析	沈阳药科大学	2006	医学	药学类
16	财务管理	东北财经大学	2006	管理学	工商管理类
17	天然药物化学	沈阳药科大学	2005	医学	药学类
18	药物化学	沈阳药科大学	2005	医学	药学类
19	生物化学	中国医科大学	2004	医学	基础医学类
20	人体解剖学	中国医科大学	2004	医学	基础医学类
21	药剂学	沈阳药科大学	2004	医学	药学类
22	国民经济统计学	东北财经大学	2004	经济学	经济学类
23	财务分析	东北财经大学	2004	管理学	工商管理类
24	中级财务会计	东北财经大学	2004	管理学	工商管理类
25	组织学与胚胎学	中国医科大学	2003	医学	基础医学类
26	基础会计	东北财经大学	2003	管理学	工商管理类

资料来源：教育部、关于公布 2003~2009 年度国家精品课程名单的通知。

4. 实践教学

实践能力培养在学生创新能力形成中具有重要的作用，行业划转院校十分注重学生实践能力和创新能力的培养，通过不断完善教学体系，增加实践教学投入，深化实验教学改革，探索创新性实验教学模式，整合校内外实践教学资源，实践教学成效显著,大学生创新能力也随之显著提高。如表 6-14 所示,2007~2009 年度辽宁省 6 所高校获得国家级实验教学示范中心建设单位称号,通过国家级实验教学示范中心建设,汇聚优质实验教学资源,对学生开展培训,与其他单位开展交流和合作,增强了国家级实验教学示范中心的示范辐射能力。

表 6-14 2007~2009 年度国家级实验教学示范中心建设单位名单

2007 年度		2008 年度		2009 年度	
类别	名称	类别	名称	类别	名称
力学类	辽宁工程技术大学力学实验教学中心	医学基础类	中国医科大学医学基础实验教学中心	航空航天类	沈阳航空工业学院航空工程实验中心
药学类	沈阳药科大学药学实验教学中心	经济管理类	东北财经大学经济管理实验教学中心	水产类	大连水产学院水产养殖学实验教学中心
		综合性工程训练中心	沈阳航空工业学院工程训练中心	临床技能类	中国医科大学临床技能实践教学中心

资料来源:教育部、财政部关于批准 2007~2009 年度国家级实验教学示范中心建设单位的通知。

(三)学科发展现状分析

行业划转院校成立之初,根据国家经济建设、行业发展需要设置学科专业,经过几十年的发展,学科门类不断增加,专业不断拓展。这些高校划转辽宁省管理后,及时制定了新的高校发展战略,明确立足辽宁省、服务行业和地方经济、面向全国的战略思想,确立了"以质量和特色求生存、以服务求支持、以贡献求发展"的理念。在发展巩固行业优势与特色学科的同时,通过强化优势学科,扶持新兴学科,发展边缘学科,促进相关学科的交叉与融合,形成相互支撑、滚动发展的学科体系,构建了与行业和区域经济支柱产业相适应的学科体系。经过学科结构布局的重新调整,以重点学科的辐射作用带动相关学科发展,实现学科发展的生态平衡。

1. 学科门类与结构

行业划转院校经过几十年尤其近 10 年的发展,学科门类有所拓展,特色学科和传统学科已成为这些高校发展的显著优势。现有工、理、经、管、文、法、教、医、哲 9 个学科门类,其中管、理、文、工、经、法等学科大大增强了辽宁省高等教育在这些学科中的比较优势。如图 6-2 所示,行业划转院校中 66.68% 为工科院校,其学科门类和结构与辽宁省老工业基地的实际发展与战略规划要求较为匹配，这无疑是行业划转院校与辽宁省发展间的最佳结合点。

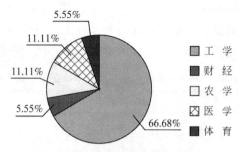

图 6-2　行业划转院校所属学科门类

从行业划转院校所处的地域来看，位于辽东半岛沿海经济区的行业划转院校有 4 所，位于辽西沿海经济带的行业划转院校有 1 所，其他 13 所全部集中于中部城市群经济区。区域经济发展要求高校提高人才培养质量和科研水平，相应地，高等教育的层次、门类、形式等也直接影响区域产业结构的布局、科技创新能力和各项社会事业的全面进步。行业划转院校无论是对社会经济发展提供智力支撑、增强地区文化辐射力，还是对不同经济圈经济发展实现梯度转移，都起着独特而重要的作用（表 6-15）。

表 6-15　行业划转院校所在地域

地区	数量/所	所属经济区
沈阳	10	中部城市群经济区（13 所）
抚顺	1	
鞍山	1	
本溪	1	
大连	4	辽东半岛沿海经济区（4 所）
阜新	1	辽西沿海经济带（1 所）

2. 学科发展状况

经过长期发展，通过学科结构调整和优化，行业划转院校的学科层次和水平有了较大提高，形成了以国家重点学科、省级、校级重点学科为骨干的学科体系。

1）学位点建设

行业划转院校学位点建设有了较大发展，如表 6-16 所示，从 2008 年年底辽宁省行业划转院校与省属本科院校的博士后流动站、博士点、硕士点比较来看，行业划转院校在省属本科院校中占有明显优势,三项百分比分别为 66.68%、66.87%、52.32%。如图 6-3 所示,与 2003 年相比,5 年间辽宁省行业划转院校博士后流动站、博士点、硕士点的建设有了快速发展,分别增长了 33%、22%、57%。

表 6-16 2008 年行业划转院校学位点与省属本科院校比较

	博士后流动站/个	博士点/个	硕士点/个
省属本科院校	30	163	883
行业划转院校	20	109	462
百分比/%	66.67	66.87	52.32

资料来源:2008 年辽宁省教育统计年鉴。

注:省属本科院校(含行业划转院校)中不含民办本科院校。

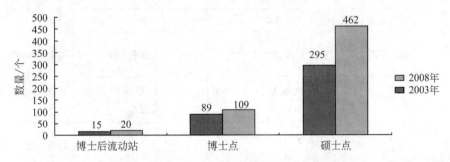

图 6-3 2003 年、2008 年行业划转院校学位点比较
资料来源:2003 年、2008 年辽宁省教育统计年鉴。

2)重点学科建设

重点学科建设是高校提高教育质量、增强自主创新能力和提升科研实力的关键举措。行业划转院校根据实际情况和自身的发展定位,按照规划目标,在学科发展中坚持"有所为、有所不为",逐步形成了有重点、有特色、分层次的学科建设格局。1988～2007 年,教育部进行了三次国家级重点(培育)学科评选,各高校抓住这一契机,推动学科建设取得重要进展。如表 6-17、表 6-18 所示,1988 年全省高校获批国家重点学科 9 个,其中行业划转院校 3 个;2002 年教育部第二次进行重点学科的评选,辽宁省高校 28 个重点学科获批,其中行业划转院校 8 个。在国家重点学科建设上,2008 年比 2003 年增长了 62%,有了较大发展。同时,行业划转院校的国家重点学科在省属高校中占有明显优势,所占比例为 72.22%。2007 年教育部进行第三次重点学科评选,行业划转院校共获得国家二级重点学科 9 个。2007 年教育部开展了国家重点(培育)学科工作,辽宁省高校有 6 个国家重点(培育)学科,其中行业划转院校 2 个。

表 6-17　1988 年、2002 年、2007 年辽宁省高校国家重点学科统计

学校	第一次（1988）		第二次（2002）		第三次（2007）	
	名称	所属学科	名称	所属学科	一级学科	二级学科
东北大学	钢铁冶金	冶金	控制理论与控制工程	工学	材料科学与工程	科学技术哲学
					冶金工程	机械设计及理论
	采矿工程	地质勘探、矿业、石油	计算机应用技术		控制科学与工程	计算机应用技术
			钢铁冶炼			采矿工程
			机械设计及理论			
			有色金属冶金			
			材料学			
			采矿工程			
大连理工大学	计算力学	力学	工程理学	工学	力学	计算数学
	机械制造	机械设计与制造	应用化学		水利工程	等离子体物理
	精细化工	化学工程和工业化学	机械制造及其自动化		化学工程与技术	机械制造及其自动化
	海岸工程学	土建、水利	港口、海岸及近海工程		管理科学与工程	结构工程
			计算数学	理学		船舶与海洋结构物设计制造
			等离子体物理			环境工程
			水工架构工程	工学		
			船舶与海洋结构物设计制造			
			管理科学与工程	管理学		
大连海事大学			交通信息工程及控制	工学		交通信息工程及控制
			轮机工程			轮机工程
沈阳农业大学	作物栽培学与耕作学	农学	作物栽培与耕作学	农学		作物栽培学与耕作学
			蔬菜学			蔬菜学
						土壤学

续表

学校	第一次（1988）		第二次（2002）		第三次（2007）	
	名称	所属学科	名称	所属学科	一级学科	二级学科
中国医科大学	内科学	临床医学	内科学（呼吸系统）	医学		内科学（呼吸系病，内分泌与代谢病）
			皮肤病与性病学			皮肤病与性病学
						外科学（普外）
						劳动卫生与环境卫生学
沈阳药科大学	药剂学	药学	药剂学	医学		药剂学
沈阳工业大学			电机与电器	工学		电机与电器
东北财经大学			产业经济学	经济学		财政学
			会计学	管理学		产业经济学
						会计学
辽宁大学			世界经济	经济学		世界经济
			国民经济学			国民经济学
						金融学
大连医科大学						中西医结合临床
辽宁中医药大学						中医基础理论

资料来源：教育部关于公布1998年、2002年、2007年国家重点学科名单的通知。

注：2007年国家重点学科分为国家一级重点学科和国家二级重点学科，部属高校的国家一级重点学科7个，国家二级重点学科12个。省属高校和行业划转院校均没有国家一级重点学科。

表6-18 行业划转院校国家级重点学科比较表

项目	国家重点学科/个
省属本科院校（含行业划转院校）（2008）	18
行业划转院校（2008）	13
百分比/%	72.22
行业划转院校（2003）	8
增长倍数（2003~2008）	0.62

资料来源：2003年、2008年辽宁省教育统计年鉴。

在省级重点学科建设上，行业划转院校紧密结合地方经济与社会发展的需要，依靠和利用地方资源进行学科建设，形成了"在服务区域社会的过程中建设好学科，在建设学科的过程中服务好社会"的学科建设理念。行业划转院校通过精心扶植新的学科生长点，培育学科新生力量，促进学科的交叉与融合，提升学科竞争力。近 10 年来，省级重点学科建设有了快速的发展。如表 6-19 所示，2001 年，全省评出普通高校省重点学科和重点扶植学科 61 个，其中行业划转院校 17 个，所占百分比为 27.87%；2004 年，全省评出普通高校省重点学科和重点扶植学科 131 个，其中行业划转院校 55 个，所占百分比为 41.98%；2007 年，全省评出普通高校省重点学科 157 个，其中行业划转院校 63 个，所占百分比为 40.12%。

表 6-19　辽宁省普通高校省重点学科和重点扶植学科统计

年份及次数	部属高校/个	省属高校/个（不含行业划转院校）	行业划转院校/个	合计/个	行业划转院校所占百分比/%
第一次（2001）	21	23	17	61	27.87
第二次（2004）	41	35	55	131	41.98
第三次（2007）	59	35	63	157	40.12

资料来源：辽宁省教育厅关于公布高等学校重点学科名单的通知。

（四）行业划转院校科研及社会服务能力分析

按国家创新体系建设要求，行业划转院校致力于国家知识创新体系、工程技术创新体系和成果转化与服务平台建设，围绕优势学科，充分整合各种资源，搭建科技平台，科研能力显著增强。

1. 科技平台建设

辽宁省工程研究中心、重点实验室、辽宁省高等学校工程研究中心和高校重点实验室、大学科技园和理科基地，是辽宁省科技创新的重要组成部分，是辽宁省科技创新体系的基础平台，也是培养高层次创新人才的重要平台。据不完全统计，行业划转院校中省级工程研究中心至少有 25 个。在 2006～2008 年辽宁省科技厅公布的省级重点实验室名单中，行业划转院校有 40 个。如表 6-20、表 6-21 所示，2009 年辽宁省高校科技网公布的辽宁省高等学校工程研究中心名单中，行业划转院校有 11 个；辽宁省教育厅第一、二、三批高校重点实验室评选，行业划转院校的省级高校重点实验室有 82 个。大学科技园 3 所（1 个国家级大学科技园）；在国家级学科基地建设中，沈阳药科大学获批基础药学理科基地，是辽宁省唯一的国家级理科基地。

表6-20 2004～2009年辽宁省行业划转院校省级高等学校工程研究中心

序号	中心名称	依托单位	类别	批准年份
1	稀土永磁应用工程技术研究中心	沈阳工业大学	A	2004
2	油化工技术研发及分析测试研究中心	辽宁石油化工大学	A	2004
3	中药现代化工程技术研究中心	沈阳药科大学	A	2004
4	连续挤压工程研究中心	大连交通大学	B	2004
5	精细分离工程中心	鞍山科技大学	B	2004
6	辽宁省养猪工程技术中心	沈阳农业大学	B	2004
7	通讯与网络工程中心	沈阳理工大学	B	2004
8	食品工程技术研究中心	大连工业大学	B	2004
9	电力仿真控制技术中心	沈阳工程学院	B	2004
10	国防知识工程中心	沈阳航空工业学院	B	2004
11	光电材料与器件工程技术研究中心	大连交通大学	B	2009

资料来源：关于公布辽宁省高等学校工程技术研究中心名单的通知（辽教发［2004］164号），辽宁省教育厅高等学校工程研究中心名单。

表6-21 辽宁省行业划转院校第一、二、三批省级高校重点实验室

	年份	级别数量/个			合计/个
		A	B	C	
第一、二批高校重点实验室	2004	3	13	23	39
第三批高校重点实验室	2007	—	—	41	41
	2009	—	—	2	2
合计	—	3	13	66	82

资料来源：辽宁省教育厅第一、二、三批高校重点实验室名单。

2. 科技成果产出

行业划转院校的科研经费从2005年的73 019.37万元增长到2008年的91 198.6万元（辽宁省教育厅，2006），增长了25%倍，科研经费增长速度较快，科研能力随之不断提升。如表6-22所示，2007年和2008年，无论是政府资金还是企事业单位委托经费，行业划转院校获得的科技活动经费在省属本科院校中所占的比例均超过了80%，具有绝对优势。因为行业划转院校中理工科高校占大多数，所以在人文社科项目经费获取方面与省属其他高校相比略显不足，除2007年企事业单位委托经费这一指标的比例值为34.16%外，其他均超过了47%。2008年人文社科经费中企事业单位委托经费的比例则高达73.99%，这表明，在人文社会科学方面，行业划转院校服务企业与事业单位的能力大大增强。

表 6-22 **2007 年、2008 年行业划转院校与省属本科院校科研经费比较表**

年份	学校类别	科技活动经费/万元			人文社科经费/万元	
		总量	其中政府资金	其中企事业单位委托经费	总量	其中企事业单位委托经费
2007	省属（含划转）	90 246.3	35 650.1	44 968.3	7 541.37	700.23
	行业划转院校	79 013.8	30 019.4	40 589.18	3 573.54	239.22
	百分比/%	87.55	84.21	90.26	47.39	34.16
2008	省属（含划转）	101 531.6	43 467.6	51 417.3	8 608.57	1 429.69
	行业划转院校	86 690.8	35 450.8	46 566.5	4 507.8	1 055.74
	百分比/%	85.38	81.57	90.56	52.36	73.99

资料来源：2007 年、2008 年辽宁省教育统计年鉴。

如表 6-23 所示，2007 年和 2008 年，辽宁省属本科院校中，行业划转院校在国家科技攻关计划、"863"计划中获得的课题数占有绝对优势，其所占比例在 89% 以上。此外，在科技课题总量、国家自然科学基金上，行业划转院校也占有相对明显的优势，所占比例在 69% 以上。在人文社会科学课题总量、国家社科基金、"973"计划上与省属本科院校相比，所占比例在 42.86% ~ 59.63%，表明行业划转院校的科研能力在辽宁省属高校中占有较大优势。

表 6-23 **2007 年、2008 年行业划转院校与省属本科院校科研课题数比较表**

年份	学校类别	科技课题数/个					人文社会科学课题数/个	
		总量	其中"973"计划	其中国家科技攻关计划	其中"863"计划	其中国家自然科学基金	总量	其中国家社科基金
2007	省属（含划转）	5036	19	62	38	322	2553	109
	行业划转院校	4164	11	59	37	247	1473	65
	百分比/%	82.68	57.89	95.16	97.37	76.71	57.70	59.63
2008	省属（含划转）	5793	14	91	37	381	3942	136
	行业划转院校	4568	6	86	33	264	1804	71
	百分比/%	78.85	42.86	94.51	89.19	69.29	45.76	52.21

资料来源：2007 年、2008 年辽宁省教育统计年鉴。

科研成果获奖数量方面，如表 6-24 所示，2007 年、2008 年行业划转院校的科技成果奖，无论是国家级还是省部级的，所占比例分别为 100%、70.95%、

83.33%、78.40%。两年内，三大检索系统收入的论文总数所占比例也均超过了66%。但在人文社会科学成果获奖方面，行业划转院校相对较弱，所占比例均没有超过22%。

表6-24 2007年、2008年行业划转院校与省属本科院校科研成果获奖情况比较表

年份	学校类别	科技成果/项				人文社科成果/项	
		合计	国家级	省部级	三大检索系统	合计	省部级
2007	省属（含划转）	159	11	148	2290	38	38
	行业划转院校	116	11	105	1734	8	8
	百分比/%	72.96	100	70.95	75.7	21.05	21.05
2008	省属（含划转）	131	6	125	1323	58	58
	行业划转院校	103	5	98	882	10	10
	百分比/%	78.63	83.33	78.40	66.67	17.24	17.24

资料来源：2007年、2008年辽宁省教育统计年鉴。

3. 社会服务能力

行业划转院校在长期办学实践中，与中央部委属企业间形成了产学研紧密结合的优良传统。划转后，这些高校经过快速发展，在基础研究、应用研究与科技开发能力方面，具有了多学科交叉融合的科技优势，这使行业划转院校服务行业的能力大大增强。

立足辽宁省服务区域经济，成为各行业划转院校更为现实的战略选择，并指导行业划转院校为辽宁省科技进步和经济发展做出了突出贡献。例如沈阳工业大学与沈阳黎明航空发动机集团公司、沈阳强风集团和沈阳东方风力发电有限公司等单位组成产学研一体化运行机制，形成设计、制造、应用、服务一条龙体系；沈阳药科大学与企业联合开发新药年产值达6000多万元，利税900多万元；沈阳农业大学20多年来获重大科研项目2000余项，"十五"期间重点扶贫开发项目43个，推广新成果、新技术100多项，为地方经济新增效益22亿元（刘国瑞，2008）。

4. 科技成果转化

行业划转院校积极参与区域经济建设，加强产学研合作，大力开展科技创新，加速科技成果向现实生产力转化，推动全省经济又好又快发展。如表6-25所示，在2009年辽宁省政府对取得重大经济效益和社会效益的61项科技成果转化项目的完成单位，以及做出突出贡献的科技成果创造者、转化实施者给予的表彰和奖励中，行业划转院校获得二等奖1项，三等奖10项。

表 6-25 2009 年辽宁省行业划转院校科技成果转化奖获奖项目

项目编号	项目名称	成果转化实施单位	主要合作单位	奖别
2009ZH-2-04	铜材连续挤压制造技术及设备	大连康丰科技有限公司	大连交通大学	二等奖
2009ZH-3-01	安全环保型饲料的研制与产业化	辽宁禾丰牧业股份有限公司	沈阳农业大学	三等奖
2009ZH-3-03	专利产品、国家新药阿奇霉素细粒剂	沈阳金龙药业有限公司	沈阳药科大学	三等奖
2009ZH-3-11	千万吨级煤炭、矿山高性能振动筛产业化	鞍山重型矿山机器股份有限公司	沈阳理工大学	三等奖
2009ZH-3-13	天然氢氧化镁无载体树脂母粒	海城精华矿产有限公司	沈阳化工学院	三等奖
2009ZH-3-16	龙胆规范化种植技术集成（GAP）与推广	辽宁天瑞绿色产业科技开发有限公司	沈阳药科大学、清原满族自治县农业发展局、清原满族自治县科技开发中心	三等奖
2009ZH-3-20	转炉干式喷补料	东港市圣化耐材料厂	辽宁科技大学	三等奖
2009ZH-3-28	移动垃圾液压站	阜新盛威液压有限公司	辽宁工程技术大学	三等奖
2009ZH-3-29	DLG-100 单螺杆空气压缩机	阜新金昊空压机有限公司	辽宁工程技术大学	三等奖
2009ZH-3-30	UOE 直缝埋弧焊钢管	辽阳钢管有限公司	沈阳工业大学	三等奖
2009ZH-3-31	汽车发动机摇臂、摇臂轴总成	铁岭天河机械制造有限责任公司	沈阳理工大学	三等奖

资料来源：辽宁省人民政府关于奖励 2009 年科技成果转化项目的决定。

如表 6-26 所示，这些高校在发明专利申请和发明专利授权量方面呈现良好的上升趋势。2006 年辽宁省高校申请专利 3510 项，行业划转院校申请专利 1451 项，占申请总量的 41.33%，沈阳药科大学、沈阳建筑大学、沈阳理工大学、沈阳工业大学排在辽宁省高校前列；2008 年辽宁省高校申请专利 1794 项，行业划转院校申请专利 932 项，占申请总量的 51.95%，与 2006 年相比，提高了 10.62个百分点。

表 6-26 2006 年、2008 年行业划转院校专利申请统计表 （单位：项）

学校	2008 年专利申请量				2006 年专利申请量			
	总量	发明	实用新型	外观设计	总量	发明	实用新型	外观设计
大连工业大学	250	45	7	198	99	84	15	0
沈阳工业大学	138	61	22	55	183	106	77	0
沈阳理工大学	137	13	8	116	194	58	135	1
中国医科大学	—	—	—	—	46	26	18	2
沈阳药科大学	75	74	1	0	277	271	6	0
大连交通大学	67	29	14	24	15	12	3	0
沈阳化工学院	60	44	13	3	62	52	10	0
沈阳航空工业学院	56	17	23	16	33	14	17	2
沈阳建筑大学	52	36	14	2	195	50	104	41
大连海洋大学	24	22	2	0	20	16	4	0
辽宁工程技术大学	20	7	13	0	89	19	70	0
辽宁科技大学	17	12	5	0	131	58	73	0
辽宁石油化工大学	17	13	3	1	35	10	25	0
沈阳农业大学	15	12	2	1	69	41	28	0
沈阳体育学院	—	—	—	—	3	0	3	0
沈阳工程学院	4	2	2	0	—	—	—	—
合计	932	387	129	416	1451	817	588	46

资料来源：辽宁省教育厅发布的 2001～2008 年辽宁省高等学校知识产权保护现状。

如表 6-27 所示，2008 年知识产权资金投入中，行业划转院校校内外投入资金 421.63 万元，占省属本科院校校内外投入资金（1021.64 万元）的 41.27%，其中本校知识产权专项资金投入和校外知识产权专项资金投入分别为 320.01 万元和 101.62 万元，占省属本科院校的 44.88% 和 32.93%。

表 6-27 2008 年行业划转院校知识产权资金投入情况统计表 （单位：万元）

序号	学校	本校知识产权专项资金投入	校外知识产权专项资金投入
1	大连工业大学	85.8	23
2	沈阳药科大学	40	0
3	大连海洋大学	39.6	0.3
4	沈阳建筑大学	31.75	9.12
5	沈阳化工学院	25	8
6	大连交通大学	20.09	0

序号	学校	本校知识产权专项资金投入	校外知识产权专项资金投入
7	沈阳理工大学	20	9
8	沈阳航空大学	13.47	4
9	沈阳工业大学	12	10
10	辽宁石油化工大学	10.23	0
11	辽宁科技大学	10	5
12	沈阳农业大学	5	30
13	沈阳工程学院	4	1
14	中国医科大学	2.2	2.2
15	辽宁科技学院	0.87	0
行业划转院校合计		320.01	101.62
省属本科院校（含划转）合计		713.02	308.62
百分比/%		44.88	32.93

资料来源：辽宁省教育厅发布的 2008 年辽宁省高等学校知识产权工作现状。

如表 6-28 所示，在知识产权转让方面，2008 年行业划转院校签订合同 176 份，辽宁省高校签订合同 268 份，行业划转院校占 65.67%；行业划转院校合同金额 7517.4 万元，辽宁省高校合同额 10 598.0 万元，行业划转院校占 70.93%；行业划转院校实际收入 2212.2 万元，辽宁省高校实际收入 4004.9 万元的，行业划转院校占 55.23%。这说明行业划转院校在知识产权转让方面处于全省优势地位。

表 6-28　2008 年行业划转院校知识产权转让情况表

序号	学校	合同数/份	合同金额/万元	当年实际收入/万元
1	沈阳药科大学	23	5 102.0	846.4
2	沈阳理工大学	49	1 255.0	735.0
3	大连工业大学	94	701.5	388.3
4	沈阳工业大学	10	458.9	242.5
行业划转院校总计		176	7 517.4	2 212.2
辽宁省高校（含部属、划转）合计		268	10 598.0	4 004.9
百分比/%		65.67	70.93	55.24

资料来源：辽宁省教育厅发布的 2008 年辽宁省高等学校知识产权工作现状。

5. 大学科技园

大学科技园是以促进高新技术成果产业化、商品化为基本宗旨，以科技创新活动为主要服务方向，以创建高新技术企业为工作重心的服务机构，在促进高校科技向产业的转化中可以发挥更大作用。目前辽宁省共有 5 个大学科技园，其中行业划转院校占了 3 个。沈阳工业大学 2006 年 10 月获得科学技术部（简称科技部）和教育部批准，被正式认定为国家大学科技园，是东北三省省属地方高校第一家国家大学科技园。国家大学科技园突出装备制造业的特色，形成风力发电、数控机床、智能电器、焊接器材、重型设备、电气控制等产业及企业，为社会创造了可观的效益。2006 年技工贸（李荣德，2006）总收入 5 亿元，申请专利 43 项，其中发明专利 30 项、获得各类科技奖励 31 项、推荐申报国家技术发明奖 1 项、获得辽宁省科技成果转化奖 4 项。2008 年入园企业 89 家，产值 6 亿元。作为省级大学科技园的辽宁科技大学科技园，现已研究、开发出了粒径特小纳米材料、模拟移动床色谱分离、有机光电子材料、耐火材料等数十项具有国内乃至国际领先水平的高新技术成果（陈雪洁等，2009）。大连交通大学省级大学科技园紧紧抓住我国铁路跨越式发展和振兴东北老工业基地的战略机遇，与国内多家行业领军企业建立了紧密的联合体，取得了一批重大科研成果。三家大学科技园，不仅使高校科技规模和科技产业得以蓬勃发展，也加速了科技成果产业化，同时也在创新型人才培养和创业型人才培训中取得了明显成效。

（五）应对高等教育国际化

行业划转院校的国际化合作可以追溯到 20 世纪 80 年代左右。20 世纪 90 年代以来，全球化浪潮成为高等教育变革与发展的重要推动力量。国际化对于提高高校教育科研能力，利用国外优质教育资源，推进教育理念创新等方面起着重要作用。在这一力量推动下，行业划转院校通过多元化方式开展国际交流活动，主要方式包括对外合作与交流、课程设置国际化、国际合作办学、教师对外交流、吸收国外留学生等。

1. 对外交流与合作

目前行业划转院校对外合作与交流已扩展到美国、英国、德国、俄罗斯、日本、澳大利亚等几十个国家和地区，与许多国家的高校建立了友好合作关系，或缔结为姐妹学校。这些举措大大加快了行业划转院校国际化进程，并取得了丰硕成果。同时，一些高校还与一些国家的科研所、专业机构开展业务往来和专业合作，不断拓展国际化合作的边界。

2. 课程设置国际化

课程设置国际化成为行业划转院校与国际接轨、实现国际化的重要手段之一。大连交通大学爱恩国际学院的许多课程利用外籍教师和外国教材进行授课；东北财经大学 1994 年以来通过教材选用国际化、课程体系国际化、学生来源国际化、教师资源国际化，将国际化融入到教学活动之中。其他行业划转院校通过双语教学等方式，从语言和教学内容国际化两个方面增强了学生的国际交往能力。

3. 合作办学

合作办学已成为行业划转院校推进国际化战略的有效方式之一。目前合作办学从本科生领域拓宽到研究生领域。辽宁石油化工大学与英国爱丁堡大学等国外知名大学联合开展"2＋2"、"1＋2＋1"、"4＋1"等培养项目，已有 10 批学生成功赴英国、美国、俄罗斯、比利时、法国学习。沈阳工业大学的国际合作办学有中澳"2＋2"模式、中英"3＋2"本硕连读项目、中美企业管理硕士项目、中荷"1＋1"MBA 项目等。大连海洋大学与日本的东京水产大学、北海道大学、长崎大学、鹿儿岛大学，韩国的釜庆大学、韩国海洋大学进行校际交流；与澳大利亚南澳水产研究所、澳大利亚海洋学院、澳大利亚福林德斯大学、俄罗斯国立远东水产科技大学、俄罗斯国立加里宁格勒科技大学开展合作。沈阳理工大学与美国伊利诺大学芝加哥分校（UIC）的合作项目，与英国朴次茅斯大学的电子信息工程专业本科"3＋1"合作项目，与俄罗斯托姆斯克理工大学的自动化与控制专业、材料学与新材料技术专业、机械生产技术、设备及其自动化专业本科"2＋2"项目等都取得了良好的效果。

4. 吸收国外留学生

中国医科大学于 1976 年开始招收外国留学生，到 2008 年 8 月，学校共为 54 个国家和地区培养了 502 名毕业生，其中博士研究生 14 人，硕士研究生 70 人，本科生 293 人，进修生 125 人。大连海洋大学现有在校留学生 100 多人，他们分别来自俄罗斯、韩国、日本等国家和地区。沈阳理工大学为了营造校园内世界多元化文化氛围，把学校建成国际化大学，多年来积极接收世界各国的学生来校学习，每年在校留学生达 300 人。大连工业大学 2005 年起引进中法高等教育交流史上最大的项目，陆续接受法国埃比塔克大学 135 名计算机硕士研究生来校留学，得到教育部和辽宁省领导的高度关注和赞扬。

三、辽宁省行业划转院校发展中存在的问题

辽宁省行业划转院校在几十年的发展中，为行业和地方经济的发展做出了重要贡献，并促进了学校的良性发展。但是，行业划转院校在发展中仍面临诸多问题。

（一）教育投入亟待加强

1. 教育投入强度与高等教育快速发展不相匹配

辽宁省多年来一直努力增加高等教育的财政投入。1998 年，辽宁省高校预算内教育经费和基建拨款额为 7.42 亿元（杨周复等，1999），2008 年辽宁省地方教育及其他部门预算内教育事业性经费和基建支出为 44.39 亿元（辽宁省教育厅，2008），增长了约 4.98 倍。1998 年高等教育管理体制改革后，中央部委属高校划归辽宁省管理，以辽宁省统筹为主的高校增多。随着连续几年高校扩大招生，虽然辽宁省对高等教育的投资力度加大，但其产生的效果还是被增多的高校和学生所"稀释"。面对这一现实，辽宁省对高等教育的投入强度仍显不足。

2. 基本建设经费投入不足

行业划转院校从中央部委划转到辽宁省以后，在国家预算内基建经费获得方面，处于一种弱势地位。同时，由于高等教育连续扩招，行业划转院校通过扩大校园面积的方法解决自身办学资源不足的问题。在国家预算内基建投资迅速下降的同时，高校通过自筹基建资金解决自身发展问题，这使一些高校的基本建设过多地依赖银行贷款，影响了这些高校的自我发展能力，使其背负上了较为沉重的债务负担。

（二）学科专业特色不突出

1. 高校间学科专业发展趋同化

划转前，辽宁省属高校中仅有 1 所工科院校，划转后增加了 12 所，这虽为辽宁老工业基地的发展提供了智力支撑的较佳契合点，但也使学科的趋同化现象显现出来，加剧了高校间学科资源的竞争，增加了行业划转院校博士学位授权点和硕士学位授权点的申请难度；也使得行业划转院校在国家重点学科、国家重点实验室、国家工程研究中心等教育科研平台的申报上受到趋同化影响。

2. 传统学科专业特色弱化

划转辽宁省管理后，高校从行业获得科研项目的机会减少，与行业企业的联系弱化，服务行业的能力下降，这对行业划转院校传统优势特色学科的发展带来了较大影响。同时，行业划转院校在追求综合化的发展中，调整了传统的行业特色专业，使得特色学科核心竞争力减弱，加之高校内部新增学科的竞争，使这些特色学科的发展受到了影响。

（三）行业影响力弱化

中央部委属高校划转到地方政府管理以后，服务行业的能力受到一定影响。主要表现在：一是办学经费不足。这些高校划归地方政府管理后行业主管部门政策的倾向性有所改变，财政投入迅速减少，尤其是对行业需求性较强的专业缺乏必要的投入。这在很大程度上限制了这些高校为行业服务能力的发挥，也影响并制约了这些高校的可持续发展和创新能力的提高。二是行业划转院校面临严峻的竞争压力。划转前的竞争仅限于行业内部，划转后的竞争则扩展到了全国其他兄弟院校、地方原有高校、民办高校，以及国际教育机构之间。三是缺乏行业统筹。对于一些国家政策支持的行业，对应的学科专业因国内其他高校的"上马"，出现了严重的学科重复建设和教育资源浪费问题。四是行业划转院校与行业系统之间的沟通渠道和机制日益弱化。行业主管部门在学科建设、人才培养、学术发展、科技创新等方面给予的指导和扶持日渐减少，导致行业特色高校发挥传统特色优势、为行业服务的空间在一定程度上缩小。五是行业划转院校的社会地位受到影响。由于失去了和行业主管部门的行政联系，原来的行业资源优势和机会优势越来越受到来自其他高校的挑战，行业办学所固有的学科面狭窄和服务面狭窄的劣势开始凸显，导致行业划转院校社会影响力日渐下降，甚至产生了不断被边缘化的现象。

（四）人才引进与保护力度需进一步增强

高校划转后，失去了中央部委笼罩的"光环"，行业划转院校对优秀人才的吸引力在一定程度上有所下降。又因部分行业划转院校所处地域的限制，高端人才的引进难度增加。辽宁省虽然制定了相关政策，促进高校引进高水平人才，但这一问题依然存在。与此同时，因为对划转后高校未来发展的困惑，高校还面临高端人才流失的不利局面。实际上，因高端人才资源的稀缺性和不同高校间竞争的激烈性，与其他高校相比，行业划转院校处于劣势地位。

第三节　辽宁省行业划转院校发展策略选择

一、新辟省部共建渠道，充分发挥省部共建优势

（一）设立专项资金，增强行业划转院校的行业服务能力

行业划转院校在十几年的发展中与区域经济发展紧密结合，是区域经济发展的助推器。如何把行业划转院校的专业特色优势与国家产业结构调整、推进行业

科技进步结合起来，使这些高校充分发挥学科专业优势，成为行业创新型人才培养的摇篮、科技创新的基地，成为国家和地方经济发展的重要科技支撑，中央部委有关部门应予以关注。相关部门在制定人才培养、科技创新研究、创新能力建设等政策时，应充分考虑行业划转院校的办学历史、行业特色和服务面向，促使相关部委和行业面向行业划转院校，设立人才培养专项基金、科技发展专项基金和行业专项设施投入基金，继续加强特色学科专业建设，保持其优势，满足行业人才需求，为行业科技进步继续发挥应有的作用。同时，通过省部共建增强行业划转院校的竞争能力。在 20 世纪八九十年代，沈阳工业大学、中国医科大学、沈阳农业大学等高校通过省部共建在学科建设、人才培养、科学研究等方面取得了显著成效。总结这些省部共建的良好经验，不断拓宽省部共建新渠道，为行业划转院校的发展提供新的历史机遇。

（二）重塑行业企业与行业划转院校间的合作关系

划转后，尽管行业划转院校与行业保持着千丝万缕的联系，但因为缺少了隶属关系，仍需要重新考虑行业与行业划转院校间新的合作关系的重新建立。因此，行业应通过导向性技术政策和优惠政策，支持行业企业与行业划转院校建立多层次、多元化的产学研合作关系。除项目牵引、联合攻关、技术咨询外，还要形成优势互补、利益共享、相互依存、紧密结合的产学研联盟，以使行业划转院校在服务行业的过程中不断增强其人才培养、科学研究和社会服务的能力，最终提升其综合办学实力。

二、通过投入导引，促使行业划转院校形成新的办学特色

（一）加大对特色及重点学科的投入，增强学科竞争力

行业划转院校在多年行业办学中形成了学科专业特色，这些特色不仅有助于推动行业产业结构优化升级，也有助于促进地方经济的全面发展。因此，辽宁省政府应通过设立专项经费，鼓励和支持行业划转院校加强特色学科专业建设，使其保持并不断增强既有的学科优势。同时，在行业划转院校呈现多学科快速发展的关键时期，有必要加大对重点学科的投入力度。其目的在于集中有限资金，激活具有巨大发展潜力的行业划转院校的学科存量优势资源，使之迸发活力，形成与全省高校相辅相成、竞相发展的优势学科集群效应，为建设科技创新和人才培养的支撑和保障体系打下更为坚实的基础。

（二）重视"国家队"建设，不断提升办学水平

国家对于地方高校的投入，基本按层次，分科类、项目进行。除"211"工

程、"985"工程，以及其他中央部委属高校外，其余大部分高校只有通过国家级重点学科、重点实验室、国家级基金和项目的申请等途径获得国家拨款。因此，辽宁省应当重视国家级重点学科、重点实验室以及国家工程研究中心建设等"国家队"的建设，这不仅是对辽宁省高等教育发展水平的检验，也是争取更多高等教育发展经费的有利途径。

（三）政府积极采取措施，帮助吸引高端人才

高端人才缺乏是困扰行业划转院校发展的一大问题，其中最重要的原因是行业划转院校难以为高端人才提供相应的工作条件和生活待遇。2009辽宁省国内生产总值超过了1.5万亿元，地方财政一般预算收入超过了1500亿元。辽宁省应采取有效措施，从政策上为行业划转院校引进高端人才提供更好的条件，将行业划转院校引进高端人才与辽宁省创新体系建设结合起来，将政府政策支持、环境营造与行业划转院校的强烈愿望与自觉行动结合起来，帮助行业划转院校实施引"智"工程，优化师资队伍结构，促进辽宁省"教育强省"目标的实现。

三、行业划转院校延承传统特色，提升特色化水平

（一）注重内涵建设，确保行业划转院校可持续发展

从2008年起，辽宁省高等教育适龄人口开始呈现逐渐下降的趋势。如前文所述，行业划转院校约60%以上的学生来自辽宁省。虽然高等教育在招生就业方面具有地区开放性的特点，但因生源减少而造成的高校发展放缓将是一个不争的事实。走规模扩张之路已成为历史，对于行业划转院校而言，需要注重内涵建设，既要强调学科建设的龙头地位，又要注意学科间的协调发展，以此确保学校的健康、持续发展。

（二）延续传统特色，增强行业划转院校综合办学实力

中央部委属高校划转地方政府管理后，努力为地方经济建设服务，加强与地方经济的联系，对于行业划转院校来说，既是一种责任，更是继承、丰富和发扬传统特色内涵的理想途径。但面对有限的教育投入，保持并发扬特色，面向行业和地域产业发展需求，凝练学科发展方向和研究开发方向显得尤为重要。行业划转院校应当围绕产业链的基础研究和技术攻关目标，开展重大技术、关键技术和集成技术研究，保持行业划转院校在行业内的不可替代的作用，在此基础上，延伸特色，服务区域经济，通过多元化的特色化发展之路不断增强行业划转院校的综合办学实力。

第七章 行业划转院校发展战略选择

第一节 国家层面行业划转院校的发展策略

一、统筹规划，促进行业划转院校均衡发展

中央部委属高校划转到地方政府管理以后，对高等教育管理体制改革和中央财政负担的减轻起到了重要作用，但由于各省（直辖市、自治区）的经济状况不同，行业划转院校与地方院校的诸多情况大不相同。因此，在以省级政府统筹为主的管理体制下，高等教育资源配置不均衡的矛盾更加突出。

行业划转院校发展不均衡的原因体现在两个方面：一是各省（直辖市、自治区）经济实力的不均衡。对划转到经济发达地区的高校来说，由于地方政府能给予远远超过中央部委的强大支持和投入，办学条件得到进一步改善，高校因划转获得了新的生机和强大的活力，像划转到北京、上海、江苏、广东等省（直辖市）的高校属于这类行业划转院校。但对于划转到经济欠发达省（直辖市、自治区）的高校而言，若要实现快速、稳健的发展，无疑面临着更严峻的挑战。辽宁省是全国的教育大省，仅本科院校就有 40 所之多，省级财政要全部承担中央调整高等教育管理体制所带来的增资缺口，确实有不可克服的困难。二是行业划转院校数量的不均衡。从全国来看，辽宁省的中央部委划转地方政府管理的本科院校数量位居全国第一位。辽宁省共有 19 所行业划转院校，除原由冶金部所属的东北大学划归教育部外，其余的 18 所本科院校均划转到辽宁省政府管理。除香港、澳门、台湾外，全国 31 个省（直辖市、自治区）共有行业划转院校 241 所，平均每省（直辖市、自治区）拥有行业划转院校 7.8 所。辽宁省行业划转院校的数量约是全国省（直辖市、自治区）均行业划转院校数量的 2.44 倍，这给本来就是高等教育大省的辽宁省带来了很大的财政压力。

辽宁省非常重视行业划转院校的发展，但划转到辽宁省的本科院校数量庞大，加之辽宁省本身还有 12 所地方本科院校，政府很难保证行业划转院校继续保持原有的经费水平，实现经费增长则更加困难。与此同时，行业划转院校也给原有省属院校的发展造成了一定程度的冲击。地方经济发展和高校数量的不同，造成高等教育发展的不均衡，因此国家有责任因地制宜、统筹规划，通过采取有

效措施确保行业划转院校持续成长。

（一）加大中央政府对地方高等教育的投入力度

考虑到地方高等教育的重要性，中央政府对地方高校应采取独立的政策，使地方高校在高等教育资源配置中获得合理的利益。这就必须加大中央财政对地方高校的投入力度，充分发挥公共财政的利益补偿和发展导向作用。

加大中央政府对地方高校的投入可以通过两个途径来实现：一是加大中央财政转移支付力度。国家对划转到不同省（直辖市、自治区）的行业划转院校不能采取一刀切的政策，而应针对各省（直辖市、自治区）发展的现实，在高等教育管理体制改革进程中合理配置教育资源。中央政府和地方政府应对行业划转院校进行专项财政转移支付，补偿中央财政投入的不足，使高等教育区域发展不均衡现象得以消解。二是集中专项资金激励行业划转院校走特色化发展之路。中央政府可以集中专项资金鼓励和支持那些坚持特色化办学、行业优势突出、为全国相关行业领域培养和输送人才的行业划转院校。

（二）实行差别化收费制度

中央政府可借鉴美国高等教育发展的经验，实行差别化收费制度，对省（直辖市、自治区）属高校的外省（直辖市、自治区）生源适当提高收费标准。就辽宁省而言，作为全国的教育大省，2008 年仅行业划转院校在外省（直辖市、自治区）的招生人数占总招生人数的比例已高达 35.6%，在全国各省（直辖市、自治区）中位居前位。差别化收费制度能够更好地加强高等教育成本分担地区的差异化，确保行业划转院校的基本利益，推动行业划转院校教学科研工作的发展，更好地为东北老工业基地振兴提供人才保障与智力支持。

（三）帮助行业划转院校化解债务

1999 年以来高校持续扩招，为达到国家对高校硬件的要求，高校相继到城市郊区扩容、改造、建设新校区，给高校带了沉重的债务负担。对高校债务要客观、理性、辩证地看待。高校贷款主要用于扩招后的校舍、仪器设备等建设上，因此国家应采取措施帮助高校解决债务困难，化解高校债务。

二、中央部委应遵循成本收益原则，继续支持行业划转院校发展

中央部委属高校在几十年的行业办学过程中，逐渐形成了自己鲜明的办学特色与学科优势，在相关学科领域中能够代表国家的先进水平，有的甚至达到了国际先进水平。中央部委属高校划归到地方政府管理后，失去了国家直属高校的身

份、面向全国招生的任务、特色鲜明重点学科的行业依托、服务行业的优势、国家和部委财政拨款的经费保证等。由于行业划转院校不再由中央部委直接投资，转为地方政府管理，其与中央部委多年来建立的关系大打折扣。例如，与中央部委所属企业的合作也不再有行政力量的保护，更重要的是不再有中央部委的直接政策支持。

隶属关系的转变使得中央部委对这些高校的支撑弱化，直接投入迅速减少，政策的倾向性也有所改变。行业划转院校依然是行业高端人才培养的主要基地，也是科技进步的重要技术支撑，继续为行业做出贡献。划转后办学经费的减少和支持政策的转变在很大程度上限制了行业划转院校为行业服务能力的充分发挥，进而影响并制约了行业划转院校的可持续发展和综合创新能力的提高。

成本分担理论强调高等教育应遵循利益获得和能力支付的原则，行业管理部门应积极创造条件，增加面向行业划转院校的经费投入。政府中央部委和地方政府应联合设立与行业特色、地域特色相适应的行业科技专项资金补助及特色学科发展专项基金。在专项设备投入、基本建设、学科专业发展等方面，每年按一定比例灵活多样地重点资助行业划转院校，为其提供科研经费，推进与其办学定位和办学特色相适应的科研项目群的形成与发展，使其服务行业的能力继续提升。

三、构建良好的政策环境，确保行业划转院校招生就业健康发展

为使行业划转院校真正成为国家和地方经济发展的重要人才输出渠道和科技支撑，国家在组织协调各相关部门制定政策时，应积极创造条件，为行业划转院校的发展营造积极、宽松、健康的政策环境。一是制定积极的促进地方高校发展的招生就业政策。高校划归地方政府管理是我国高等教育管理体制改革的关键，这种变革不是中央政府推卸责任的策略，而是在更大范围、更深层面承担国家高等教育发展责任的战略。二是行业主管部门发挥其应有的指导作用。行业依然是行业划转院校人才培养最主要的受益者，行业主管部门在制定未来发展战略及预测人才需求时，应及时通报原所属高校，使其在学科设置及招生规模上与行业发展有机结合。积极为行业划转院校毕业生提供就业指导，主动吸纳毕业生，提供就业机会。

第二节 辽宁省政府层面行业划转院校的发展策略

一、加强统筹规划，集中力量造"大船"

高等教育管理体制的改革必须与高等教育的结构调整相结合，与区域经济社

会发展的特点相匹配，这样才能有效地促进区域经济社会的发展。而要使高等教育结构适应区域经济的发展，中央政府与省级政府之间的协调与协同管理就非常重要，必须加强统筹规划。

辽宁省政府应从强化统筹规划的职能入手，针对辽宁省行业划转院校大都具有行业特色、学科少、专业面窄的现实，在整合行业划转院校优势资源的基础上，启动国内一流水平大学的建设。集中全省的高校优势，力争在生物技术、生命科学、信息科学、材料科学等领域打造国内一流的重点学科、重点实验室、科研团队。一方面，打造辽宁省高等教育的旗舰，建设国家级综合性研究型大学，集中力量造"大船"，推进创新型国家建设；另一方面，高校合并与调整后应成为中央部委属高校或划归教育部管理，这既可以减轻地方财政压力，也不影响地方高等教育体系的建设，有利于高等教育结构的优化。

二、依法加大教育投入，调动行业划转院校办学积极性

高等教育管理体制改革需要一定的条件，其中最重要的是政府的高度重视。中央政府和辽宁省政府应密切配合，坚持以投入为激励，调动行业划转院校办学的积极性。但横向比较，辽宁省的教育经费投入与辽宁省经济大省的经济实力并不相称。缺少政府特别是地方政府的投入，高校办学经费无疑会处于困境，高校今后的发展将面临窘境。因此，必须从政府层面加大对高等教育的财政投入力度。

首先，建立和完善教育事业发展的财政保障机制。按照科学发展观和公共财政的要求，建立稳定的、与经济增长和全省财力水平相适应的资金来源渠道，积极完善教育事业投入机制。其次，强化辽宁省政府对高等教育投入的主体地位。实现教育经费投入占辽宁省国内生产总值4%的目标，保证"两个比例"和"三个增长"的落实，到2010年达到全国同类经济地区教育投入水平。扩大财政投资规模，促使辽宁省政府投入比例与高校教育事业发展规模扩大相协调，在可比价格下保证辽宁省政府对高等教育投入的生均增长率，增加财政预算内拨款以保证高校所需投资规模稳定增长。最后，推进高校生均拨款机制和提高生均经费拨款标准。

三、制定完善的政策体系，促进行业划转院校招生就业发展

除行业划转院校在新体制、新环境下自身积极努力外，地方政府作为行业划转院校的管理者，应该通过政策导向、财政支持、评估监督等方式，扶持、引导、监督等途径，促使其建立和完善适应形势发展要求的招生就业机制。一是地

方政府应当科学制定地方高等教育布局规划并保证全面落实。尤其在教育规模的把握上，由于行业划转院校面向本省的招生比重较大，政府要及时调研，对未来高等教育规模及布局做出预测，以此为高校发展提供指导和参考。二是根据国家在招生就业方面提出的大政方针，地方政府应加强对高等教育发展重大意义的认识，落实科学发展观，从具体工作层面制定切实可行的招生就业政策及计划。对行业划转院校的扩招计划，应从实际出发，依据各校的教育资源等情况，做到有增、有保、有压，不搞一刀切。三是就业方面。政府相关部门可以制订大学生实践计划，安排大学生参加相关项目，促进高校和企业的联系，为将来的就业做好心理和认知上的准备，同时为大学生自主创业创造资金、技术、税收政策的良好条件和环境。加强建设省、市、县三级大学生创业孵化基地，为创业毕业生提供资金扶持和小额贷款。四是为行业划转院校间和与省内其他高校间在招生就业方面开展工作交流搭建平台，创造条件。

四、采取鼓励和支持措施，帮助行业划转院校引进高端人才

要把高端人才的引进看做科技创新的战略规划目标之一来抓。高端人才的缺乏是困扰行业划转院校发展的一大问题，不可回避，其产生的最重要的原因还是由于资金缺乏而导致的高端人才待遇问题。辽宁省应采取有效措施，为引进高端人才创造有利条件，要把行业划转院校引进高端人才与区域创新体系建设结合起来，将政府的政策支持和环境营造与行业划转院校的强烈愿望及自觉行动结合起来，帮助行业划转院校实施"引智工程"，促进高等教育强省目标的实现。

第三节 行业划转院校的发展战略及其发展的实施策略

一、行业划转院校的发展战略

（一）主动适应，调整战略定位

战略定位是高校制订发展规划、合理配置资源，乃至实施特色化办学的重要前提，决定着高校的发展方向。对高校而言，划转绝不仅仅意味着隶属关系的改变，而是涉及高校发展全局的重大调整与变革。行业划转院校的办学定位如果缺少统筹规划，无疑会使行业划转院校原有的优势学科不能形成合力，发展难成气候。

1. 调整办学理念

行业划转院校办学理念的调整应在以下三个方面聚焦：一是满足国家、行

业、地方对多层次、多元化的人才培养和科学研究的需求；二是要顺应高等教育管理体制改革的要求，符合宏观管理的基本要求；三是坚持实事求是的原则，立足于行业划转院校现实，根据其不同特点延续传统特色，探求新的优势。

2. 调整发展目标

在发展目标定位上，一方面要找准高校划转后发展的突破口，继续保持传统优势；另一方面要将发展突破口置于社会发展大环境中加以考虑，与区域经济发展需求相一致。倘若无视社会需求，片面地、不顾自身实力地定位自身的发展目标，其结果只能是适得其反。

3. 调整服务面向

中国高等教育正处于关键发展期，高校自主办学的法人地位尚未真正实现。行业划转院校大都带有明显的行业色彩，因此，从服务面向的调整来看，行业划转院校在服务行业的同时，应把服务区域经济作为一种责任。

4. 调整办学特色定位

办学特色定位就是将特色化发展战略作为高校改革发展的重心。行业划转院校在长期行业办学过程中，大都形成了自身的行业办学特色。划转后，其应根据自身与国内外和省内外竞争者的情况，突出自身优势，充分发掘潜力，坚持"有所为，有所不为"，延伸传统特色，打造新的品牌。

（二）行业划转院校发展战略的选择

行业划转院校不能单一地选择某一种发展战略，必须综合采用多种发展战略，实现行业划转院校持续快速的发展。因此，辽宁省行业划转院校应采取"一体两翼"的发展战略，明确高校办学的主体地位，面向区域，服务行业，拓展优势，以服务求支持，以贡献求发展，这是行业划转院校可持续发展的现实选择。

1. 主体地位：可持续发展是前提

随着社会的进步和科技的迅猛发展，高校逐渐走出"象牙塔"，成为社会的轴心机构。高校是具有独立法人地位的办学实体，既独立地承担各种民事责任，也依法享受为完成办学所需要的各种权利。只有真正确立办学的主体地位，高校才能够真正承担起服务社会的重要职能。

行业划转院校一直以行业主管部门的附属身份存在着，一方面得到行业主管部门政策资金的扶持；另一方面，由于行业主管部门自身发展的需要，办学受到不少束缚，客观上造成行业划转院校对中央部委的依赖（王耀中，2008）。划转后，由于没有行业发展束缚，其发展有了更多机遇，空间得以拓宽。因此，行业划转院校应进一步解放思想，坚持可持续发展的理念，以特色求突破，在高等教育管理体制变革和高校竞争中赢得先机。

2. 面向区域：寻求地方特色之翼

行业划转院校从中央部委划归地方政府管理后，其服务面向应着眼于区域经济的发展。原因有以下三点：一是隶属关系变化后，只有服务区域，才能求得地方政府更多的支持，这是在地方高校激烈竞争中获得生存基础与发展的前提；二是行业划转院校要实现其服务社会的职能，而划转后这一职能的实现更多地体现在服务区域经济发展方面，在这一基础上，行业划转院校的区域影响力和综合办学实力才能不断提升；三是行业划转院校需要通过特色化发展赢得先机，而地方特色的打造只有在服务区域经济中才能逐步实现。由此可见，面向区域，寻求特色化发展是行业划转院校可持续发展的必然选择。

3. 服务行业：延伸传统特色之翼

划转后的高校尽管隶属关系发生了变化，但在人才培养、科技服务等方面仍与行业保持着千丝万缕的联系。在长期行业办学中所凝练的行业特色，在高校中体现为具有行业特色的重点学科和优势专业。行业划转院校要实现可持续的发展，并不是划转到地方后以服务地方来取代服务行业，割断与行业主管部门的关系；相反，要在立足地方，服务地方的同时，继续发挥行业办学时形成的学科专业优势，继续保持与行业主管部门的紧密联系，不断拓展服务领域，提升服务质量，延伸传统特色。

二、行业划转院校发展的实施策略

（一）明确办学方向，坚持以服务区域经济建设为本

区域经济发展不可避免地使行业划转院校的发展具有地缘性，经济发展的区域化要求高等教育区域化发展与之相适应。区域经济发展与行业划转院校的发展之间是一种双向互动关系。一方面，区域经济发展在一定程度上影响着行业划转院校的规模与质量；另一方面，行业划转院校进行人才培养、科学研究和社会服务，有助于促进区域经济的发展。行业划转院校的发展与区域经济发展的关系是双向互动和良性循环的。

行业划转院校作为办学主体，必须根据区域经济发展与社会需求的变化以及自身的优势与特色，不断优化自身的学科和专业结构，这在一定程度上实现了高等教育宏观结构与微观结构的优化。行业划转院校发展的生命力就在于满足区域

经济发展对人才和科技支持等各方面的需求，而要完成这一艰巨的使命，打造办学特色将成为未来其谋求可持续发展的关键。

（二）抓住机遇，寻找新的增长点并拓展发展空间

行业划转院校要紧紧抓住划转提供的机遇，一方面要继续保持划转后的良好发展势头及前景看好的领域，寻找新的增长点，固守已经形成的行业办学特色并加以发扬传承；另一方面要主动出击，为地方经济建设和社会发展服务，扩展发展空间。例如，国家振兴东北老工业基地和辽宁沿海经济带开发等战略的实施，为辽宁省行业划转院校的发展提供了难得机遇，行业划转院校应主动为东北老工业基地振兴培养急需的人才，以此开拓新的发展空间。划转后，行业划转院校还应适当降低办学重心，主动到企事业单位了解人才需求行情，走与企业联合办学的产学研合作发展之路，形成多层次、多元化的办学格局，多方面满足区域经济和社会发展对人才和科技服务等方面的需求，在合作中不断增强综合办学实力。

（三）树立新的人才观，培养区域经济所需人才

振兴东北老工业基地，是党中央、国务院从全面建设小康社会的全局出发，继建设沿海经济特区、开发开放浦东新区和实施西部大开发战略之后，加快推进全国区域经济协调发展的又一重大战略决策，为东北地区高校提供了前所未有的发展机遇。结构调整与产业升级对人力资源的开发和培养具有强烈的依赖性，辽宁省经济建设走新型工业化道路，需要大量的人才，特别是与老工业基地振兴密切相关的电子信息、生物工程与新材料、新能源、先进装备制造等 10 大领域的人才。在这一背景下，高校面临着紧缺人才培养的重任，应紧紧围绕东北老工业基地振兴的目标，以新思维、新观念推进区域经济发展所需的人才培养工作，满足区域经济发展的需求。

（四）延伸行业特色优势，在服务行业中寻求支持

服务区域经济并不意味着与行业脱离关系，服务地方和服务行业是划转后高校发展不可偏废的两个方面，行业划转院校必须在延伸行业特色优势的基础上，以服务行业寻求支持，保持并发展与行业的关系，在服务中实现发展。

一是培养行业需求人才。首先，行业划转院校的人才培养应瞄准行业需求，根据行业人才需求预测及人才具体要求，确定招生规模，在行业主管部门支持下，定期调查毕业生需求情况，适时调整培养规模。其次，努力提高人才培养质量。行业划转院校应依据现代行业要求，与行业专家共同研究制订学生的培养方案，审定各专业教学计划，联合打造精品教材和课程。最后，优化人才培养学历教育结构。实行多层次、多规格的人才培养模式，满足行业多层次人才需求。

　　二是加强产学研合作，提供科技支持。行业划转院校是行业原始创新、技术转移和成果转化的重要载体与平台，在行业创新能力建设和产业结构优化升级中具有不可替代的作用。行业划转院校要根据行业需要，利用自身优势，与行业大力开展科研联合攻关。例如共建国家级和省部级科技创新团队，联合申报行业类课题，共同进行行业重大项目攻关，提升科技创新能力。

　　三是共建交流平台，实现资源共享。平台建设是办学的条件保障，也是提升人才培养质量和科研水平的重要基础。因此，应搭建公共平台，促进与行业人力资源、信息、设备等的共享，提高资源使用效率。具有行业特色的行业划转院校应加强与行业的人才双向交流。例如聘请行业专家作为学校的访问学者、兼职教授，选派优秀教师到行业系统挂职交流，参加行业的高级研讨与培训等。

第八章 案例分析：大连交通大学划转后的特色化发展战略

第一节 轨道交通特色化发展战略

一、轨道交通特色的形成背景

（一）形成历程

　　大连交通大学在办学过程中形成了鲜明的轨道交通特色。1956年，为适应新中国成立初期铁道机车车辆工业的发展需要，由第一机械工业部筹建，为机车车辆工业培养专业技术人才的大连机车车辆制造学校应运而生。建校之初的大连机车车辆制造学校与历史悠久、技术力量雄厚、设备先进的大连机车车辆厂和大连机车研究所共同形成了人才培养、生产制造、科学研究相互促进的格局，决定了铁路行业的服务面向，学校教学、生产劳动、科研三结合的办学传统和培养轨道交通装备制造业应用型人才的办学特色。1957年，学校改名为大连机器制造学校。1958年，学校由辽宁省划归铁道部机车车辆工业管理局领导，并升格为大连铁道学院。从此，学校在铁道部的指导下，确定了"服务铁路、面向社会、办出特色"的办学定位，重点发展轨道交通装备制造领域的学科专业，主要建设为机车车辆行业服务的人才基地和科学研究的基地。2004年，经教育部批准，学校更名为大连交通大学。2010年3月12日，辽宁省人民政府与铁道部签署共建大连交通大学协议。

　　隶属于铁道部的40多年里，学校立足铁路、服务铁路，与中国铁路事业的发展同呼吸、共命运，始终如一地以"服务轨道交通装备制造业"为宗旨，构建轨道交通特色的学科专业体系，努力培养适应铁路发展要求的应用型人才，同时围绕轨道交通装备制造领域的重大问题开展科学研究，培养了数以万计的优秀拔尖人才，被业内人士誉为"中国轨道交通装备制造业工程师的摇篮"。大连交通大学在为中国机车车辆制造行业服务过程中形成了独一无二的比较优势，在学科专业、人才培养、科学研究、办学理念、校园文化等各个方面彰显鲜明的轨道交通装备制造特色。这些成为学校发展道路上的珍贵财富。

（二）独具特色

与原来的 11 所铁路高校和现在的交通特色高校相比，大连交通大学是铁路高校中唯一一所为中国轨道交通装备制造行业服务的高校。

1998 年高等教育管理体制改革之前，我国有 11 所各具特色的铁路高校。在计划经济体制下，铁道部对这 11 所高校的办学方向都有着明确的要求，各个高校在自身发展的前提下各自形成了自己的学科特色和专业优势。大连交通大学以轨道交通装备制造为特色。

此外，国内至少还有 5 所带有"交通"字样或有交通特色的高校。上海交通大学和西安交通大学以综合优势见长；重庆交通大学以交通土木类学科专业为优势和特色；长安大学由原西安公路交通大学等 3 所大学合并而成，以培养公路交通、国土资源与环境、建筑工程等专业人才为办学特色；山东交通学院以交通类专业为骨干。

（三）政策引导

"十一五"以来，振兴装备制造业成为全民族的目标。从"十一五"规划到《国家中长期科学和技术发展规划纲要》，再到《国务院关于加快振兴装备制造业的若干意见》，国家对装备制造业的扶植力度逐渐加大，并且把振兴装备制造业提升到了国家与民族安全的前所未有的高度。辽宁省作为装备制造业大省，提出了构建国家先进装备制造业基地的战略新构想。大连市提出打造装备制造生产基地的战略目标，在重点技术领域、重大科技专项、关键技术研发平台、成果孵化平台、成果产业化等方面都把现代装备制造业的发展列为重点。

《国务院关于加快振兴装备制造业的若干意见》中明确提出："以铁路客运专线、城市轨道交通等项目为依托，通过引进消化吸收先进技术和自主创新相结合，掌握时速 200 公里以上高速列车、新型地铁车辆等装备核心技术，使我国轨道交通装备制造业在较短时间内达到世界先进水平。"铁道部从"十一五"以来，先后提出实现铁路跨越式发展的新目标，并发布了《中长期铁路网规划》，描绘了铁路发展的美好蓝图。国家铁路发展规划全面铺开，"四纵四横"客运专线、三大城际客运系统建设，既有线路技术、客运专线技术、重载货车技术实现现代化。到 2012 年，中国铁路将有 1.3 万千米客运专线及城际铁路投入运营，其中时速 300～350 千米的有 8000 千米，时速 200～250 千米的有 5000 千米，我国铁路营业里程将达到 11 万千米，电气化率、复线率均达到 50% 以上，发达完善的铁路网初具规模，铁路技术装备现代化将呈现全新的面貌。未来 20 年将是我国轨道交通高速发展的时期，国家新近投入两万亿元资金加强铁路基础设施建设，重点进行铁路高速、重载和电气化改造。轨道交通装备制造无疑成为投资重点，也成为国家中长期发展战略和辽宁省先进装备制造业发展的重点。

国家振兴装备制造业的发展战略和铁路的发展前景为大连交通大学带来了千载难逢的发展机遇，同时提出了人才培养和科学研究方面更高的要求和挑战。

（四）战略选择

2000 年，学校在全国高校办学体制改革中由铁道部划转到辽宁省政府管理。学校隶属关系的改变带来了经费来源、发展空间、科研方向等一系列的变化。如何重新定位自己的办学方向，重新确定服务面向，构建新的发展模式，确定新的发展战略，在激烈的竞争中获得进一步发展，成为学校需要深入思考的重要问题。

学校在长期的办学实践中，形成了鲜明的轨道交通装备制造特色，装备制造业和铁路事业大发展给学校提供了难得的机遇。历史与现实的交汇，使学校认识到坚持并强化学校的轨道交通装备制造特色是学校发展的核心竞争力所在，是学校坚持特色化发展战略的重点之一。学校必须抢抓机遇，乘势而上，在服务轨道交通装备制造业与铁路建设中不断提升办学实力，促进学校建设与发展。

为此，"十一五"以来，学校确立了"立足辽宁，服务区域经济，发展铁路市场，积极面向全国"的服务定位，坚持服务行业和区域经济，坚持并发展轨道交通特色，确立了"把大连交通大学建设成以工为主、特色鲜明、优势突出、国内知名的多学科协调发展的教学研究型大学"的发展目标，提出了指导学校中长期发展的"三步走"战略步骤。为了推进上述发展战略的实现，学校以轨道交通装备制造特色为突破口，实施了"学科优先发展战略"等六大战略，在振兴装备制造业和铁路跨越式发展的机遇中，不断完善和拓展轨道交通学科专业体系，培养适应轨道交通行业需要的应用型人才。依托学科优势，寻求与铁路企业新的合作机制，形成多学科的联合攻关团队，为铁路装备现代化发展提供科技服务。转制以来，学校本着"以服务求支持，以贡献求发展"的原则，继续占领为中国轨道交通装备制造行业服务的教育细分市场，形成了独有的差异化竞争优势。随着轨道交通特色的不断夯实，学校的办学之路越走越宽广。

二、轨道交通特色的实践

（一）构建具有轨道交通特色的学科专业体系

为更好地适应轨道交通装备制造业发展对人才培养和科技服务的需求，学校以行业需求为导向，不断调整、优化学科专业结构，努力构建轨道交通学科专业体系，搭建学科专业平台。

从大连机车车辆制造学校的创建，到发展为大连交通大学，学校一直注重以轨道交通装备制造学科专业为支撑，带动新的学科专业建设，强调新建学科专业要赋予轨道交通装备制造学科专业新的生机和活力，以此不断扩展轨道交通学科专业领域。1962 年，学校在建校之初设立的蒸汽机车制造、车辆制造、焊接专业的基础上，调整设立了热力机车、铁道车辆、机械制造工艺及设备等 6 个本科专业，形成了服务轨道交通装备制造业学科专业的基本构架。为适应轨道交通装备制造业的不断发展，1986 ~ 2000 年，学校以"机械和材料学科为重点，构建交通特色"为指导思想，机电结合、工管互补、文理渗透，逐步增设了电气工程及其自动化、计算机科学与技术、通信工程、物流管理、市场营销、英语等 10 余个本科专业。2000 年划转辽宁省管理后，学校在学科专业建设上仍然坚持轨道交通特色，增设软件工程等信息类专业，并根据社会采用信息技术改造传统产业的要求，开始进行"传统专业 + 软件工程"五年制双专业软件复合型人才培养模式探索。几年的实践证明，这种新的人才培养模式更加有效地发挥了学校的优势和特长，为轨道交通装备制造行业培养了一大批高素质高层次的复合型人才。2009 年 10 月，五年制双专业复合型人才培养模式获批"国家级人才培养模式创新实验区"。

近年来，根据铁路建设大发展的需要，学校新增设了动车组、铁道工程、铁路运输、铁路信号、电力牵引传动控制、交通运输安全、城市轨道交通等铁路专业和方向，培养从事铁路设计、制造和检修等相关领域工作的应用型高级工程技术人才和研究开发型人才，使得学校轨道交通学科专业体系更趋完善，能够更好地为我国铁路事业培养各类急需的专业人才，继续保持在中国轨道交通装备制造行业中人才培养中国高校第一的优势。

目前，学校学科专业体系的范围覆盖了轨道交通装备制造业的设计、制造、车辆工程、交通运输、交通设施、交通控制、城市轨道交通、电力牵引等专业方向，形成了原来由铁道部所属高校和东北地区高校所独有的、较为完整的、服务轨道交通的学科专业体系，奠定了人才培养、科技服务的坚实基础。

（二）培养服务轨道交通装备制造业的人才

大连交通大学从建校以来，就一直依托学校的轨道交通装备制造特色的学科专业，加强教育教学改革，培养适应轨道交通建设的专业人才，为国家输送了大批能够扎根基层、踏实肯干、适应能力强、下得去、留得住、干得好的毕业生。

学校重视实践教学，利用与轨道交通装备制造企业联系紧密的优势，探索铁路企业和学校产学研合作的培养模式，加强实践环节。近年来，为适应现代轨道交通装备制造业发展对人才需要的不断增长，强化学生的实践能力和职业技能，学校先后与大连机车车辆有限公司、长春轨道客车股份有限公司等 40 多家轨道交通装备制造企业，以及大连内燃机车研究所、铁道科学研究院等研究机构，共同建立了97个校外实习基地和一批校内实习和实训基地，使学生得到"真刀真枪"的锻炼，为未来的就业及培养拔尖人才打下了坚实的基础。

学校突出铁路专业特色的课程教学。学校聘请来自大连机车车辆有限公司、长春轨道客车股份有限公司、唐山轨道客车股份有限公司等企业的130多名兼职教师走向讲台，把铁路快速发展中的新理论、新技术、新工艺，以及企业最先进的知识带进课堂，形成专业优势。学校派教师到轨道交通装备制造企业实习、参与科研等，通过培养具有轨道交通装备制造行业背景和实际项目工作经验的工程师型师资队伍，培养动手能力突出、适应能力强的铁路科技人才和管理人才。

为了吸引和培养更多更优秀的铁路专业人才，学校依托轨道交通学科优势，在茅以升科技教育基金会和詹天佑科学技术发展基金会的支持下，选拔优秀学生，在铁路特色专业先后组建"茅以升班"和"詹天佑班"，培养具有创新能力的铁路专业人才，打造培养铁路工程人才的教育品牌。

准确的定位、特色鲜明的教学实践为大连交通大学毕业生在轨道交通领域赢得了广阔的就业市场，绝大多数毕业生都分配到了轨道交通装备制造行业，为国家、地方，尤其是轨道交通装备制造行业做出了突出的贡献。在中国南车集团、中国北车集团所属的从多机车车辆工厂和研究所，家家都有大连交通大学的毕业生。大连机车车辆有限责任公司、长春轨道客车股份有限公司、齐齐哈尔铁路车辆（集团）有限责任公司、大连机车研究所……众多耳熟能详的企业的管理干部和技术骨干，很多都出自大连交通大学的轨道交通装备制造类专业。铁路系统的车钩专家姜岩、轴承专家刁克军、焊接专家王炎金等也都是大连交通大学的毕业生。学校2000年划归辽宁省管理后，仍有30%多的毕业生自主选择到轨道交通装备制造行业工作。中国高速动车组、城轨高速铁路引进消化吸收和再创新的标志性成果——2008年中国铁道学会科学技术奖的特等奖"高速列车成套技术与装备"项目的主要完成人有大连交通大学的多名校友，他们是：牛得田、刘作琪、王松文、侯志刚、余卫平、周力和陈亮等。随着铁路大发展及国家对基础设施建设的大量投入，铁道部原所属企业用人需求逐年增加，同时已经开通和正在建设轨道交通的各大城市轨道交通公司也对大连交通大学毕业生倍加青睐。交通运输、车辆工程、电气工程及其自动化、土木工程（道桥）、交通工程（铁道工程）等特色专业毕业生持续供不应求，就业率连续三年保持在90%以上。

（三）积极参与轨道交通装备制造行业的自主创新

学校坚持以"服务求支持、以贡献求发展"，把服务轨道交通装备制造业的发展作为提高学校科技自主创新能力的重要途径，创新科技运行机制，推进产学研紧密结合，不断提高承担重大课题的能力，始终致力于国家知识创新体系、工程技术创新体系和成果转化与服务平台的建设，形成多学科联合攻关团队，开展重大课题攻关。学校综合办学实力大大提升。

1. 科学研究

2006 年以来，学校承担国家级科研项目 76 项，其中，国家自然科学基金项目 52 项，国家"863"计划项目 8 项；省部级科研项目 178 项，其中，铁道部计划项目 21 项。学校取得了一批标志性科技成果，获得国家级奖 3 项，省部级奖 11 项。

宋宝韫教授主持的项目"铜材连续挤压技术和设备"获得国家科技进步二等奖、原机械工业部科技进步三等奖，"电工铜材连续挤压制造技术及设备"获得有色金属协会科技进步一等奖。兆文忠教授参加的项目"基于智能计算的产品概念设计与虚拟样机技术研究及应用"获得国家科技进步二等奖，"复杂产品虚拟样机关键技术、协同仿真平台及其工程应用"获得教育部科技进步二等奖。魏伟教授主持的项目"货运列车空气制动系用仿真原理与应用"获得辽宁省科技进步二等奖。何卫东教授主持的项目"高承载能力双曲柄环板式针摆行星传动优化设计理论与方法及新型减速器"获得辽宁省科技进步二等奖。

2. 创新团队

为促进轨道交通装备制造企业的自主创新能力和核心竞争力的提高，适应当前铁路发展的科技需求，学校围绕轨道交通装备制造特色，进行研究基地和创新团队整合。2008 年，学校组建了 28 个校级创新团队，2009 年，发展为 34 个。在轨道交通特色学科的研究过程中，建设了"精密连续挤压及高分子材料高弹态挤压新技术研究"、"现代轨道交通装备协同设计协同仿真与协同优化"、"产学研合作研究"3 支辽宁省创新团队。

3. 平台建设

围绕具有轨道交通特色的机械、材料等优势学科，学校充分整合全校资源，通过与轨道交通装备制造企业共建等方式建设了铁路科技创新平台。包括教育部工程研究中心（连续挤压工程研究中心）；9 个省级工程中心及重点实验室（辽宁省现代轨道交通工程技术研究中心、辽宁省轨道交通装备制造业信息化工程研究中心、辽宁省重大装备热加工工艺工程技术中心、辽宁省轨道交通关键材料重点实验室、辽宁省轨道交通装备数字化设计与制造重点实验室、辽宁省新能源电池重点实验室、辽宁省高速动车组制造与运用工程技术研究中心、辽宁省隧道与地下结构工程技术研究中心、辽宁省运动与康复器械重点实验室）；8 个辽宁省高校工程中心及重点实验室（辽宁省高等学校光电材料与器件工程技术研究中心、辽宁省高等学校连续挤压工程技术研究中心、辽宁省高等学校轨道交通关键材料重点实验室、辽宁省高等学校数字化设计与制造重点实验室、辽宁省高等学校无机超细粉体制备及应用重点实验室、辽宁省高等学校载运工具先进技术重点实验室、辽宁省高校人机工程重点实验室、辽宁省高校环境科学与技术重点实验室）；3 个大连市工程技术中心（大连交通大学轨道交通工程研究中心、大连市复杂装备虚拟样机技术工程研究中心、大连市光电材料与器件工程研究中心）。

4. 产学研合作

学校的轨道交通特色使得其与铁路行业联系紧密，校友众多。学校紧紧抓住轨道交通装备制造企业的技术需求，开展多层次、多元化的产学研合作。近 4 年来，学校与多家国内知名企业和研究机构建立了广泛、紧密的联系，签订了 23 份合作协议，先后建立了 6 个产学研合作平台，与政府共建了 4 个公共科技服务平台。产学研合作还锻炼了师资队伍，提升了科研能力，拓宽了校外实训基地。

5. 学科建设

由于学校的轨道交通学科特色明显，优势突出，适应当前国民经济发展需要，学科建设不断取得新成就。大连交通大学于 1998 年和 2000 年分别获得机械制造及其自动化学科和材料加工工程学科博士学位授予权；2006 年被评为辽宁省机械装备制造业（轨道车辆）紧缺本科人才培养基地；2007 年，机械工程和材料科学与工程两个一级学科被批准设立博士后科研流动站；2006 年、2007 年和 2010 年，机械工程及自动化、车辆工程和土木工程专业分别被评为国家第一类特色专业建设点；2009 年，机械工程、材料科学与工程被辽宁省教育厅确定为"提升高等学校核心竞争力特色学科建设工程"高水平重点学科层次的立项建设学科，跻身于全省 50 个高水平重点学科的行列。

三、轨道交通特色的未来展望

为了进一步夯实轨道交通特色，做强做大"轨道交通"特色，学校研究制订未来 12 年的特色发展规划，提出了明确的建设目标，实施"六大工程"，为提升轨道交通装备制造企业的自主创新能力提供人才、科技等支撑，为中国铁路事业做出新的贡献。

（一）特色优势学科群建设工程

在轨道交通方面，在保持现有的、较为完整的轨道交通装备制造学科群的基础上，完善轨道交通控制、基础设施和运输管理与安全 3 个学科群的建设，开设城市轨道交通工程、高速轨道装备、信息安全等专业或专业方向。

（二）特色学科专业师资建设工程

加强轨道交通类学科高层次创造性人才队伍建设，整合资源，加强领军人才队伍的建设力度，培育一支素质优良、学识渊博、品德高尚的高水平师资队伍，培养轨道交通领域学术带头人。

（三）质量工程

完善轨道交通特色专业建设，重点做好现代机械制造技术、高速列车特殊材料制备、高速列车虚拟制造等专业方向的建设，加快动车组、地铁、城市轨道交通专业人才的培养，并根据轨道交通技术发展及时更新调整相关专业，促进大连交通大学轨道交通类人才培养体系更加完善，保证大连交通大学轨道交通装备制造专业人才培养继续走在国内前列，培养创新人才。

（四）科技强校工程

适应铁路科技创新的重大需求，充分发挥大连交通大学学科优势，积极引导和推进解决重大理论与实践问题研究和关键领域集成攻关的科技创新平台（研究院）和创新团队建设，力争在高速列车基础理论研究方面进入中国高校前三名行列；积极参与辽宁省和铁路行业关键技术研发、引进技术消化吸收与创新，科技服务与成果推广，力争承担一批高级别、高层次的重大项目，取得一批有影响的重大科技成果。

（五）产学研合作工程

坚持"以服务求支持，以贡献求发展"的办学思路，积极推进产学研合作平台建设，通过校企合作，构建一流的铁路客车、货车、机车、城市轨道交通以及软件工程的公共技术研发平台，努力使这些平台成为行业原始性创新、技术转移和成果转化的重要载体，在行业创新能力建设和产业结构优化升级中充分发挥其作用。

结合大连交通大学省级科技园建设，积极推进连续挤压装备、光电材料与器件、轨道交通装备和新能源载运工具的产学研基地建设，加快学校自主知识成果的转化，把大连交通大学省级科技园建设成高新技术产业的孵化器和辐射源，进一步提升学校为辽宁省先进装备制造业的跨越式发展和铁路现代化建设服务的能力。

（六）特色校园文化建设工程

在新形势下，以校风、教风和校训精神为载体，延承铁路精神，继续培养学生"扎根基层、踏实肯干、适应能力强、下得去、留得住、干得好"的优秀品质，不断凝练具有时代特征的校园文化和大学精神，推进特色发展战略的实施。

第二节 五年制双专业复合型软件
人才培养特色化发展战略

一、研究与实践的背景

（一）政策引导基础

2000 年以来，随着国家信息化建设步伐的不断加快，相继出台了一系列政策和措施，要求高校大力培养复合型人才（陈盛千，2009）。国务院在《鼓励软件产业和集成电路产业发展的若干政策》中指出："理工科院校的非计算机专业应设置软件应用课程，培养复合型人才。"党的"十五大"报告提出了"大力推进国民经济和社会信息化"。党的"十六大"将"走新型工业化道路，坚持以信息化带动工业化，以工业化促进信息化，用高新技术和先进适用技术改造传统产业，大力振兴装备制造业"作为发展战略（江泽民，2002）。中共中央国务院《关于实施东北地区等老工业基地振兴战略的若干意见》明确提出：培养适应老工业基地优化升级需要的复合型人才和实用型人才。同时，"加强紧缺型本科人才培养基地、艺术类人才培养基地、复合型软件人才培养基地和国际商务型人才培养基地的建设"是《辽宁省教育事业发展"十一五"规划》的一项重要内容。"十七大"明确提出"发展现代产业体系，大力推进信息化与工业化融合，促进工业由大变强"的指导思想，这一指导思想高度概括了当前我国信息化与工业化相互促进的内在逻辑。进入新世纪，我国 IT 产业由原来的新兴产业迅速发展成为国民经济的主要支柱产业之一，而人才是 IT 产业最重要的战略资源（阮忠等，2008）。

（二）服务区域经济需求

据统计，目前我国信息化复合型人才缺口以每年 40 万以上的速度增长，复合型人才成为推动企业信息化发展的根本动力。另外，IT 行业又是一个不断更新的行业，人才的需求远远得不到满足。2009 年我国共签订服务外包合同 60 247 份，同比增长 142.6%，协议金额 200.1 亿美元，同比增长 185.6%，执行金额 138.4 亿美元，我国承接国际服务外包业务的企业达到 3300 家，从业人员近 53 万人。2009 年新增近 10 万高校毕业生，是上年的 1.9 倍。

大连软件已经成为大连城市品牌和经济发展的重要支撑，全球十大 ITO 和 BPO 服务提供商中，已有 6 家在大连市开展外包业务。2007 年 8 月，在美国 IDC 公司发布的评价全球各个城市服务外包能力与潜力的全球交付指数（GDI）城市排名中，大连市名列全球第 5 位、中国第 1 位。2007 年 9 月，温家宝总理在大连考察时提出大连软件和服务外包产业要争做中国第一、世界第一，这为大连信息产业的发展确定了新的奋斗目标。2009 年 2 月，国务院办公厅下发了《关于促进服务外包产业发展问题的复函》，批复了商务部会同有关部委共同制定的促进服务外包发展的政策措施，批准北京、大连等 20 个城市为中国服务外包示范城市，并在 20 个试点城市实行一系列鼓励和支持措施，加快我国服务外包产业发展。我国发展服务外包产业拥有难得机遇和独特优势，前景广阔。

辽宁省实施沿海经济带发展战略，建设需要大批掌握信息技术和工业、经济、管理等知识的复合型人才。传统老工业企业，特别是装备制造业企业信息化的成功实施，更需要一大批既掌握专业知识又掌握信息技术的复合型人才。

（三）差异化竞争战略

大连交通大学坚持"人无我有，人有我优，人优我新"的特色办学思路，开辟新的教育服务细分市场，形成差异化竞争优势。尤其是坚持"人无我有"的特色定位，以避免省内同类高校之间的残酷竞争。2001 年 12 月，大连交通大学创办了省级示范性软件学院，坚持教育创新，在全国率先实施"传统专业＋软件工程"五年制双专业复合型软件人才培养模式，培养既懂信息技术又懂某一传统专业的应用型人才。复合型软件人才在知识结构方面具有明显个性特征，这种培养模式的实践，增强了大连交通大学服务区域经济社会发展的能力，开辟了新的教育服务细分市场，形成差异化竞争优势。信息技术与传统产业的加速融合已成为推动经济结构调整和促进经济发展方式转变的重要动力。

二、五年制双专业复合型软件人才培养方案的构建

（一）指导思想

立足于国家现代化建设和人才的全面发展需要，全面贯彻党和国家的教育方针，培养德智体美全面发展的合格人才（范成祥，2005）。根据人才培养目标及定位，合理设置实践教学环节，不断进行改革，科学构建实践教学内容与体系，推进软件人才培养与生产劳动与实践相结合（肖海涛等，2007）。遵循高等教育教学的基本规律，坚持教育教学改革与创新，在人才培养过程中，将传授知识、培养能力与提高素质协调统一。

（二）改革思路

主动适应辽宁省经济建设，深化教育教学改革，以内涵发展为主，优化专业结构，提高人才培养质量。通过广泛调研查阅国内外有关的文献资料和研究成果，充分吸收国外先进的人才培养理念，结合辽宁省信息化和工业化融合及大连

交通大学教学工作的实际情况，综合运用教育学、管理学、系统论等多种科学方法，以社会需求为导向，遵循教育教学规律，深入研究和实践"传统专业＋软件工程"五年制双专业复合型软件人才培养模式，保证双专业复合型人才具有两个专业的基本理论、基本技能，以及较高的综合素质。

基本理论：①基础宽，知识面广；②双专业知识融合，相互作用。

基本技能：①综合能力强；②具有创新能力；③实践能力强；④学习能力强。

综合素质：①双外语（英语、日语）应用能力强；②团队合作精神强。

因此，提出了"构建双专业基础课程公共平台，以双专业主干课程链复合为交点，以信息技术与传统专业知识融合为基础，以双专业实践教学环节相综合为途径，培养具有双专业知识与能力的复合型人才"培养模式改革总思路。

（三）培养目标

"大连交通大学2006～2025年总体发展战略规划"将大连交通大学人才培养目标定位为：培养具有社会责任感、基础扎实、知识面宽、富有创新精神与实践能力的应用型、复合型高级专业人才。例如，机械工程及其自动化＋软件工程专业，专业定位为综合应用型，培养能够在机械工程及其自动化、IT、教育、经济等领域的科研院所或企事业单位从事机械设计、机械制造、机电控制、计算机辅助设计、软件开发、生产管理等工作的复合型、应用型人才。该专业在强化专业水平和技能教育的同时，还进行适应市场化要求的复合型、应用型人才培养，并倡导人才培养的应用性和掌握知识的前瞻性，强化学生的实用性操作训练和所学专业知识水平的国际认证，使学生毕业后能迅速进入各类实际工作角色。主要培养目标为：培养适应国家经济建设、科技进步和社会发展需要的厚基础、宽口径、强能力、富创新的高级复合型、应用型人才。

（四）专业设置

学校现在已有18个传统专业进行了该模式的尝试，专业设置涉及工学、理学、文学、管理学和法学5个一级学科，具体如下：

（1）"工学＋软件工程"模式。包括"机械工程及自动化＋软件工程"、"测控技术＋软件工程"、"土木工程＋软件工程"、"安全工程＋软件工程"、"交通工程＋软件工程"、"应用化学＋软件工程"、"化学工程＋软件工程"、"材料成型＋软件工程"、"材料工程＋软件工程"9个复合型专业。培养学生全面了解计算机科学与技术和传统工学专业基础知识，掌握软件工程、工学专业的基本理论和基本技能；运用软件技术和传统工学专业知识解决实际问题的能力；较强的自学能力和创新能力，以适应计算机技术和轨道交通装备制造业技术快速发展的需要。重点培养学生以信息技术改造传统工业的能力，着重服务轨道交通装备制造业。

（2）"管理学＋软件工程"模式。包括"会计学＋软件工程"、"市场营销＋软件工程"、"工商管理＋软件工程"、"信息管理与信息系统＋软件工程" 4个复合型专业。面向国民经济信息化和产业发展的需要，培养专业化的 IT 项目管理型人才和培养 IT 企业急需的有技术背景的市场营销人才。使学生通过理论学习、实务案例探讨与操作，掌握扎实的软件工程理论和 IT 企业经营知识，并具备完整的 IT 项目管理、研发管理、新产品策划管理能力、创业能力、软件产品营销能力和一定商业决策分析能力。

（3）"文学＋软件工程"模式。包括"日语＋软件工程"、"英语＋软件工程"等 2个复合型专业。培养适应国家经济建设、科技进步和社会发展需要的能在 IT 领域及其他领域从事技术开发、科技翻译、管理等工作的人才。培养学生熟练运用双语作为交流工具的能力，强化作为翻译师的职业技能，并使其精通机器辅助翻译的原理和应用技术及相关的自然语言处理技术。

（4）"理学＋软件工程"模式。包括"应用数学＋软件工程"、"信息与计算科学＋软件工程"等 2个复合型专业。培养满足国家理学领域发展及软件产业发展需要，厚基础、宽口径、强能力、富创新，身体健康，具有国际竞争能力的复合型、应用型人才。培养学生掌握理学专业基本知识和基本技能，掌握计算机软件工程管理、系统分析、系统设计的方法和技术使其具有合理运用理学思维和计算机技术解决相关领域问题的能力。

（5）"法学＋软件工程"模式。目前只有"社会工作＋软件工程" 1个复合型专业。面向国家大力发展现代服务业及国民经济信息化建设的需要，培养具有扎实的服务科学与工程基础知识、实践能力和掌握信息技术和软件工程技术的高级工程技术与管理人才。使学生能够提高一个机构或组织的运作效率及减少其运作成本，进一步提高企业的竞争力。

（五）培养方案的设计

1. 指导思想

全面贯彻党和国家的教育方针，立足于国家现代化建设和人才的全面发展需要，遵循高等教育教学的基本规律，积极反映现代教育思想观念，体现新时期的人才观和质量观，符合学校的办学定位，突出大连交通大学办学特色。

2. 基本原则

（1）坚持知识、能力、素质协调发展；
（2）加宽基础教育，做好专业复合；
（3）加强实践教学，培养实践能力；
（4）科学设计课程体系、更新课程内容、改革教学方法；

（5）加强双外语教学，适应国际化要求；

（6）合理设计课程模块，适应学生个性发展的需要；

（7）坚持继承性、前瞻性，保持适度稳定性。

3. 双专业复合的具体要求

（1）基本理论和基础知识以满足专业需要为前提，强调专业知识的复合，大力加强实践应用能力的培养，将专业认证纳入教学内容。双专业的总学分为 270 学分左右，其中实践教学学分约为 90 学分。

（2）根据两个专业知识相关性，找出复合点，确定课程链，科学合理地设计课程体系。五年制双专业要合理分配教学学时，通识基础课程约占 40%，传统专业的课程约占 30%，软件工程专业的课程约占 30%。课程安排要遵循学习规律，要相互协调交叉进行。

（3）实践教学体系包括上机实践、实验课、工程训练、毕业实习、综合实验、课程设计、生产实习、创新实践、专业认证、毕业设计等。各实践环节内容着重于基础知识和综合能力的复合。

（4）复合型专业应设多个专业方向，以供学生选择。

（5）根据人才培养目标，复合型专业原则上进行大综合毕业设计，毕业设计不少于 22 周。通过毕业设计，使学生掌握具有工程背景的软件技术，传统专业与信息技术知识得到了融合。

4. 核心内容

基本理论和基础知识以满足专业需要为前提，强调专业知识的复合。采取"平台＋模块"方式，构建一个公共平台、二条主干课程链、三个复合模块的课程体系（图 8-1）。

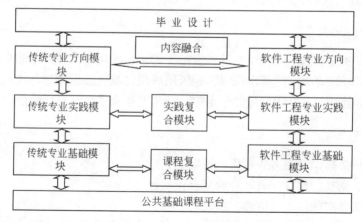

图 8-1　五年制双专业复合型人才课程体系框图

合理分配教学学时，课程安排要遵循学习规律，相互协调交叉进行。软件工程专业设有多个专业方向以供选择。

科学整合专业课程内容，开出若干门复合型课程或综合课程设计。大力加强实践教学，优化实践教学体系，改革实践教学方案，创新实践教学内容，设置若干个综合训练。加强英语、日语双外语教学，培养学生的双外语应用能力。工学类复合型专业原则上应进行大综合毕业设计。培养方案切实保证了培养目标的实现，突出培养两类人才：一类是具有某学科领域坚实专业知识的软件工程师，另一类是具有坚实软件技术的专业技术人员。

5. 教学内容与课程体系改革，加强新教材建设

教学内容和课程体系的改革要以优化课程结构体系为前提，系列课程建设为核心，公共课程、学科基础课程建设为重点，构建起具有科学性、适应性、动态性、灵活性、实用性、具有特色的专业教学内容和课程体系。

搭建"平台＋模块"的课程结构，以通识基础教育、学科基础教育和专业教育的理论教学为"平台"，以课程为"模块"，搭建了"平台＋模块"的课程结构体系。

注重课程体系建设，结合复合型专业特点和人才培养目标，优化课程体系，建立课程链，进一步提升课程体系的复合度，加强系列课程建设。大力加强精品课程建设，鼓励教师开展教学内容和课程体系改革研究，以教学大纲制订、教材编写、教学方法与教学手段改革等方面为切入点积极开展精品课建设工作，推动全校教学内容和课程体系改革的深化。加强新教材建设，在继续采用最新英文原版教材的基础上，大力提高双语教学的数量和质量，结合复合型专业的教学实践，鼓励教师自编教材，构建符合自身发展的有特色的教材体系。

6. 实践教学改革，推进人才培养与生产劳动和社会实践相结合

为增强学生的实践应用能力，依靠强大的师资力量的同时，学校还积极开展多种形式的培养环节，与一些国内外知名 IT 企业合作，把 IBM 认证、H3C 网络工程师等认证引入校园，在培养方案中规定了 6 个学分的认证课程，联合知名企业建立 IBM 实验中心、H3C 实验室、用友 ERP 等多个实验室和校内外实习基地。

重视实验教学内容体系更新，对专业基础课实验进行优化整合、单独设课，减少演示性、验证性实验项目，加大综合性、设计性实验比例，形成合理的实验教学内容体系。改变实验教学从属理论教学的地位，强化实验教学在人才培养中的作用，有利于培养学生的创新精神与实践能力。

实践教学基地是落实实践教学环节的必要条件。根据复合型专业培养方案，不断加大实践教学经费投入，有计划、有目标地加强实践教学基地建设。实践基

地分为校内实践基地和校外实践基地。通过科学安排认识实习、工程训练、课程设计、生产实习、毕业实习和毕业设计等实践教学环节，使每名学生的实践实习时间至少在半年以上。

通过建立结构合理、内涵优化的"4＋1"人才培养学科体系，使学生在5年的学习期间，有1年时间去国外或在国内企业中参加实际项目的设计与开发。目前，已经与中软国际集团和大连华信等公司进行合作，在企业进行实训和毕业设计，为学生提供了一流的教学实验环境和高质量的人才培养环境。

三、五年制双专业复合型软件人才培养模式的实践

（一）创建复合型软件人才培养平台——软件学院

2001年12月，大连交通大学成立了软件学院，投入2.5亿元加强软硬件建设，现已成为辽宁省示范性软件学院和国家外国专家局第一个国家软件人才国际培训（大连）基地，为复合型人才培养模式的改革与实践提供办学平台。大连交通大学软件学院，由大连交通大学和大连软件园股份有限公司、中国国际人才交流基金会等5家单位按股份制模式共同创建。

2002年春第一批学生由学校其他院系的非计算机专业学生转专业而成，这是典型的复合型人才培养模式，这个班级共34人，校内称其为"先导班"。2002年五年制双专业学生和专升本的学生开始招生；2003年先导班学生毕业；2004年的毕业生主要是"2＋2"学生联合培养和专升本软件工程专业的学生；2007年五年制双专业复合型开始有真正的毕业生，共计320名学生；2008年第二届学生毕业离校，共计760人；2009年第三届毕业生1103人。

随着每年招生人数的增加，软件学院办学规模不断扩大。2004年学校在大连旅顺经济开发区月亮湾畔开工兴建了新的校区，总投资1.5亿元，校区占地404亩（27万平方米），建筑面积10.35万平方米。经过3年的发展，校区已经初具规模，可同时容纳5000名学生在此学习。因办学需要，学校于2008年开始建设旅顺校区二期工程，总投资3.22亿元，占地352亩，建筑面积10.15万平方米。2010年9月，旅顺校区二期工程竣工并投入使用，综合原有一期资源，旅顺校区可以满足9000人的培养规模。学院目前的办学分三个层次：硕士、本科、专科。

（二）形成多元化师资队伍结构，保证人才培养质量

为适应培养五年制双专业复合型人才的办学目标，软件学院改变传统的单一师资结构模式，注重教师的工程实践背景和国际化背景。在师资队伍建设中，始终坚持立足于教学和科研工作的实际需要，注重全方位、多层次的人才格局，实

行以专职教师为核心，校内与校外教师相结合，专职与兼职教师相结合，高校与企业教师相结合，国内与国外教师相结合等多元化师资结构模式。通过近年来的重点建设，学院中一批颇有影响的学术带头人和中青年骨干教师迅速成长，初步形成了一支以教授、副教授为中坚，中青年学科带头人和优秀青年骨干教师为主体，专职与兼职教师相结合的高效精干的教师队伍。目前教师队伍中具有副教授及以上职称的教师的比例近30%，具有硕士学位及以上的教师的比例达80%。

1. 专职教师培养

持续加大师资引进力度。软件学院自建立以来一直将引进人才作为师资队伍建设的重要举措，学院在师资的引进、使用与培养上实施了一系列特殊政策。一方面学院积极利用大连交通大学的影响力和招聘平台主动出击，通过各种可能的渠道向国内外发布急需高水平人才的信息；另一方面坚持苦练内功，通过十足的发展活力吸引人才，通过良好的工作氛围吸引人才，通过更多的发展机会吸引人才。很多优秀人才都是通过网站了解到学院日新月异的发展势头而前来应聘的，凡是到学院实地考察过的优秀人才基本上都被吸引到软件学院工作。

学校领导对软件学院的师资队伍建设工作高度重视和支持，给予了特殊的人事政策。学校积极帮助和支持学院自行从国内外一流高校和企业聘用教师，学院也积极与地方政府联系，取得了人事代理的权力。对于一些教学急需但是无法解决其人事关系的人才，学院采用人事代理的方式聘用，这样大大减少了由于人事关系等原因造成的人才流失。

加强对现有教师的培训。软件学院积极选派优秀的青年教师参加各类专业技术培训，累计资助参加 IBM、SUN、Cisco、华为、用友等公司培训的教师 50 余人次。学院还定期选派优秀的青年教师参加辽宁省青年骨干教师培训等专业技术培训，如今这些教师已经成为学院教学工作的骨干，承担着 DB2 技术、H3C 等多门骨干课程。选派优秀教师进行国际和国内交流访问，每年派出一定数量的中青年教学、科研骨干教师到国外从事访问研究，到国内公司、高校进行进修、学习或合作研究，以提高业务水平。鼓励并资助广大教师参加各类学术会议，提高学术水平，近年来，共资助教师参加国内外学术会议 40 余人次，其中参加国际会议 20 余人次。

学院非常重视专职教师的工程实践能力，积极与知名软件企业合作，选派优秀的青年教师赴大连华信、大连软件园等知名软件公司进行阶段性的工程技术开发工作和实践培训。这项措施逐年加大，重点培养了一批具有实际现场工作经验、理论基础扎实、应用实践能力突出的工程师型教师。

鼓励并资助广大教师继续深造，提高教师学历。学院每年资助 3～4 名教师攻读博士学位，已经毕业的 3 名教师中，1 人已担任学院重要岗位，2 人获得辽宁省优秀青年骨干教师称号。学院还选派了多名教师攻读硕士学位，已全部毕业。学院根据具体情况将选派更多的青年骨干教师到知名大学攻读学位，计划 5 年后学院具有博士学位的教师达到 20 人。

2. 兼职教师队伍建设

为培养复合型应用型人才，学院重点加强了兼职教师队伍的建设，已拥有具有一定规模并且相对稳定的兼职教师队伍。

目前共有 18 个传统专业与软件工程专业复合，因此，对于基础课程和非软件工程专业课程的教师队伍，软件学院依托本校机械工程学院、材料科学与工程学院、管理学院、环境与化学学院、外国语学院、理学院等相关院系的教学力量共同承担相关的教学任务。教学活动和教师聘任由学院和学校教务处共同负责管理，软件学院与相关院系共同制订教学计划，由学校教务处审核通过、统一下派实施。在学校的高度重视和大力支持下，相关院系对于选派到软件学院的教师队伍严格把关，选派教学名师在软件学院任教，专业课程的教师也是由具有丰富教学和科研经验的骨干教师担任。

国际化兼职教师队伍。软件学院在办学定位中提出了以对日软件人才培养为重点的国际型人才培养模式，因此，软件学院非常注重双语教学，特别是日语和英语教学。学院从美国、爱尔兰、澳大利亚、加拿大、日本等国聘请 30 余名外国专家为本学院学生开设软件工程课程，英语、日语及其口语课程；还与日本名校早稻田大学合作开办了 CCDL 远程教学课程平台，通过此平台，学院学生可与日本学生共享教学资源和教师资源。

软件学院聘请我国智能控制与机器人学科专家东北大学徐心和教授等知名专家学者作为学院的兼职教授，指导学院学科建设并定期来学院讲学；学院还聘请了北京交通大学软件学院院长、博士生导师卢苇教授作为兼职教授，负责指导软件工程学科的建设工作；还聘请了千驮谷日本语教育研究所理事长吉冈正毅和高见泽理事等著名的日语教育专家作为学院的兼职教授，指导学院的日语教学和课程建设；还聘请了日本株式会社（NTT DATA SYSTEMS）常务理事佐藤先生作为学院的兼职教授。

软件学院聘请知名学者和企业专家定期来学院讲学。IBM 资深专家、IEEE fellow Philip S. Yu 博士，IBM 主机大学合作项目高级顾问黄小平先生，北京大学软件学院院长陈钟教授，日本岩手县立大学校长谷口诚先生等多名具有企业经验的国内外资深专家和企业界高管都多次来学院开展学术交流并为广大同学讲学。

企业化兼职教师队伍。为了增强学生的工程实践能力，软件学院长期以来与许多知名企业和软件公司合作，聘请高水平的企业工程技术主管和软件工程师充实到学院的教学环节，指导学生的课程设计、毕业设计等实践环节，取得了较好的效果。随着毕业生的不断增加，学院也在逐年加大企业化兼职教师队伍的规模：2007 年学院共聘请兼职教师 40 余人；2008 年学院共聘请了来自北大方正、东软和大连华信等知名软件企业的兼职教师 50 余人；2009 年学院共聘请兼职教师 100 余人。

（三）设立"日语＋软件工程"复合型专业，加强对日软件和服务外包人才培养

大连市的软件产业经过 10 多年的飞速发展，软件和服务外包类外资企业已近 300 家，其中日资企业比例近 80%。包括日本柯尼卡美能达、NTT 在内的近 40 家世界 500 强企业在大连市设立了软件开发和服务外包中心。2008 年 12 月，大连（日本）软件园在日本东京开园，这是中国城市开设的第一个海外软件园，是中国服务外包产业发展过程中具有里程碑意义的重要成果，标志着大连服务外包及其对日合作的优势正在进一步巩固和扩大。2008 年，全市软件和信息服务业销售收入达 306 亿元，增长 42.3%；软件和信息服务业出口额达 10.5 亿美元，增长 45.8%。2009 年大连市软件和信息服务业实现销售收入超 400 亿元，增长 30.7%；出口超 14 亿美元，增长 33.3%（戴玉林，2010）。

借助大连软件产业发展的优势，特别是对日服务外包产业发展的特点，突出对日软件人才的培养，大连交通大学设立了"日语＋软件工程"五年制复合型专业，重点开展对日软件和服务外包人才培养。以综合应用型为专业定位，培养综合应用型人才；以日语语言为主，复合以软件工程专业；强调人文科学素质和自然科学素质的综合培养，使学生具有较高的专业综合素质和较强的实践能力。该专业具有以日语语言文化为主，注重知识与能力的综合发展；复合软件项目管理或软件开发与测试方向，实施跨学科、跨专业复合型人才培养的专业特色。主要培养目标为，培养适应国家经济建设、科技进步和社会发展需要的具有扎实日语语言基础和比较广泛的科学文化知识、掌握软件工程技术的复合型、应用型人才。毕业生具有较高的综合素质、较强的专业能力和实践能力，能在 IT 领域及其他领域从事技术开发、教育、科技翻译、管理等工作。2009 年该专业招生 10 个教学班。

（四）加强国际交流与合作，培养国际化人才

为保证复合型软件人才符合国际化的需求标准，大连交通大学把全方位、深入开展国际合作作为重要发展战略，制定了一系列与著名大学、跨国公司和国内知名企业的合作原则、组织措施和详细计划，针对国际化软件人才的需求，与国外大学开展学分认证、学生交流和合作办学。

学院在加强英语教学的同时，规定修读 16 学分的日语课程，外语学习要求

分别达到国家大学英语四级和日语三级水平，培养了学生双外语（英语、日语）应用能力。

软件学院还积极采用与国际接轨的新的教学体系，随时更新教学内容，采用新的教学方式，采用国内外最新的优秀教材，高薪聘请校内外和国内外优秀专家、教授任教，采用国际先进的教学思想、教学方法和优秀原版教材进行专业课的双语教学。双语教学的推进对学院提高本科教育质量、培养具有国际竞争力的高素质优秀人才起了非常重要的作用。计算机学科发展日新月异，及时跟踪国外最新原版教材，调整教学方向和内容，是软件学院课程建设的目标之一。通过专业课双语教学来强化学生的英语应用能力，实现英语应用能力培养不断线。到目前为止软件工程专业实施双语教学的课程已有 12 门。学院还根据对日软件人才需求，以市场需求为导向，立足本地市场，强化日语训练。

软件学院坚持国际合作，促进学院的教学改革，全面提高教学质量；加强国际合作，促进学院的机制改革和管理改革；重视国际交流与合作，建设一流的教学实验环境；深入开展国际合作，为学院的可持续发展奠定基础。学院与日本岩手县立大学等进行交流合作，开展学分认证、学生交流和合作办学（表 8-1）。

表 8-1　国际合作机构与合作内容

序号	合作机构	合作内容	开始时间
1	日本岩手县立大学	每年派 5 名学生留学 1 年，已经出 5 批	2005 年 8 月
2	日本长野国际文化学院	短期日语加强学习，已派出 2 批	2008 年 1 月
3	日本早稻田大学	CCDL（远程教育）课程，受益学生达 400 多人	2007 年 3 月
4	美国狄克森州立大学	派学生出国留学，已派出 2 批	2007 年 4 月
5	美国加利福尼亚大学	软件工程理学硕士 MSE 交流与探讨	2007 年 4 月
6	日本 NTT DATE 株式会社	接收"日语 + 软件工程"专业的毕业生赴日工作	2006 年 7 月
7	韩国南首尔大学	互派留学生	2008 年 10 月
8	英国阿博斯维斯大学	联合培养和学生交流	2009 年 11 月

（五）深入开展校企合作，共建实验室

通过共建实验室，加强校企合作、产学结合，利用学校和企业各自的优势。软件学院已与 IBM、华为 3COM、用友等知名企业共建实验室。

1. IBM 实验中心

2003 年 3 月，软件学院与 IBM 公司合作成立 IBM 实验中心，IBM 公司免费向学院提供软件产品用于教学研究和人才培养。该中心为学院学生提供集教学、科研、培训于一体的综合性 IBM 产品和技术实验环境，主要承担"J2EE/Websphere 应用开发"、"UNIX/AIX 操作基础"、"DB2 通用数据库"、"Linux"等课程的教学实验、课程设计等教学任务。

IBM 实验中心是学院培养专业化、实用化人才的重要方式——"IT 专业认证"的考试中心。该中心已经成为大连市仅有的两所 IBM 全球专业认证授权固定考试中心之一，也是全球最大的两家专业化考试服务提供商 VUE、PROMET-RIC 的授权固定考试中心。学院在与 IBM 公司的合作中，获得了"IBM 主机项目突出贡献奖"。

2. 思科网络技术学院

2009 年 5 月，软件学院与著名的思科系统公司、思科网络技术学院理事会共同签署协议，成立大连交通大学思科网络技术学院，同时成为思科网络技术学院理事会理事单位。软件学院利用思科系统公司的优秀网络资源组建了实验室，还专门设立网络技术教育项目，提供 8 个学期 560 小时的电子教材，致力于教授学生设计、构建和维护计算机网络，使学生成为符合信息时代发展要求的人才。

3. 华为 3COM 网络学院

2004 年，软件学院和华为 3COM 公司签订了共建华为 3COM 网络学院的协议，并进行网络安全方面的专业培训认证工作，由于成绩显著，被华为 3COM 公司评为 2005 年度优秀网络学院。华为 3COM 公司为该网络学院提供了价值数万元的教材及免费教师培训服务。

华为 3COM 网络学院作为网络工程方向的重要实验室，为软件学院学生提供集教学、科研、培训于一体的综合性网络实验环境，主要承担"华为 3COM 认证网络工程师培训"、"IPv6 技术"、"计算机网络"、"网络通讯基础"、"数据加密与网络安全技术"、"局域网技术与组网工程"、"计算机网络管理"、"网络操作系统"等课程的实验、上机、课程设计等教学任务。

4. 用友 ERP 实验室

用友 ERP 实验室成立于 2006 年，实验室安装的"ERP 实验教学软件"模拟了企业的运作环境，让学生在就业之前了解企业运作的规律流程，学习 ERP 管理思想，同时培养学生的实际操作能力和决策能力。实验中，软件设定模拟岗位，设定每个岗位的责、权、利，学生通过角色扮演完成仿真企业流程。教师可全程跟踪并指导学生训练，最后通过软件自带的考评系统，自动打出模拟训练成绩。

实验室开设"供应链管理"、"生产制造"、"ERP"、"财务"等课程的实验教学。实验室提供的模拟软件与工具软件可帮助学生在教师的指导下完成课程设计与毕业设计。教师通过"ERP 实验教学软件"的完整模拟演练，引导学生完成短学期学习任务。

（六）教学管理和质量监控

实现教学管理的科学化、规范化、现代化，提高管理的效率和效果。软件学院为了适应学科和专业发展，利用现代化管理工具和手段，对教学工作、科研工作、学生工作和考核评价工作等实行统一管理；加强教研室工作职责，每个学期，各教研室要制订教学研究计划，开展集体备课、听课、评课和观摩教学活动；严格考核考试评价制度，采用集体命题、教研室主任审查、严肃考纪、流水阅卷等系列措施，实现考核、考试的客观、公平、公正，建立良好的学风和考风；完善机房管理制度，确保足时足量地完成教学实验和实践任务，提高实验设备利用率；鼓励教师进行科学研究和教学研究，要求完成相应的科研工作量，通过奖励机制，调动教师积极性。教学质量监控由学校统一负责。

（七）实习实训基地建设

人才是软件产业发展的核心要素。随着软件产业的快速发展，软件人才的短缺一直是摆在面前的一个重大问题。各种资料显示，全球软件人才存在大量缺口，欧美国家，日本、印度等国家和地区均面临着软件人才的短缺问题。中国拥有丰富的劳动力资源，随着经济的高速发展，高等教育规模和水平的大幅度扩大和提高，IT 业迅猛发展，这使得 IT 人才培养成为中国教育界的热点。同时，大量高校毕业生择业难与 IT 企业招收人才需求迫切形成了鲜明对比，这也成为目前摆在中国教育界和软件界面前的问题。如何尽快填平教育与产业之间的这条鸿沟，成为业界需要深入探讨的焦点问题。而实训将成为 IT 业教育与产业无缝链接的有效途径。

实训，即"实习（践）"加"培训"，源自于 IT 业的管理实践和技术实践。实训的最终目的是全面提高学生的职业素质，最终达到学生满意就业、企业满意用人的目的。合理的实训教育本应该是高校教育的一个重要组成部分，但是目前却成为了社会培训机构、企业内训的责任。如何推动高校等教育机构迎合产业发展需求，更好地加速教育教学改革，为向产业发展输送更多高素质的软件人才提供有力的保障，使大学生实训成为企业和教育机构之间良好的对接平台，是有效提高大学生综合素质和就业质量的关键。传统的课堂教学往往以教师讲授为主，在教学过程中以教师为中心，教学效率高，更适合理论类课程的教学。企业定岗实习时把学生直接安排到工作岗位上，在工作中学习，更适合以动手操作为主的职业训练。而实训结合了两者的优势，通过模拟实际工作环境，采用来自真实工作项目的实际案例教学，在教学过程中理论结合实践，更强调学生的参与式学习，能够在最短的时间内使学生在专业技能、实践经验、工作方法、团队合作等方面得到提高。

大连交通大学为强化学生的实践能力和职业技能、丰富学生知识结构，适应国内不断增长的软件人才开发的需要，近年来，积极与国内软件企业加强联系和合作，先后与多家国内外知名企业建立了合作关系，并使其成为学生校外实习实训基地（表8-2）。

表8-2 校外实习实训基地一览表

序号	企业
1	IBM 中国有限公司
2	安博教育集团
3	中软国际集团
4	大连华信计算机技术有限公司
5	大连软件园股份有限公司
6	大连用友软件有限公司
7	东软软件股份有限公司大连分公司
8	阿尔派电子（中国）有限公司大连研发中心
9	大连创明信息技术有限公司
10	海辉软件国际集团大连分公司
11	北京软通动力信息技术有限公司
12	大连见微软件有限公司
13	长春轨道客车股份有限公司
14	齐齐哈尔铁路车辆（集团）有限责任公司
15	中国第一汽车集团公司（长春）
16	唐山机车车辆厂
17	大连机车车辆有限公司
18	东风朝阳柴油机有限责任公司
19	大连机床集团公司

2009 年，学校与大连华信计算机技术有限公司、东软软件股份有限公司大连分公司、大连软件园股份有限公司、中软国际集团和安博教育集团 5 家知名企业签订合作协议，共选派近 200 名高年级学生进入企业进行培训，进入实际生产流程进行实践训练。指派专人协调解决软件学院本科生在校外实训及毕业设计期

间所发生的各种问题，保障学院、实训企业及学生辅导员能够及时沟通。

（八）开展订单式培训

1. 大连阿尔派（ALPINE）电子有限公司订单式培训

2006 年和 2007 年，软件学院与大连阿尔派（ALPINE）电子有限公司（简称 ALPINE 公司）连续两年开展订单式培训，共培训 200 余人。学院应 ALPINE 公司的要求，与其签订了培训协议，并协商制订了详尽的培训计划。主要培训项目为日语基础能力培训，计算机文书日文处理，软件工程、操作系统与编程语言，另外结合 ALPINE 公司的实际生产环节，模拟技术攻关或实际生产过程，指导学员完成毕业设计。

软件学院与 ALPINE 公司的合作培训工作通过两次的培训取得了非常好的效果。学生在校外结合自己拟进入的工作单位，训练生产环节的实践能力，使得自身投入工作的磨合期大幅度缩短，甚至消除。而作为公司可以利用员工没有进入单位的时间进行专业培训，使得公司的运营成本大大降低。新员工上岗后，能够很快投入工作，给公司带来了巨大的经济效益。

2. 中软国际集团上海中软资源技术服务公司"微软定制班"

2009 年，软件学院与中软国际集团上海中软资源技术服务公司（简称中软）合作建立"微软定制班"，定制班按照中软国际集团标准在软件学院的四年级学生中择优选拔学生，教学方面由中软提供微软集团最新的研发体系和相关培训课程、教材与师资，并对学院的现有师资进行培训，学生经考试合格后，由中软招聘为员工。中软开设的课程将为学生提供接触 IT 领域前沿技术的机会，显著增强软件学院毕业生的市场竞争力。学校也决定将定制班的课程学分与学生第四学年软件工程课程学分互认，除保留软件工程学位课程外，其他 400 多学分涉及软件工程的所有课程全部与中软课程置换，培养周期分三个学期，第四学年下学期进行理论课程授课，第五学年上学期进行实训，下学期进行校外毕业设计和实习。2009 年共选拔了 67 名学生进入定制班学习。

（九）招生和毕业生就业情况

1. 招生情况

通过不断探索复合型人才培养的新模式，并不断地突出"既懂传统专业知识，又具有信息技术的复合型应用人才"的培养目标，五年制双专业复合型人才培养模式的社会知名度逐年提高，为自己赢得了高质量和数量充足的生源。五年制双专业从 2002 年开始招生，社会声誉不断提高，在社会上逐步得到了广大考生和家长的认可，生源质量逐年提高。学校分配给五年制双专业的招生计划逐年增加，生源充足，质量高。高三学生家长积极咨询五年制双专业人才培养情况，渴望将自己的子女送入大连交通大学五年制双专业学习深造。

2008 年学校共在全国 15 个省（直辖市、自治区）设置了五年制双专业招生计划，招生计划总数达到 1220 人，2009 年继续扩大招生规模，招生 1500 人。在招生宣传的工作中，突出了五年制双专业的办学特色，使广大考生能够对五年制双专业有更深入的了解，为考生填报志愿予以指导，使五年制双专业的办学模式得到了考生及家长的广泛认可。

2. 毕业生就业情况

软件学院建立以来，一直不遗余力的向企事业单位及社会各界广泛宣传五年制双专业的办学特色，这种办学模式获得了诸多用人单位的极力赞赏，毕业生备受社会青睐。

软件学院秉承培养"国际化、复合型、实用性"软件人才的理念，在加大教学投入的同时，成立专门机构——外联及毕业生就业指导部，建立就业网站，增强对毕业生的就业指导，取得了很好的效果。为了更好地推进毕业生就业工作，学院注重加强与政府主管部门和企业的联系，为毕业生就业拓宽渠道。2006 年 9 月开始，学院与大连华信计算机技术有限公司、大连用友软件有限公司等 10 余家知名 IT 企业签订了合作协议。校企联合为更加合理有效地培养 IT 人才进行了进一步的探索和实践。学院组织专人外出考察，重点走访了杭州软件园和青岛软件园，并在它们的帮助下走访了当地的 IT 企业，与青岛软件园签订了建立长期合作伙伴关系的协议。学院领导及相关部门人员多次走访大连市信息产业局、大连 IT 产业协会、大连高新技术产业园区、大连软件园、青岛软件园，在宣传人才培养情况的同时也熟悉了更多的企业及它们的人才需求情况，为教学计划适应社会需要做好铺垫。

在学院领导的正确领导下，学院将毕业生的就业工作摆在重要的战略位置，做实工作，使得学院毕业生的就业工作取得了较好的成绩。

近几年，由于人才培养特色鲜明，学院学生的就业率始终稳定在 90% 以上，就业质量较高，且相当一部分毕业生进入世界 500 强企业工作。学院长期以来，不遗余力地向企事业单位及社会各界宣传五年制双专业的办学特色，并得到诸多用人单位的认可和赞赏。自 2006 年 7 月以来，学院先后接待并组织近 60 场针对五年制双专业毕业生的现场招聘活动。在活动期间，企业为学生做关于企业文化、发展战略，以及人才需求等方面的宣讲会，使学生了解了企业，也增强了就业的主动性和针对性。随着时间的推移，毕业生对自身定位愈加准确，企业对毕业生的能力愈加清晰。在保证高签约率和意向签约率的同时，毕业生的就业质量在逐年提高，在 IBM，SAP、埃森哲、惠普、华为、东软、华信、海辉等国内外知名软件公司就业学生数量逐年增加，部分毕业生还直接赴日从事软件开发工作。

通过与用人单位的长期接触，学院了解到用人单位对学院五年制双专业毕业生青睐的原因有以下几点：专业基础知识掌握比较扎实，特别是日语和计算机应用能力较强；思想素质和职业道德素质好；由于复合专业知识面宽泛带来的适应岗位工作能力和开拓创新能力强；具有良好的敬业精神和团结合作精神。五年制双专业学生的就业状况为学院赢得了良好的社会声誉和广泛的毕业生就业市场。

（十）通过官产学研合作，加强科研平台和人才培养基地建设

学校积极加强官产学研合作，软件和服务外包人才培养等多种人才培养模式的创新得到了各级政府的支持，合作建设了多个教学科研平台，建立了学术梯队，锻炼了队伍，提高了科研水平，形成了良好的科研和人才培养模式研究氛围。主要教学科研平台包括：

1. 国家人才培养模式创新实验区

2009 年学校申报的"五年制双专业复合型人才培养模式创新实验区"被教育部确定为"国家人才培养模式创新实验区"，主要开展五年制双专业复合型人才培养模式创新实验。

2. 辽宁省轨道交通装备制造业信息化工程研究中心

2009 年 5 月学校获得辽宁省发改委批准成立"辽宁省轨道交通装备制造业信息化工程研究中心"，成为培养和培训轨道交通装备制造业复合型人才的平台。主要对 ERP 系统进行消化吸收再创新，实现现场控制、网络控制技术和网络制造技术的有效结合，争取率先在轨道交通装备制造业实现网络控制、智能检测等一批关键技术的突破，实现产品的数字化设计，深化轨道交通装备制造业企业信息化应用，培训各种层次的轨道交通装备制造业信息化人才。

3. 辽宁省对日服务外包人才培养基地

2009 年 6 月学校获得辽宁省对外贸易经济合作厅批准成立"辽宁省对日服务外包人才培养基地"，主要面向企业开展对日服务外包人才培训；产学研合作，加强对日服务外包人才实践能力培养；加强国际交流合作，开展"4 + 1"对日服务外包人才培养；联合组建一批对日服务外包专业实验室；加强双语教学，突出日语能力培养地位。

4. 辽宁省对日服务外包研究中心

2010 年 4 月，辽宁省对外贸易经济合作厅批准学校成立"辽宁省对日服务外包研究中心"，填补了辽宁省专业性对日服务外包科研机构的空白。中心主要开展对日服务外包技术理论研究、建设对日服务外包网站、编辑服务外包刊物、撰写对日服务外包研究报告、开展对日服务外包技术培训研究、建立服务外包专家委员会等。

四、五年制双专业复合型软件人才培养效果与发展前景

学校率先在省内乃至全国进行"传统专业＋软件工程"复合型软件人才培养模式的研究与实践，得到了主管部门、专家和社会的高度评价和充分肯定。人才培养效果显著，主要表现如下：

（一）主要课程成绩

1. 公共基础课成绩好

公共基础课严格按教学大纲要求组织教学，严格教学过程管理，严格考核纪律，使学生基础课学习效果好，成绩比较稳定。

2. 外语应用能力强

学校通过加强双外语（英语、日语）日常教学，组织学生参加全国大学生英语竞赛、校英语技能大赛、英语角、日语比赛等外语学习活动，提高学生的外语应用能力，组织学生积极参加国家大学英语水平考试、日语等级考试等。例如，学生参加 CCTV 大学生英语演讲比赛并荣获辽宁赛区一等奖、参加大连首届阿尔派挑战杯 IT 英语辩论赛并在决赛中荣获最佳辩手称号等。

3. 实践能力强

学校通过改革实验教学方式，增加综合性、设计性和创新性实验，使学生实验操作能力和科学研究素质得到了提高；将专业认证纳入培养计划，例如将DB2、Websphere、Linux、AIX、Lotus 等 IBM 认证作为日常的教学；近年来累计进行了 4000 多人次的培训，平均通过率为 81％。

（二）学生创新能力强，综合素质高

学校积极鼓励学生参加科研和科技创新活动，设有大学生科技创新实践基地，有创新设计、数学建模、ACM 程序设计、虚拟公司创业和外语俱乐部等多

个方向和组织。

近年来，五年制双专业学生在全国节能减排竞赛、全国服务外包大赛、国家ITAT技能大赛、机械设计竞赛、"挑战杯"等国家、省和地区级重大科技创新竞赛中，充分验证了五年制双专业复合型学生较强的复合型专业特点和创新实践能力，发挥了双专业复合型的优势。其中"机械工程＋软件工程"专业学生团队的作品"风电混合动力娱乐车"获得全国节能减排社会实践和科技竞赛特等奖；"化学工程＋软件工程"专业学生的作品获得国家ITAT就业技能大赛一等奖；五年制双专业学生还获得全国服务外包大赛国家二等奖、全国数学建模竞赛二等奖、全国计算机仿真竞赛三等奖、全国IBM主机服务器技术应用竞赛第三名等奖励，共计获得国家级奖7项，省和地区级一、二等奖20项，其他奖项40余项。

（三）行业专家评价

2006年9月，教育部推荐的以北京大学软件学院院长陈钟教授为组长的核查评估专家组对大连交通大学软件学院进行了核查评估，专家组充分肯定了以下两点：①五年制双专业复合型人才培养的新模式，构建了较完善的课程体系，注重实践教学和双语教学，以服务区域经济和地方经济为出发点，强化日语教学，形成了自己的特色，具有一定的创新性；②积极开展国际合作，与国内外著名IT企业合作进行课程体系建设、教材建设、实验室建设和师资培养，并在多个企业建立了实践教学基地。

（四）用人单位评价

近三年来，学院对五年制双专业新生进行了随机调查，共发放调查问卷1307份，收回1158份，同时向学生家长致信。92.8%以上的新生对五年制双专业复合型培养模式认可；89.1%的学生家长认为复合型专业设置贴近社会需求。自2007年7月至今，学院已培养三届毕业生共2000多名，就业率均在90%以上，毕业生的质量受到了用人单位的肯定，五年制双专业复合型人才培养模式得到了社会与用人单位的认可。

（五）各级政府和社会媒体评价

教育部副部长、中共大连市市委书记、国家外国专家局副局长等领导都曾先后来学院视察，对五年制双专业复合型人才培养模式、办学特色给予了高度评价，并对学院的人才培养模式给予了大力支持。"五年制双专业复合型人才培养模式的研究与实践"于2009年获第六届辽宁省教学成果一等奖。近年来，《光明日报》、《大连日报》和大连电视台等多家媒体都对五年制双专业复合型人才培养模式进行了专题报道。

（六）企业捐赠和专项奖学金

1. IBM 公司捐赠

2005 年，IBM 公司为学校捐助了价值人民币 8989 万元的大型计算机系统 IBM eServer Z900。学校设立了大型主机技术方向，开设了大型主机系列课程，包括操作系统管理、汇编语言、COBOL 语言程序设计、DB2 数据库和 CICS 应用开发等课程。

2. 与国家外国专家局合作建立"中国国际人才交流基金会奖学金"

2009 年，在国家外国专家局的大力支持下，学院设立了"中国国际人才交流基金会奖学金"。奖学金每年 15 万元，用于奖励优秀学生和创新团队。奖学金的设立标志着双方的合作进入了一个全新的发展阶段。2009 年共有 20 名优秀学生获得奖励。

3. 与亿达集团合作设立"亿达专项奖学金"

2009 年，学院与亿达集团大连软件园合作设立"亿达专项奖学金"。奖学金每年 30 万元人民币，旨在培养德、智、体全面发展的 IT 人才，特别是品学兼优的学生。2009 年共奖励了 50 名同学。

五、五年制双专业复合型软件人才培养模式的特色

（一）提出"传统专业＋软件工程"五年制双专业复合型人才培养模式，实现人才培养模式的创新

学校提出了"构建双专业基础课程公共平台，以双专业主干课程链复合为交点，以信息技术与传统专业知识融合为基础，以双专业实践教学环节相综合为途径，培养具有双专业知识与能力的复合型人才"的改革思路，率先在国内进行"传统专业＋软件工程"的五年制双专业复合型人才培养模式的研究与实践。

培养方案中构建了一个公共平台、两条课程链、三个复合模块的课程体系，即一个公共基础课程平台，传统专业与软件工程两个专业主干课程链，课程、实践环节和毕业设计的三个复合模块。五年制双专业复合型人才培养模式按照两个专业主干学科专业知识的相关性，找准复合点，促进课程内容的合理融合、衔接；精心设计专业方向课程模块，实现传统专业知识与信息技术的融合，信息技术与工程技术的融合。

（二）强化"英语＋日语"双外语教学，实现复合型人才培养国际化

学校借助大连软件产业发展的优势，突出对日软件人才的培养，在加强英语教学的同时，规定修读 16 学分的日语课程。外语学习要求分别达到国家大学英语四级和日语三级水平，培养了学生双外语（英语、日语）应用能力。同时，软件工程专业 50% 的课程采用国外最新原版优秀教材并用双语教学。毕业生的外语水平与应用能力得到了外资企业的充分肯定与认可。

（三）深入开展多元化的校企合作，培养学生的实践能力

学校非常重视加强校企合作、产学结合，利用学校和企业各自优势培养社会急需的复合型人才。通过校企共建实验室、双导师指导毕业设计、请知名企业专家进课堂培养学生，同时在国内知名软件企业建设实践教学基地、让学生进入企业实习实训，并开展订单式人才培训。学生有一学期在企业实习，完成毕业设计，缩短了毕业生的岗位适应期。

大连交通大学经过 8 年探索和实践，将传统专业与软件工程交融，培养双专业复合型人才已成为学校办学中的一个突出特色。它是主动适应我国走新型工业化道路的要求，深化教育改革，为适应社会用信息技术改造传统产业的要求而在人才培养模式上进行的调整和创新。作为一所"以工为主"、"以轨道交通为特色"的学校，培养信息技术和传统专业相结合的复合型人才，保证学校的办学与地方经济发展的紧密结合，是学校坚持服务区域经济，坚持"特色兴校"的正确选择，同时也给学校服务轨道交通装备制造业的传统优势专业赋予了新的生命力。五年制双专业复合型软件人才培养模式的实践，不仅拓展了学校的办学空间，也提升了学校的社会影响力。

第三节　产学研合作特色化发展战略

一、产学研合作特色化发展的背景

大连交通大学的发展史就是一部产学研合作的历史，学校每一阶段的成长都得益于产学研合作的成功开展。建校多年来，学校坚持产学研合作，已先后与大连机车车辆有限公司、长春轨道客车股份有限公司、齐齐哈尔铁路车辆（集团）有限责任公司等近 40 家轨道交通装备制造企业，与大连机车研究所、株洲电力机车研究所、铁道科学研究院等研究机构建立了密切的产学研合作关系。1983年学校与大连机车车辆厂、大连内燃机车研究所等单位首创教学、科研、生产联合体，以联合体为主要组织形式，校、所、厂各扬所长，在科技上联合攻关，在

人才培养上共同协作，促进了科研、生产和教育事业的发展，受到国务院科技领导小组办公室、铁道部、辽宁省、大连市的高度评价。

人才培养、科学研究、生产制造相互促进的格局，决定了大连交通大学面向铁路行业三结合的办学传统和培养轨道交通装备制造业应用型人才的办学特色。三者相互联系、互为影响，使大连交通大学在 50 多年的办学历程中，无论是在隶属铁道部的岁月里"立足铁路"、"服务铁路"，还是在划归辽宁省政府管理后自主选择"发展铁路市场"的服务定位，都始终如一地以服务轨道交通装备制造业为宗旨，大连交通大学在为中国机车车辆制造行业服务的过程中形成了独一无二的比较优势。

随着高等教育管理体制改革和科技、社会的不断发展，大连交通大学轨道交通特色应用型人才培养面临着良好的机遇与严峻的挑战。第一，2000 年学校划转到辽宁省政府管理，随着学校隶属关系的改变，学校的经费来源、发展空间、科研方向等都发生了变化，使得大连交通大学与原有的铁路工厂之间的合作关系没有了行政干预约束。面对开放性市场，学校如何继续充分发挥传统轨道交通特色与优势，在人才培养、科技服务方面继续为行业发挥作用；在没有行政隶属关系的新形势下，学校如何才能和中国机车车辆制造企业建立新型的产学研合作关系，是学校急需解决的问题。第二，大连交通大学始终致力于培养具有社会责任感、基础扎实、知识面宽、富有创新精神与实践能力的应用型高水平专业人才。因此，学校必须进一步优化师资素质结构，提升教师的实践教学能力，优化人才培养方案、教学内容，加强学生的实践教学，拓展毕业生就业渠道，等等。这些都要求学校不断加强与企业的合作。第三，"十一五"期间，以高速、重载、快捷、电气化改造为标志的铁路跨越式发展，尤其是时速 200 千米、350 千米动车组的引进、消化、吸收和再创新，对中国轨道交通装备制造企业提出了新的要求。与此同时，为贯彻党中央振兴东北老工业基地的战略，辽宁省提出建立现代装备制造业基地，大连市提出建立机车及交通运输装备、通用机械及基础部件、重型装备产业集群等发展规划，为轨道交通装备制造企业带来了机遇。大连交通大学与代表世界一流水平的先进轨道交通装备制造企业有着长期的合作关系，这给大连交通大学的传统轨道交通优势带来了新的机遇和挑战。基于此，从 2005 年开始大连交通大学在延承传统的同时，本着"以服务求支持，以贡献求发展"的原则，积极探索，形成了多层次、多元化的产学研合作格局。同时，2006 年国家科技工作大会明确提出：建设创新型社会，坚持以企业为主体，市场为导向，走产学研相结合的道路。国家的大政方针更加坚定了学校继续加强产学研合作的信心。

二、产学研合作特色化发展的实践

(一) 多元化校企合作

1. 以项目为主导的产学研合作模式

2005 年 7 月以来,学校主动出击,与多家国内知名企业、研究机构建立了新的产学研合作关系,先后签署校企合作协议共 27 个。合作内容主要有学校为企业输送人才、学校为企业提供科技服务、企业为学校提供实习基地等,并以科技服务为合作核心这种合作模式被称为"以项目为主导的产学研合作模式"。

2. 产学研联合体及产学研联盟

2005 年 7 月,为解决引进、消化、吸收法国阿尔斯通公司时速 200 千米高速动车组生产过程中的关键技术问题,增强自主研发能力,大连交通大学与长春轨道客车股份有限公司共同组建现代轨道交通研究院,集校企双方科技人员的优势,以解决产品关键技术问题为牵引,形成多学科联合攻关团队,并建立人才双聘机制,设备资源共享,使原先的委托关系变成紧密的产学研联合体。现代轨道交通研究所成立 3 年以来,先后组织了 51 项攻关课题,并逐一顺利完成,大大提升了校企双方人员的科技创新能力。

在长期以项目为主导的合作基础上,2008 年 3 月,为实现资源共享,构建教学、科研、生产、培训为一体的创新基地,大连交通大学与齐齐哈尔铁路车辆(集团) 有限责任公司共建了"铁路货车重载、快捷工程技术研究院"。2008 年,24 项联合攻关项目全面启动;2009 年,双方从新工艺新产品、货车技术、规范标准及基础理论方面分四个层次开展更深层次的合作,又启动了 15 项联合攻关项目,其中校企双方达成共识,在基础理论方面,特别是在货车强度设计、刚度设计、疲劳设计、可靠性设计、动力学性能方面展开研究,力争在世界范围内达到基础理论研究的制高点。

2005 年 9 月,大连交通大学与大连机车研究所合作成立专业学位培养培训基地;2006 年 3 月,签订校企合作协议并共建内燃机车技术研发平台,并由研究所提供设备共建了摩擦磨损及疲劳强度研究所。

3. 政产学研联盟及虚拟研发联盟

产学研合作的有效开展,赢得了社会的充分认可和支持。大连市政府高度赞誉大连交通大学的产学研合作发展,2006 年批准成立"大连市交通运输装备及配套产品技术研发中心"、"大连市现代轨道交通工程研究中心"。辽宁省于 2007

年批准大连交通大学成立"辽宁省现代轨道交通工程技术研究中心"。

为充分发挥学校在热加工工艺方面的传统学科优势，更好地为辽宁省振兴现代装备制造业服务，学校向辽宁省政府申报并获批成立"辽宁省重大装备热加工工艺工程技术中心"，形成虚拟研发联盟。2006 年 9 月，大连交通大学与中国北车集团建立了"虚拟产品开发技术平台"，该平台于 2009 年 3 月被大连市批准为"大连市复杂装备虚拟样机技术工程研究中心"。

2004 年，大连交通大学与大连华信计算机技术股份有限公司开始在人才培养和科研方面开展合作。该公司专门从事计算机应用软件开发、大型数据库开发、网络系统开发和系统集成业务，是中国软件外包服务规模最大、出口创汇最高的公司之一。2009 年 5 月，学校经辽宁省发改委批准，成立"辽宁省轨道交通装备制造业信息化工程研究中心"，该中心紧紧依托大连交通大学传统轨道交通优势，并与信息化相融合，独具特色。

学校依托政府建立的这些科技研发平台，为辽宁省轨道交通装备制造与行业的自主创新提供技术、信息、产品性能检测和重大项目的人力支持。同时，学校直接与企业合作，解决企业生产中的技术问题，深受企业的欢迎，许多企业主动带着课题与学校合作。因此，这些平台成为大连交通大学与企业固定的产学研合作平台，标志着大连交通大学的产学研合作进入新的阶段。

（二）产学研跨国合作实践

2006 年 4 月，大连交通大学与俄罗斯科学院西伯利亚分院固态化学与机械化学研究所、阿依艾工程软件（大连）有限公司共同组建了"大连交通大学中俄科教中心"，形成了一个典型的国际产学研合作模式。2006 年 6 月，大连交通大学与美国 UGS 公司合作，成立大连交通大学 UGS 客户体验中心，该公司免费赠送大连交通大学价值约 600 万元的软件用于科研和教学。大连交通大学载运工具先进技术工程研究中心与美国莱特州立大学团队合作，对方提供技术支持，帮助大连交通大学建立了具有世界先进水平的并行计算环境（PC Cluster），目前双方在学术交流、技术开发等方面已展现出美好前景。

2007 年 6 月学校与新加坡罗德里工程公司合作，创建了新加坡罗德里·大连交通大学大连国际培训中心，该项合作得到了两国政府的重视，时任新加坡教育部部长、财政部第一副部长尚达曼先生和大连市市长都出席了成立仪式。新方投资 1000 多万，购置了先进、配套的工程训练仪器设备，招收机械、材料等专业的本专科学生。学生通过培训后，可直接获得新加坡的工作许可，为大连交通大学毕业生提供了一个新的就业渠道。同时，该中心也成为大连交通大学学生工程训练的教学基地。

（三）校内产学研一体化实践

1. 教育部连续挤压工程研究中心

宋宝韫教授领导的"连续挤压工程研究中心"是产学研一体化的典型模式。该中心创建于 1985 年，20 多年来一直从事铝材、铜材连续挤压技术和装备的研发和产业化，其研究水平处于国内领先地位，并已达到国际先进水平，成为国际上除英国一家公司之外第二个全面掌握这方面关键技术的单位。

20 多年来，连续挤压工程研究中心走过了一条消化吸收—集成创新—自主创新的道路，在连续挤压所涉及的各个制造领域均实现了技术突破，并拥有自主知识产权，将连续挤压的核心技术牢牢地掌握在自己的手中；在研究过程中，先后出色地完成了国家"七五"重点科技攻关、国家"八五"重点科技推广、国家自然科学基金、国家"863"计划、省部级计划等近 20 个政府资助的科研项目，在国际和国内学术刊物上发表论文 150 余篇；先后推出了 18 项新技术，填补了国内空白，推动了有色金属加工业、线缆制造业、变压器制造业的技术进步。

2006 年，中心被确立为教育部立项建设的工程中心，学校不断完善中心的运行体制和机制，实现人才培养、科研和产业功能三者合一。目前，中心已生产连续挤压设备 400 多套，出口到欧、美、亚等洲的 20 多个国家，产生直接经济效益 10 多亿元，社会效益 400 多亿元，成为世界顶级的连续挤压技术和设备供应商，为学校和国家争得了荣誉。"铜材连续挤压技术和设备"研究成果荣获国家科技进步二等奖 1 次、三等奖 2 次，省部级科技进步奖 8 次。这一自主知识产权成果实现了有效的技术转移，实现了产业化，打破了国际垄断。2009 年 7 月21 日该中心已正式通过教育部的审核验收。

2. 辽宁省无机超细粉体制备及应用重点实验室

高宏教授领导的"精细陶瓷工程研究中心"成立于 1995 年，其研究成果"化学法超纯纳米陶瓷粉体材料制备技术"由校办企业——大连瑞尔高技术公司承接，成立了大连交通大学控股的瑞尔精细陶瓷有限公司。2007 年，该中心被批准为"辽宁省无机超细粉体制备及应用重点实验室"，通过进一步完善体制机制，成为产学研一体化的教学科研机构。

15 年来，该实验室在科研方面与国内外教学科研单位和企业合作，主要开展了化学法超纯纳米陶瓷粉体材料制备技术、仿生无毒舰船防污涂料、复合纳米粉体提高金属材料强度与耐腐蚀性研究、三次采油天然柔性调剖剂技术和可加工玻璃陶瓷等方向的研究工作；在教学方面，共培养博士研究生 12 名、硕士研究生 18 名、本科生 100 余名；在高科技产业化方面，与大连瑞尔高科技产业公司和大连新俄科技有限公司等企业合作，实现了"超纯纳米氧化铝粉体"、"仿生无毒舰船防污涂料"和"贵重金属离子电化学法再生回用"等技术的产业化。

实验室先后承担和完成了国家"863"项目，国家级、省部级计划项目，企业委托研究项目等 40 余个，发表学术论文 30 余篇，获得国家专利 5 项，制定国家军用标准 1 项，通过达国际领先水平的技术鉴定的成果 3 项，获省市级科技进步奖励 5 项，产生的直接、间接经济效益达 4000 余万元。

3. 辽宁省高校光电材料与器件工程技术研究中心

2004 年 6 月，大连交通大学引进并聘任日本 ULVAC Materials Inc 特聘研究员柴卫平为材料科学与工程学院特聘教授、博士生导师，柴卫平教授多年从事平板显示器用透明电极材料及其器件工艺的研究与开发，拥有 9 项国际专利。

2006 年 1 月，柴卫平教授领导的光电材料与器件研究所引进风险投资建设 ITO 靶材实验室。实验室以国家需求为牵引，面向世界光电科技领域发展前沿，以坚持科研、产业共同发展为理念，重点开展与光电器件相关的、有直接应用前景的基础性、前瞻性的高技术研究和以应用为主的创新研究。实验室具有完善的材料制备和先进的材料评价与性能表征设备，下设材料制备、薄膜材料与器件、材料表征三个研究室。主要研究方向为薄膜材料与器件——平板显示器、太阳能电池、其他光电薄膜；材料合成与制备——功能纳米粉体、导电浆料、发光材料。2008 年 9 月，实验室成功研制高品质 ITO 靶材，目前正在推进其产业化。实验室也将成为集人才培养、科研和产业化三个功能合一的产学研一体化机构。2009 年 3 月，实验室被确定为"辽宁省高校光电材料与器件工程技术研究中心"。

研究所成立两年来，承担了国家级、省级和市级多项基金项目。2007 年 1 月，研究所与吉林汇金科技有限公司合作，建立了研发中心，主要从事高品质 ITO 靶材的研发和中试。2008 年 6 月，研究所与蚌埠玻璃工业设计研究院开展相关产业技术合作，旨在促进太阳能电池及相关领域的功能薄膜材料、薄膜器件工艺及装备、合金与陶瓷靶材等技术在薄膜太阳能电池行业的工程化技术研发和产业化推广。研究所广泛开展国内外学术交流与合作，并与国内外相关企业建立了战略伙伴的合作关系，促进了高新技术项目的产业化发展。

4. 国家技术转移示范机构

大连交通大学现代轨道交通研究院成立于 2005 年 11 月 18 日，本着"以服务求支持、以贡献求发展、以特色求突破"的理念，紧紧抓住了中国铁路跨越式发展和振兴东北老工业基地的战略机遇。依托现代轨道交通研究院，学校申报了国家技术转移示范机构。2009 年 9 月 29 日，科技部公布了第二批国家技术转移示范机构的名单，大连交通大学现代轨道交通研究院榜上有名。

截至公布日，全国共有 134 家机构获批国家技术转移示范机构，首批 76 家，包含 19 所高校技术转移机构，其中"211"工程高校 17 所（其中"985"工程高校 13 所），非重点高校 2 所；第二批 58 家，包含 16 所高校技术转移机构，其中"211"工程高校 13 所（其中"985"工程高校 7 所），非重点高校 3 所。在辽宁省高校技术转移示范机构中，获批的为大连理工大学技术转移中心有限公司、东北大学技术转移中心和大连交通大学现代轨道交通研究院。

国家技术转移示范机构是以拥有人才和技术优势的部分高校为依托，组织和整合高校高技术研究开发资源与产业相结合，推动先进技术向企业生产领域的转移，加速科技成果转化和高新技术产业化国家基地建设。国家技术转移示范机构作为组织和整合高校科技资源的机构，主要担负五大任务，即开发和推广共性技术，推动和完善企业技术创新体系建设，促进高校科技成果的转化及技术转移，加强国际技术创新合作，为企业提供综合服务。其主要的工作要求是：按照中介机构的方式运行，在实践中不断探索国家技术转移示范机构的运行机制和发展模式；充分利用现有技术优势和科技资源，在科技成果转化和产业化方面积累成功的经验；形成共性、关键性技术的开发和扩散的有效机制；在充分发挥自身综合优势的同时，与其他高校和中介服务机构进行广泛的合作，为企业技术创新提供良好的服务，并对其他高校科技资源进入企业起到示范和导向作用；培育专业化技术转移人才队伍。

大连交通大学现代轨道交通研究院自成立以来走过了一条从校企合作到官产学研合作直至纳入国家技术创新体系的发展道路，这次成为我国铁路行业及相关领域技术转移的首批示范机构，必将为大连交通大学产学研合作的快速发展奠定坚实的基础。

三、产学研合作特色化发展的成效

（一）经济效益

产学研合作使大连交通大学获得了更多财政上的支持。近 5 年来，大连交通大学现代轨道交通研究院先后与国内十几家知名企业、科研院所建立了科研合作关系，签署了 27 份校企合作协议，实现技术转移项目 207 项，技术转移服务金额达 3000 多万元，争取到的各级政府的资金支持达 4190 万元，企业设备支持总额达 2360 万元。

（二）综合办学实力显著提升

产学研合作有效地促进了学校综合办学实力的提高。1998 年和 2000 年，学校分别获得机械制造及其自动化学科和材料加工工程学科博士学位授予权；2004

年学校更名为大连交通大学；2006 年 10 月学校顺利通过教育部本科教学工作水平评估并获得优秀，产学研合作被确定为学校的办学特色；2007 年，机械工程、材料科学与工程两个一级学科被批准设立博士后科研流动站；2008 年，机械工程、材料科学与工程获批辽宁省一级重点学科，10 月学校获批建设省级大学科技园。机械工程及自动化、车辆工程、材料成型及控制工程、土木工程等 4 个专业被评为国家第一类特色专业建设点。

（三）构建具有优势与特色的公共服务平台

产学研合作有力地推动了大连交通大学科研基地和创新团队的建设，2005 年以来，大连交通大学获批辽宁省创新团队 3 个、省级工程中心及重点实验室 9 个、省级高校工程中心及重点实验室 5 个、省级社科研究基地 1 个、市级工程中心 2 个。

为了适应产学研合作的需要，学校十分重视创新基地和团队的建设，以研究方向作为创新基地和团队建设的基础，形成模块，根据要解决的产品的关键技术问题需要，在学校层面进行多团队组合，即模块拼装，形成多学科联合攻关的优势。2008 年学校重新梳理和整合了创新基地和团队，2009 年校级创新团队和基地共有 34 个。

学校坚持分类指导的原则，虽然学校整体以教学型为主，但鼓励一些学院积极开展科研工作，搭建服务轨道交通的特色创新平台，尤其鼓励以学科专业、学位点、学术梯队、实验室"四位一体"模式进行产学研一体化建设。

（四）促进应用型人才培养水平的提高

1. 产学研合作孕育人才培养的特色文化

大连交通大学建校之初坚持严格的管理、铁的纪律、严密的组织的"铁路传统"和勇往直前的"铁路精神"。这些校园文化形成了一个强大的"文化效应场"，渗透到人才培养的各个环节，激发了师生严谨求真、自强不息的精神，成就了大连交通大学毕业生扎根基层、踏实肯干、适应能力强、下得去、留得住、干得好的优秀品质。尽管学校离开了铁道部，但通过产学研合作，特别是现场实训、"双师型"师资队伍建设，传承了特色校园文化精神。

2. 产学研合作促进人才培养方案与教学内容优化

中国高速动车组、城轨高速铁路采取的是引进消化吸收和再创新的跨越式发展战略。中国铁路的跨越式发展急需适合中国国情的轨道交通专业人才，为加强人才培养的针对性，与社会需求实现对接，学校聘请了一些轨道交通行业的杰出技术骨干作为教学指导委员会成员，如牛得田、刘作琪、余卫平等，校企共同探讨人才培养方案和优化教学内容。

2008 年学校增设了动车组专业方向，2009 年增设了城市轨道交通专业方向，继续保持大连交通大学在中国轨道交通装备制造业中人才培养中国高校领先的优势。

3. 产学研合作培育"双师型"师资队伍

学校通过与代表世界一流水平的轨道交通制造企业的合作，搭建了多形式、多层次、多元化的产学研合作平台，形成了"双聘"机制，构建了一支"双师型"师资队伍。学校聘请来自大连机车车辆有限公司、长春轨道客车股份有限公司、唐山轨道客车股份有限公司等企业的 130 多名兼职教师走向讲台，把企业最先进的知识带进课堂，传授给学生。2005 年 7 月以来，学校共派两批 8 人次参加国外企业培训；同时，学校要求新教师下厂实习一年，青年教师必须定期下厂参加半年左右的劳动实践等；从而培养出了一批具有工程背景和实际项目工作经验、理论基础扎实、实际动手能力突出的工程师型教师，优化了师资队伍结构。

在毕业设计指导过程中，学校探索毕业设计"双导师制"，由校内导师和具有工程实践经验的企业导师共同指导学生；完善了包括前期培训、过程管理、规范答辩等环节，形成完备的毕业设计体系。学生在导师的指导下，参与企业的实际项目开发，独立解决企业某个实际问题，掌握项目开发的方法和技术，学习企业中的管理流程、交流技巧和工作方式，缩短了学生毕业后进入企业的适应期。经过两年的探索，毕业生中已有 10% 的学生采用了双导师制，效果良好。

4. 产学研合作搭建实践教学平台

为适应现代轨道交通装备制造业发展的要求，强化学生的实践能力和职业技能，适应国内不断增长的人才需要，近年来，学校先后与大连机车辆有限公司、大连华信计算机技术股份有限公司、齐齐哈尔铁路车辆（集团）有限责任公司、青岛软件园等软件企业和轨道交通装备制造企业建立学生校外实习基地，为培养具有实践经验的应用型人才奠定了坚实的基础。学校积极启动学生校外实习计划，在完善的质量保障体系下，由学校和企业共派教师指导学生实习。

2005 年以来，长春轨道客车股份有限公司、大连机车研究所、UGS 等企业捐赠疲劳试验机、ICP 差热仪、转向架等设备和软件，通过官产学研合作提供平台和资金支持，为人才培养提供条件。

学校建立了 IBM 认证考试中心，该中心是全球最大的两家专业化考试服务提供商 VUE、PROMETRIC 的授权固定考试中心。大连交通大学于 2004 年获得 IBM 一级合作学校称号，2007 年获得 IBM 高校合作奖。学校开展了华为 3COM 网络工程师认证培训，2005年累计培训学生1300人，考试通过率为94%。学校还注重大学生科技创新平台建设，积极组织学生参加IBM主机技术竞赛等各类科技创新活动，并取得了较好的成绩。

四、产学研合作特色化发展的理论成果

在产学研合作实践的基础上，大连交通大学积极开展产学研合作的理论研究，成立了以葛继平教授为首的产学研合作创新团队，2009年被辽宁省教育厅批准为辽宁省高校产学研合作研究创新团队。在辽宁省教育厅领导的关心和支持下，团队取得了快速发展。

团队由经济学、管理学、教育学专业的教师组成，共24人。其中教授6人，副教授9人。创新团队应用经济学、管理学、教育学等学科的知识，研究产（企业）、学（高校）等个体发展及相互合作的有关理论和实践问题；旨在为国家、省政府及企业决策提供参考；为学校产学研合作实践提供政策、理论支持；为管理学学科建设和学位点建设服务。

2005年以来，团队共承担课题180余项，包括国家软科学项目"城市轨道交通车辆产业集群发展战略研究"、国家社科基金"推进信息化与先进轨道交通装备制造业融合的理论与实践研究"；全国教育科学"十一五"规划课题"围绕人才培养体系，构建产学研合作教育模式的研究与探索"；辽宁省政府重大专项课题"原中央部委属本科院校划转到辽宁省的发展策略研究"等。团队结合案例分析集中探讨"以项目为主导的产学研合作模式"的成因、经济效益及成功经验；研究产学研联合体或产学研联盟的经济学分析、伙伴选择、组织模式选择，以及联盟治理结构；研究官产学研联盟促进区域经济发展的机理、路径及策略；研究虚拟产学研联盟中政府、中介等相互作用机制及联盟模式下的企业成长；研究行业划转院校在产学研合作中与区域经济协同发展等。团队公开发表相关研究论文240余篇，被三大科技文献检索系统收录的论文50余篇。团队获辽宁省教学成果奖一等奖1项，辽宁省哲学社会科学二等奖1项，辽宁省教育科学优秀成果奖一等奖7项、二等奖8项、三等奖3项，中国高等教育高峰论坛论文一等奖1项、二等奖2项、优秀奖2项，达到国内先进水平。2009年11月大连交通大学被中国产学研合作促进会授予"中国产学研合作先进单位"称号。

五、产学研合作特色化发展的创新之处

（一）人才机制创新

大连交通大学打破了传统的人才使用观念，集校企双方科技人员的优势，以

解决产品关键技术问题为牵引，形成多学科联合攻关团队。面对校企双方急需的高端人才，启动"双聘"人才引进方法，即校企双方急需引进的高端人才同时具有双重身份，既是学校的教授，又是企业的工程师，校企同时为其提供相应的待遇。在现代轨道交通研究院的各个研究所所长中，既有学校的教授，也有企业技术人员。学校教师的基础理论较为扎实，企业人员的实践经验十分丰富，二者结合，充分发挥了校企合作的人才优势。

同时大连交通大学还为产学研合作制定了"科研特区"政策，无论是在教师科研工作量的考核方面，还是人才引进方面，学校都给予合理倾斜，真正做到了事业留人、待遇留人、感情留人。

（二）设备整合机制创新

大连交通大学在产学研合作过程中，坚持"不为所有，但为所用"的原则，在与长春客车股份有限公司、大连机车车辆有限公司等企业的合作中，充分整合校企双方的设备资源，从使用功能上达到互补，合理回避了资产归属性的矛盾。

（三）跨地域、跨行业合作机制创新

大连交通大学把国际交流与合作作为产学研合作的重要部分，解放思想，大胆探索，结合自身特点寻求跨国合作的共同利益，探索产学研合作的新模式，并取得可喜的成果。

六、产学研合作特色化发展的展望

（一）积极推进大学科技园建设

2009 年 7 月 10 日，大连交通大学教师代表大会正式通过在旅顺征地进行大学科技园建设的决议。按产学研一体化思路、商业化模式、资本化融资，促进大连交通大学科技成果集群转化，把大连交通大学大学科技园建设成高新技术产业的孵化器和辐射源，集中学校所有知识、资源进行技术创新的整合；以技术研发、中试和产业化平台集聚、培养创新创业人才；孵化企业的收益"反哺"科研教学，促进学科发展；推动学校管理方式变革，促进产学研联合的制度创新；为地方经济服务，共同开发新产品、新工艺、推动技术改造和产业升级的辐射。

1. 连续挤压产学研一体化

规划在大学科技园建设教育部工程中心、中试基地和产业基地，形成这一领域研发和创新型人才培养基地，产业通过扩能后预计年产值将达到 3 亿元。

2. 超细粉体产学研一体化

规划建设辽宁省重点实验室，并将中试基地和产业基地置于大学科技园内，预计扩能后年产值将达到 1 亿元。

3. 轨道交通装备制造产学研一体化

中国北车集团将在大连建设国内最大的轨道交通装备与通用动力研发制造基地，构建一流的铁路客车、货车、机车、城市轨道交通公共技术研发平台。大连交通大学将积极争取纳入中国北车集团创新体系，共建一流的机车、客车、货车和城市轨道交通的公共技术服务研发平台，力争在高速列车基础理论及应用研究方面进入中国高校前三名行列。

（二）积极参与国家创新体系建设

《国家中长期科学和技术发展规划纲要（2006～2020）》明确提出，深化科技体制改革的目标是推进和完善国家创新体系建设。国家创新体系是以政府为主导，充分发挥市场配置资源的基础性作用，各类科技创新主体紧密联系和有效互动的社会系统。现阶段，具有中国特色的国家创新体系建设重点一是建设以企业为主体、产学研相结合的技术创新体系；二是建设科学研究与高等教育有机结合的知识创新体系；三是建设军民结合、寓军于民的国防科技创新体系；四是建设各具特色和优势的区域创新体系；五是建设社会化、网络化的科技中介服务体系。

近年来，大连交通大学通过产学研合作积极参与到国家创新体系建设中。经过几年的建设，学校已经建立了国家技术转移示范机构和多个省部级、市级、校级的研究中心。连续挤压工程研究中心和铁路货车重载快捷工程技术研究中心也要努力建设为国家级工程研究中心。最终形成国家、省市、学校三层研究平台，更好地为国家科技创新服务。

1. 冲击国家级连续挤压工程研究中心

宋宝韫教授领导的教育部"连续挤压工程研究中心"在工业领域填补了国内空白，成为国内领先，并已达到国际先进水平；将在产学研一体化的道路上继续探索，冲击国家级连续挤压工程研究中心。

2. 冲击国家级铁路货车重载快捷工程技术研究中心

"铁路货车重载快捷工程技术研究中心"通过在铁路货车特别是围绕其强度设计、刚度设计、疲劳设计、可靠性设计、动力学性能方面研究的开展，填补了国内空白，打破了国际垄断，力争在世界范围内达到基础理论研究的制高点。

第四节　国际化发展战略

大连交通大学的国际合作与交流工作始于 1980 年，是伴随着改革开放的步伐而发展起来的。国际合作与交流工作从一开始就定位在为学校的教学、科研服务，为国家和地方的经济发展做贡献，从引智入手，进而发展到合作人才培训、合作办学、合作研究等各种合作形式。到目前为止，学校先后与日本室兰工业大学、日本岩手县立大学、俄罗斯科学院西伯利亚分院固态化学与机械化学研究所、俄罗斯远东国立交通大学、澳大利亚拉筹伯大学、澳大利亚爱恩国际教育集团、美国狄克森州立大学、美国莱特州立大学、新加坡罗德里工程有限公司等 28 所大学、科研院所签署合作协议，开展学术交流工作。到目前为止，学校共聘请来自十几个国家的近 1000 名外籍专家、教师和各类人士来校任教和访问交流，招收 9 个国家和地区的近 2000 名留学生来校学习汉语。特别是近十几年来，大连交通大学的国际化发展战略成效显著，在人才培养、学术交流、互派留学生、科研合作等方面取得了突出进展，建设了一批具有特色的国际化项目。

一、面对经济全球化，积极开展中外合作办学

中外合作办学产生于 20 世纪 80 年代初，于 20 世纪 90 年代初步形成，是中国改革开放后教育领域出现的新生事物，也是一种新的教育形式。十几年来，中外合作办学得到了迅速的发展，与公立高校、民办高校共同构成了中国高等教育的新格局，如今已成为中国高等教育国际交流与合作的重要形式之一。20 世纪 90 年代末，中国高校还没有进行大规模扩招，高考录取比例较低，有限的高等教育资源无法满足广大民众求学的愿望，中外合作办学在某种程度上满足了家长和学生的这一需求。尤其是中国加入 WTO（世界贸易组织）之后，中外合作办学对于丰富多样化的教育需求，促进中国高等教育走向世界产生了深远的影响。大连交通大学及早地抓住了这一机遇，1998 年 7 月经辽宁省教育厅正式批准，大连交通大学与澳大利亚拉筹伯高等技术学院合作创建了大连交通大学拉筹伯高等技术学院，2002 年 10 月更名为大连交通大学爱恩国际学院，它是辽宁省最早采用中外合作办学模式的学院，成为国际教育办学的高校项目之一。在教学上，大连交通大学积极引进国外的优质教育资源及先进的办学理念与管理模式，采用"专业＋英语＋现代化技能"的复合型培养模式，突出英语、计算机应用技能的培养，注重学生的实践能力与应用能力，培养具有国际视野、懂得国际运作规则的、具有竞争力的国际化人才。

（一）办学思路

爱恩国际学院自创办以来，紧跟高等教育国际化的发展趋势，解放思想、更新观念，积极探索与实践国际化的人才培养模式，不断理清办学思路，确定科学、合理的国际化人才培养目标。

1. 设计科学合理的中外合作办学模式

经过几年的中外合作办学探索与实践，爱恩国际学院已构建了三种比较适合中国国情的中外合作培养国际化人才的办学模式。

（1）中澳双学士（"3+2"）项目。中澳双学士（"3+2"）项目创办于2000年9月，开设的专业是计算机科学与技术、会计学专业。该项目是大连交通大学与澳方多所公立高校合作办学的品牌项目，参加该项目的学生先在国内学习三年，第一年强化外语并进行雅思培训，总学时三分之一的课程由澳方高校授课，双方共同制订教学大纲，教学计划，学分互认。后两年在澳方高校学习，全程毕业成绩合格者获得中澳双方的学士学位。

（2）中澳高职（"3+0"）项目。中澳高职（"3+0"）项目于2003年秋开办，开设的专业是计算机软件技术专业。这一合作是与澳大利亚北墨尔本高等技术学院的合作项目，主要是基于澳方在高职培养方面有较先进的办学模式与注重实践动手能力的培养。参加该项目的学生在国内学习三年，双方共同制订教学计划，学分互认，澳方负责外语强化与总学时三分之一的专业课程任务。完成全部课程且成绩合格者，由中澳双方颁发高职证书，同时还可赴澳学习两年攻读本科学士学位。

（3）非学历教育专科学士连读（"3+2"）项目。非学历教育专科学士连读（"3+2"）项目于1998年秋开办，开设的专业是计算机软件技术、国际商务会计专业。该项目是与澳大利亚拉筹伯大学、北墨尔本高等技术学院的合作项目，主要是针对每年高考没考上大学而又极其渴望接受高等教育与国际化教育的高考落榜生。参加该项目的学生在国内学习三年，国外学习两年，成绩合格者由澳方高校颁发学士学位证书。国内的三年学习采用"1+2"制（一年进行英语强化学习，两年进行专业学习；符合条件者到澳大利亚进行为期两年的学士学位学习）。学生在国内学完三年课程，成绩合格者，由澳方高校颁发大专证书。

这三种合作办学模式在实践中受到了普遍欢迎，得到了学生及家长的认可，比较适合中国高等教育国际化发展的现实。这类办学模式的优点在于能使学生的外语水平得到很大提高、基础知识的掌握更加牢固，能够利用国外的教学方法和先进的实验设备，极大地提高学生的创新能力和综合素质，并使学生掌握更新、更丰富的专业知识，接受跨文化的混合教育，从而达到国际认可的教学质量，最终使学生成为能够融合中西方文化，掌握国内外先进的技术和管理知识，精通外语的国际型人才。

2. 积极吸收国外先进的办学理念及管理模式

爱恩国际学院十分注重开展广泛的国际交流与合作；1998 年与澳大利亚拉筹伯大学、北墨尔本高等技术学院合作；2001 年与澳大利亚爱恩国际教育集团的 5 所大学合作；2003 年又与澳大利亚斯文本大学、阿德雷德大学，英国曼彻斯特都市大学、布鲁内尔大学、密德萨斯大学，美国莱特州立大学合作，取得了良好的效果，为学生出国留学提供了更加广阔的空间。近 10 年来，本科合作项目促成 238 名学生出国继续攻读本科及研究生学位，留学生遍布在澳大利亚、英国、美国、新加坡、马来西亚等十几个国家。

3. 中外双方共同制订全程教学计划

为努力体现先进性和国际性的办学特色，实现中外合作办学项目的全程接轨，大连交通大学以双方合作高校的教学计划为依据，结合中国高等教育的特殊要求，编制全程教学计划，并多次征求合作高校的建议和意见，反复修订，逐渐形成了体现合作办学双方教学要求和融入国外先进教育理念、教育方式的中外合作办学项目全程教学计划。

（二）办学特色

大连交通大学融合东西方先进的教育思想，整合中外优质教育资源，采用了中外合作办学"两段式"培养模式，突显并发挥双方高校的特色和优势，既体现了国内大学厚基础、宽专业的传统，又秉承了国外高校理论联系实际、强化应用能力训练的特色。牢固树立国际教育理念，把握中外合作办学方向，引进国外教材和教师，培养懂专业，计算机、英语能力强，具有创新精神的国际化、复合型人才，把爱恩国际学院建成国内知名、省内一流的中外合作办学单位是大连交通大学的奋斗目标。

1. 实现优势互补，突出办学特色

爱恩国际学院于 1998 年开始与澳大利亚拉筹伯大学合作办学，先后与澳大利亚、英国、美国、荷兰等多所高校签署合作协议并开展校际交流。办学中以中国优质教育为主体，引进合作伙伴优秀教育资源，采用"3＋2"两段式培养模式。

（1）两段式教学。第一阶段（第 1~3 学年）学生在大连交通大学学习（英语强化、专业课、专业基础课等，总学时三分之一的课程由澳方教师承担）；第二阶段（第4~5学年）学生可以选择到国外高校继续学习（雅思成绩须达到6分及以上），或回学校有关院系继续学习。对选择出国的学生，学校有畅通的出国留学渠道。

（2）双方互认学分。双方优势互补，友好合作，共商教学计划，在课程安排、教材内容上采用中西合璧方式，互相承认课程学分。

（3）双方颁发文凭。学生按规定修完所有课程，全程成绩合格的毕业生，可获得澳方高校颁发的证书、学士学位，以及大连交通大学颁发的本科毕业证书和学士学位证书。

（4）双语及英语教学。第一阶段强化英语，全面提高学生英语水平，使他们掌握扎实、灵活、熟练的英语知识和英语运用能力。基础课和专业课主要采用汉语和英语双语教学，外方专业课全部采用英语教学，英文原版教材，学生需用英语完成作业，考试等。渐进式的中英文双语和全英文专业课教学，为学生出国继续学习专业课的自我适应起了过渡的桥梁作用。

（5）严格依法办学。大连交通大学坚持从严治校、从严治学的方针，以人为本，强化管理，为学生营造良好的学习氛围，提供高质量、高水平的国内学习、国外留学等全方位服务。

中外合作基础良好。大连交通大学在和澳大利亚高校七年的友好合作与交流中，学校和学院领导、教师互访频繁，彼此了解、信任，并相互促进发展。

2. 实施目标培养，提高应用能力

大连交通大学在英语教学中引进国外 ESL 教学体系，实施英语分级教学，目标培养，创建了英语教学品牌。学校遵循现代外语教学规律，扬弃、超越传统的教学思想，改革英语教学模式和教学方法，在教学中采纳灵活多变的教学方法，注重学生的自主学习、个性化学习，着力培养学生的英语综合应用能力，尤其是听说能力，为他们的继续学习和社会工作打下坚实的基础。

（1）以学生为中心，使习者有所为。学校根据学生英语水平的差异和就业前景的不同等实际情况，实施分级教学和目标培养。学校对不同层次的学生规定不同的教学内容并提出不同的要求，有的放矢、科学合理地制订培养计划和教学安排。中外教师共同授课，合理安排教学内容。高效、灵活多变的教学模式，使学生接受到最好的英语培训，学有所得，学有所值。

（2）开展多样化、有针对性的开放式教学形式，着重培养学生的语言综合应用能力和自主学习能力。学校采取大班授课，小班操练的原则；将知识与实践相结合，课上教练和课下学练相结合；增加师生、生生互动等教学内容；利用多媒体、影视、沙龙、讨论等多种形式授课；鼓励学生自主学习和相互学习，丰富教学内容。

（3）自主学习与第二课堂教学结合。学校充分利用教学资源，积极开展丰富多彩的第二课堂活动，发挥学生英语俱乐部的作用，办好英语角和英语俱乐部，组织好英语竞赛等活动，最大限度地为学生扩展学习英语的空间，搭建施展英语才华的舞台。学校每年有英语周，每学期有英语讲演、英文歌曲、英语短剧等比赛，每周有英语角活动，使大学英语校园化，英语学习经常化。

（4）选择具有国际性并符合时代特征的精品教材。教材是学生学习语言、获取信息的主要渠道，学校在众多的教材中选择具有国际性、权威性、知识性和趣味性，具有时代特征的符合爱恩国际学院培养目标的精品教材，如"21世纪大学英语系列教程"、"新视野大学英语教程"、"剑桥国际英语教程"、"澳大利亚大学英语培训教材"等。同时，学校还鼓励教师从网络、报刊、杂志上选择好的文章充实教材内容。

（5）以人为本，强化管理，确保教学目标的实施。学校应做好学生教育工作，加强管理，向管理要质量、要效益。院党政领导应经常召开会议，研究不同时期学生工作的重点，开展有针对性的教育和管理工作；建立任课教师和辅导员联系制，互通情报，掌握学生学习情况和思想动态；定期召开学生座谈会，听取学生的意见和要求；制定辅导员和班主任责任制，抓好早、晚自习。管理不仅保证了教学的顺利进行，而且提高了教学的质量。

3. 重视实践教学，培养创新能力

重视实践教学，培养学生创新能力是爱恩国际学院本科培养的主要特色之一。爱恩国际学院根据人才培养的定位，实施分类指导的原则，在加强实践环节的基础上，突出对学生创新能力的培养。学院指定多名教师作为学生科技创新能力培养指导教师，参与并指导学生科技创新和第二课堂活动。

爱恩国际学院的实践教育和创新能力培养主要通过课外活动组和创新基地的方式进行。学院通过集中管理，分散活动，采取教师集中上课、开放实验室、课后辅导等方式对学生进行创新素质教育，实践能力、动手能力培养，调动学生积极性，激发学生的创新才能，为他们施展才华搭建了舞台。

（三）合作办学中取得的成绩和感受

1. 教学质量稳步提高，成效显著

（1）出国情况。合作办学的本科项目从2000年开始招生以来，按照国家计划，共招收学生1730名（统计到2010年12月）。2011年3月有在校生760名，毕业生855名（其中有126人获得国内外高校双文凭）。截至2006级，981名学生中出国留学238名，出国率约为24%。留学的国家有澳大利亚、英国、加拿大、德国、美国、新西兰、马来西亚、新加坡等。对招收出国留学学生数量较多的澳大利亚几所高校的跟踪调查显示，留学的学生外语水平高、专业基础知识扎实、刻苦学习精神强，在国外高校的学习、表现都比较突出。

（2）外语水平高。在大部分学生入学外语分数较低的情况下，几年来，经过长期坚持不懈地外语强化培养，学生的外语水平得到了明显的提高，在历年国家大学英语四、六级统考中成绩突出。例如 2006 级和 2007 级学生，大学英语四级首次平均通过率分别为 76.15% 和 76.30%。在每年的出国考试中，每批学生通过率都在 95% 以上，2005 年 20 名学生参加全国大学生英语比赛，2 名学生获一等奖，5 名学生获二等奖，7 名学生获三等奖。这充分说明这种办学模式具有开拓意义，发展前景广阔。

（3）动手能力得到提高。教学中爱恩国际学院增加了学生实训课的比重，使学生动手能力快速提高，2003 年、2004 年、2005 年，大连交通大学共举办了三届大学生 FLASH 大赛，连续三届个人及团体一等奖均被爱恩国际学院的学生夺得。

2. 拓展对外交流与合作，提升合作办学层次

经过几年的努力，爱恩国际学院进一步扩大了对外合作交流国家及高校的范围，由 1998 年与澳大利亚拉筹伯大学、北墨尔本高等技术学院合作发展到 2001 年与澳大利亚爱恩国际教育集团 5 所大学合作；2003 年与澳大利亚南昆士兰大学、斯文本大学合作；2004 年与澳大利亚阿德雷德大学，英国曼彻斯特都市大学、布鲁迪尔大学、蜜德萨斯大学，美国莱特州立大学，荷兰的国际管理大学合作。目前合作办学在校生人数已达 1373 人，创历史新高，提升了合作办学层次，取得了良好的效果。

3. 中外合作办学得到上级主管部门肯定，赢得社会赞誉

在几年的中外合作办学中，爱恩国际学院始终坚持社会主义办学方向，坚决贯彻国家教育方针及《中华人民共和国中外合作办学条例》，严格遵守国家法律，规范教学与管理，不发布虚假广告，在社会上赢得了"遵纪守法、文明诚信"的良好信誉；同时受到了上级主管部门的充分肯定与高度评价。学院在 2000 年、2004 年辽宁省教育厅组织的中外合作办学质量评估中，两度被评为优秀中外合作办学单位。目前，在辽宁省开展中外合作办学的高校中，爱恩国际学院的合作办学无论在办学规模上还是在教学质量与管理上都名列前茅，受到了辽宁省教育厅领导和专家的高度评价。辽宁省教育厅副厅长在视察爱恩国际学院后说："目前在全省高校中，中外合作办学办得规模这么大的，办学软硬件这么好的，大连铁道学院（大连交通大学）是第一家"。2005 年 9 月由北京大学主办的"全国高等院校中外合作办学研讨会"在大连召开，开会期间主办方专程组织与

会人员到学院参观访问，得到了与会人员高度的赞扬和评价。

4. 中外合作人才培养模式得到社会广泛的认可，知名度日渐提升

在几年的办学过程中，爱恩国际学院紧紧围绕创专业品牌，充分体现融中外高等教育为一体的办学特色，不断深化和完善学院的教学改革，积极拓展中外高等教育的进一步交流与合作，使学院办学水平得到了不断的提升，办学特色日渐突显，从而使学院的办学模式、办学质量及教学管理等各方面得到了社会广泛的认可。

学院注重对国内学习阶段学生英语语言能力的强化与训练，对出国留学的学生实行后续管理，为他们顺利融入国外高校并完成学业提供了有力的保证。因此，学院学生及家长都认为学院的教学质量可靠，教学管理严格。不少学生还专门从国外写信给母校，感谢学院的中外合作办学项目让他们圆了自己成为国际化人才的梦想，同时感谢学院在国内学习阶段对他们的精心培养。在部分国外留学生回国度假期间，学院邀请他们到校给学生作出国体会报告，介绍他们在国外的学习经历与体验，学院还征求他们对国内三年学习阶段在教学与管理方面的意见和建议，以便进一步完善教学和管理。在不断的变革与发展中，学院的知名度和美誉度不断提升，并在学生和家长之间口口相传，学院中外合作办学受到越来越多的认可。

国外高校根据几年的合作一致认为，与大连交通大学爱恩国际学院的合作是成功的，接收到的留学生是合格的，中国的教学质量是优秀的，并且希望爱恩国际学院每年能够多输出一些留学生。此外，在合作办学中不断有新的国外高校主动找上门来希望与学院合作办学，每年学生出国留学前有许多国外高校前来咨询宣传，希望学生到它们那里学习。

经过几年的实践与探索，大连交通大学爱恩国际学院进一步增强了中外合作办学的信心与决心，学院将不断地努力实践，把爱恩国际学院真正建设成为培养国际化人才的教育基地。

二、争取日本政府无偿援助项目，成立"中日友好大连人才培训中心"

2004 年 8 月 24 日，由大连交通大学实施和运营的"中日友好大连人才培训中心"项目正式启动，该项目是经国务院和外交部批准的全国第三个冠名"中日友好"的项目，是日本政府对华援助的示范性项目和大连日语商务人才培训的标志性项目，也是大连市唯一的以培养日语商务人才为主的公立非营利性培训机构。

（一）项目建设基本情况

中日友好大连人才培训中心是中日两国政府合作的一项交钥匙工程，该项目由日本政府无偿援助资金 9.68 亿日元投资筹建，建筑面积 4856.02 平方米，并由日方承担全部工程建设。项目于 2005 年 4 月开工建设，2006 年 3 月竣工，于 2006 年 5 月正式交付中方开始运行。中日友好大连人才培训中心的目标是面向大连及东北地区培养日本语和专业技术相融合的国际复合型专业人才，以提高在职人员和待就业人员能力及业务资质、支援当地企事业单位（特别是日资企业），对进一步扩大在传统产业与高新技术领域同日本的合作、引进外资、促进企业发展、活跃市场经济产生极大的推动作用。

同时，在中日邦交正常化 30 周年之际，该项目的实施具有深远的历史意义和政治意义。作为日本政府无偿资金援助项目的实施单位，大连交通大学能够积极应对外资企业和地方企事业单位的迅速发展，为其提供符合需求的人才支持，有效地利用和借鉴国内外教育资源与成功经验，提高人才培养的国际竞争力，培养国家及地方急需的对日国际化商务人才。

（二）争取技术援助，实现技术对接和后援

2005 年 12 月 5 日，中日两国政府签署技术合作（R/D）协议，制定了"大连日语商务人才培养实施方案"，协议明确指出：由日本政府提供技术援助，由大连交通大学负责实施和运营。内容主要包括派遣日本专家、提供教材及参考资料、课程技术转移、提供同声传译设备、派遣中方教师赴日研修等。2006 年 3 月 31 日，培训中心竣工。按照两国合作协议，培训中心组织日本专家、中方教师对中国国企、日资企业、社会成人教育机构进行培训，主要在生产管理、经济管理、日本语、工厂技术等方面进行培训；同时与在大连的日本侨民，大连有关对外单位、协会等合作开展中日文化交流活动，如茶道表演、民乐器演奏会等。截至 2009 年年底，生产管理、经营管理、IT、日本语方面的 18 名日本专家先后到培训中心实施技术转移，完成 44 门技术转移科目，授课 569 学时，为日本专家离开后中方教师独立完成授课创造了良好的技术条件。其中日本语领域专家立花秀正、IT 领域专家石川和彦和生产管理领域专家竹山凖因为在人才培养方面做出的贡献分别荣获 2007 年度、2008 年度和 2009 年度大连市星海友谊奖。

2010 年 2 月，技术合作（R/D）协议结束，作为中日两国政府合作项目的窗口，JICA（日本国际协力机构）与培训中心在后续支援方面达成合作意向，计划派遣每个领域相关专家志愿者到培训中心与学部教师共同工作，确保培训中心为日资企业服务特色的延续。

（三）突出特色，积极拓展服务领域

中日友好大连人才培训中心的重点服务对象为大连市日资企业及与日本有业务往来的中外企业，旨在发展大连市及东北地区经济，以及在为了发展中日经济关系所必需的商务人才的培养方面发挥重要作用。自 2006 年 5 月开始运营至 2009 年 12 月，培训中心共为大连市日资企业及以对日业务为主的中外企业培训 11 082 人，597 个班，开设 4 个领域 40 余门课程。在常规的公开课培训以外，培训中心还积极与企业建立更为密切的教育合作。2006 年 8 月和 2007 年 5 月，培训中心先后与阿尔派电子（中国）有限公司大连研发中心和日本瑞穗实业银行大连分行合作建立了人才培训基地，成为服务日资企业的典范。为充分发挥培训中心的资源优势，扩宽培训领域，依托大连交通大学铁路特色学科，培训中心积极开拓铁路市场。2006 年 4 月，大连交通大学与哈尔滨铁路局合作设立联合培训基地，整合大连交通大学相关院系专业及师资资源，还充分扩展大连地区兄弟院校（大连理工大学、大连海事大学、东北财经大学、辽宁师范大学等）的外部资源。2006 年 4 月至 2009 年 12 月，联合培训基地先后为中国北车集团、太原铁路局、哈尔滨铁路局、呼和浩特铁路局、沈阳铁路局、北京铁路局的 35 个培训班次 1756 名学员讲授 275 门课程共 2407 学时，实施培训的教师共 122 名。培训内容十分广泛，涉及财务、审计、收入、职教、货运、统计、车辆、机务等方面内容，取得了良好的效果。

（四）搭建平台，促进中日文化交流

作为中日两国政府合作项目，中日友好大连人才培训中心除完成人才培养的任务外，还利用项目的背景资源，筹办了数十次日本花道、茶道、年糕大会、剑道、民间艺术展、音乐会等交流活动，接待了日本自民党干事长武部勤众议员、日本自民党副干事长渡边博道众议员、日本 JICA 田上理事等相关人士，以及日本中部经济考察团、日本经济产业省、日本福冈市、日本松山市、岩手县、日本国际文化交流中心、日本宫城县等的来访人员，促进了两国政府间、民间、学生间的交流，提升了大连交通大学的国际影响力。

三、引进优质国外教育资源，为毕业生创造更多出国途径

2007 年 6 月 3 日，大连交通大学与新加坡罗德里工程有限公司合作成立了新加坡罗德里大连交通大学国际培训中心，大连交通大学提供培训场地 2500 平方米，新加坡罗得里工程有限公司投入改造资金约 180 万元，投入设备资金 300 余万元，共计约 500 万元。国际培训中心的成功合作，是大连交通大学对外交流工

作的一个新起点。

国际培训中心依托大连交通大学教育资源，同时引入新加坡的优质教育资源和企业理念，吸收新加坡工艺教育咨询服务有限公司的培训理念、培训计划、培训教材、培训方法和手段，充分发挥合作双方的优势，根据企业和社会需求，针对性地研究制订培训计划，实施"订单式"培养，对本科生、高职生进行职业技能培训，成绩合格者派往新加坡罗德里工程有限公司工作，实现国内培训，海外就业的目标。培训项目包括焊接、管道装配、电气装配、动设备维修。自2007年8月国际培训中心全面运营以来，焊接、管道装配、电气装配、动设备维修4个培训项目培训共计450余人，通过率达95%以上。培训合格者赴新加坡罗得里工程有限公司工作。

每所高校都有不同的历史和特点，在全球化和知识经济时代，充分认识各自不同层面的优势与差别，制定符合自身特点的国际化发展战略，以为本土化服务为目标，满足多样性的社会需求，有助于扩展高校发展空间，增强高校综合办学实力。

第五节　特色校园文化发展战略

大连交通大学在55年的发展历程中始终遵循教育规律，秉承办学传统，精心培育校园文化，使之成为学校前进与发展的不竭动力。如今"大交大人"的精气神蕴含着几代人的奋发与努力，具有"大交大"特色的文化基因在历史的沉浮中焕发出独特的魅力与光芒。

一、万丈高楼平地起之建校初期（1956～1966）

大连交通大学创建于1956年，伴随着我国铁路事业发展的需要应运而生，当时被称为大连机车车辆制造学校，隶属于第一机械工业部，是一所培养铁路机车车辆制造人才的中等专业学校。1957年9月，学校改名为大连机器制造学校。1958年6月，学校由第一机械工业部划归辽宁省政府管理，同年7月，划转铁道部机车车辆工业总局管理，并更名为大连铁道学院，设有机械制造工艺及设备、热力机车、铁道车辆3个本科专业。1961年1月，大连铁道学院改为铁道部直属高校。特殊的行业背景使学校拥有独具特色的校园文化。

（一）铁路传统与铁路精神映射下的特色校园文化

"铁路传统"始终是学校创办、发展的精神动力，贯穿于学校半个世纪的发展过程中。因此，铁路信念、铁路意志、铁路作风、铁路纪律就成为大连交通大学校园文化的一大特色，并代代传承。

在建立学校之初，学校、大连机车车辆厂和大连内燃机研究所形成校、企、所优势互补的犄角之势。人才培养、生产制造、科学研究相互促进的格局决定了学校从创建伊始，就与铁路这一行业紧密融合在一起。立足铁路、服务铁路成为学校各项事业的根本出发点，同时也为学校的发展提供了难得的机遇与方向。

学校创建初期，铁道部陆续从铁路系统抽调了一批技术专家、领导干部到学校从事教学或担任领导，他们不仅把深厚的专业知识和丰富的现场工程经验传授给广大学生，更将铁路传统与铁路精神带入校园。

1. 严在"铁院"

铁路运输通达祖国大江南北，身系万家性命，安全、准点是它的永恒主题。这决定了负责铁路机车车辆的制造、运营、管理等工作的相关工作人员，必须具有严密的纪律、一丝不苟的工作作风和敬业精神，同时也要求轨道交通装备制造业人才具有严谨、求实、笃行的素质。建校之初学校就把严格管理、铁的纪律、严密的组织的"铁路传统"和勇往直前的"铁路精神"，演绎为"教好、学好、保证好"的治校方针和"团结、好学、整洁、朴素"的八字校风。

2. "大铁现象"

50多年来，大连交通大学已为中国轨道交通装备制造业培养了数以万计的拔尖人才。在全国大中型铁路企业中，不论在管理层还是在技术队伍中，大连交通大学的毕业生都占有举足轻重的地位。大连交通大学已成为我国名副其实的"轨道交通装备制造业工程师的摇篮"，这被业内人士誉为"大（连）铁（院）现象"。

（二）"一主、二从、三结合"的特色办学理念

建校之初，学校各项事业的发展基础相对薄弱，学校管理者适时提出了深入贯彻以教学为主，以生产劳动和科研工作为辅，实行教学、生产劳动、科研三结合的"一主、二从、三结合"的办学理念。通过这一办学理念的落实，学校妥善处理了政治思想教育与业务教育之间、基础课与专业课之间，以及各门课程之间的关系，贯彻了全面发展与因材施教相结合的原则。

1. 坚定不移以教学为主，实行"三个并重"和"两个并举"模式

教学质量的根本在于师资队伍建设，学校在师资培养方式上提出"三个并重"和"两个并举"的模式。"三个并重"是指学习教学内容与学习教学方法并重、校内教师互相学习与向外校教师学习并重、集体提高与个人进修并重；"两

个并举"是指长期脱产进修与短期集中学习并举、系统学习理论与生产劳动实践并举。这不仅对学生生产劳动，学院、工厂、科研机关的协作等给予了大力的支持，而且大大推动了学校师资队伍的建设。

2. 以生产劳动和科研工作为辅，贯彻落实"三结合"之路

在生产劳动方面，学校遵循"勤工俭学、勤俭办学、勤俭生产"的"三勤"方针，自力更生建成能容纳 80 ~ 100 人生产劳动的铆焊车间厂房 1 座；扩建 250 平方米铸造车间厂房 1 座；建造 20 马力风力发电站 1 座，炼铁小高炉 2 座，水泥窑、炼焦炉各 1 座，以辛勤劳动创造了良好的育人环境。

在科学研究方面，学校积极推进科学研究及科技成果孵化工作。59 届中专毕业生成功设计出国内第一台 $43m^3$ 21 型稀硝酸罐车，并采用利用塑料和普通钢代替不锈钢材料的新技术，获得铁道部的认可。学校实习工厂首次试制 6 尺皮带车床获得成功，年生产 12 台，同时，学校生产自销产品及外加工零件约 4 万余件，年产值 80 万元。

1962 年 12 月 30 日，时任铁道部部长的滕代远在大连视察工作期间，曾三次来学校视察工作，对正处于困难条件下的师生员工的同心同德、自力更生表示了充分的肯定，并勉励大家"要努力奋斗，争取把学校办成全国一流的高等学校"。

经过老"交大人"十年的辛勤耕耘，学校从无到有，逐渐形成了坚定、乐观、奋发图强的革命气魄；刻苦、钻研、专心致志的学习精神；基于事实、实事求是的科学态度；遵守纪律、爱护集体的优良品德；民主、团结、严肃、活泼的同事关系；谦虚、谨慎、艰苦朴素的工作作风。

二、艰苦卓绝之"文化大革命"十年（1966 ~ 1976）

"文化大革命"期间，学校遭受了一场严重的浩劫，教学科研设备损失严重。即使在如此艰难的情况下，学校决策者依然带领广大师生，在朴素严谨、团结好学的大学精神指引下继续坚守教育阵地，坚持大学教学、科研的基本职能，维系学校的发展。

在人才培养方面，据统计，1972 ~ 1976 年，学校共招收 5 届工农兵学员 1720 人、培训学员 383 人。1975 年，经铁道部批准，学校增设金属材料及热处理专业和干部进修班，当年分别招收新生 35 人和 30 人。在科学研究方面，学校共编写教材 55 部；同铁道部戚墅堰研究所、大连机车车辆厂等 5 家单位协作，承担 3 项课题的研究。学校还与大连机车车辆厂、沈阳机车厂、长春客车厂和齐齐哈尔车辆厂等 15 个单位保持着密切的联系。

三、峰回路转之全面恢复与发展时期（1977～1985）

这一时期学校在贯彻落实党的十一届三中全会精神的基础上，及时通过"将学校工作重点转移到以教学、科研为中心的轨道上来"的决议，相继制定和实施了加强本科教学、科学研究、师资队伍建设、人才引进力度等旨在提高教学质量和办学水平的一系列制度和措施。

1977年9月，学校贯彻邓小平同志关于教育工作的指示，制定了"1977～1985年发展规划"，并报铁道部批准，学校进入全面调整与改革阶段。学校及时调整思路，坚定不移地以"加强教学研究，提高教学质量"作为各项工作的重中之重，在激励教师、开展国际交流与合作、提升科研实力等方面取得长足进步。

（一）实施制度改革激励教师

学校实施劳动、人事、分配制度改革，改变"吃大锅饭"的现状，积极推行按劳分配制度，适当体现奖勤罚懒、奖优罚劣；制定工资改革实施方案，极大地调动了教职工的积极性。

（二）开展国际交流与合作

学校大力支持教师走出国门、开阔眼界。许多教师出国进修，参加国际会议，进行学术交流，不断提高自身的教学与科研水平。同时，经铁道部批准，学校开始聘请外籍教师来校任教并邀请专家和学者来校访学，有力地促进了国际间教师的交流与合作。

（三）不断提高科研水平

这一时期，随着各项科研活动的顺利开展，学校科研水平不断提升。由教师徐文主持研制的"45GP80系列整体精铸增压器涡轮"在选材、精铸工艺、检测、台架考核、装机运行考核、技术指标、经济指标等方面均表现出良好的效果，达到国内领先水平，并通过铁道部科学研究院组织的专家技术鉴定，成为学校首个通过专家技术鉴定的科技成果，并获得全国科学大会奖。由材料工艺系王凤岗、卢鉴斯、刘树臻等与大连机车车辆厂共同研制的"大马力柴油机奥氏体－贝氏体球墨铸铁曲轴制造"，经国家专利局批准，成为学校第一项发明专利。1979年6月，经国家新闻出版总署批准，《大连铁道学院学报》准予在国内发行，始称《大连铁道学院科技》，1980年正式更名为《大连铁道学院学报》（季刊），刊物能够及时反映学校的最新科研成果，促进国内外学术交流。

（四）稳步提升综合办学实力

经过一系列的改革与调整，学校各项事业蒸蒸日上。1982年1月12日，经国务院批准，大连铁道学院成为全国首批有权授予学士学位的高等院校。1983年9月，铁道部教育局①组织全部铁道部属高校1981级学生参加三门课（数、理、外）统考，大连铁道学院13个班402人参加，最终取得了平均分数学第一、物理第二的骄人成绩。1984年1月13日，经国务院批准，大连铁道学院成为第二批有权授予硕士学位的单位。

（五）营造"坚定团结、艰苦创业、文明礼貌、严谨治学"的校园氛围

坚定团结、艰苦创业、文明礼貌、严谨治学的校风较好地展现了老"交大人"锐意进取的风貌。为贯彻校风，学校开展了系列活动。例如，在全校开展与"人民铁路为人民"主题相关的活动。

"大交大人"凭借着能吃苦、能打硬仗的精神，以爱国、爱党、爱校的情怀，正确处理校内外关系、新兴学科建设与老专业改造的关系、教学与科研的关系、教书与育人的关系、长远建设与当前建设的关系、物质鼓励与思想政治工作的关系，使学校各项事业取得了长足的发展。

四、脚踏实地之夯实基础时期（1986～2000）

这一时期，学校发扬"团结、勤奋、求实、创新"的精神，抓住机遇、顽强拼搏、开拓创新，办学实力明显增强，社会声誉不断提高。

（一）以"团结、勤奋、求实、创新"的校风为指引，大力倡导"开门办学"的思路

1."团结、勤奋、求实、创新"的校风内涵

1987年10月，学校提出"团结、勤奋、求实、创新"的校风，这凝聚了学校的文化底蕴和精神内涵，也是大连交通大学校园文化和大学精神的具体体现。

团结就是力量，它是学校事业发展和学生成才的精神基础，有了这种团结的凝聚力、向心力，才能集思广益，百折不挠，产生战胜一切困难的勇气和力量。

勤奋是成功之母，它是学校事业发展和学生成才的桥梁。"勤"就是辛勤劳苦，锲而不舍；"奋"就是奋发向上，有所作为；"勤奋"就是要求人们不懈努力，自强不息，奋发图强。

---

① 铁道部教育局于1978年成立，1989年7月"三定"时，改称为铁道部教育司。

求实既是一种态度，又是一种作风，反映了做人、做事、做学问的基本准则，是学校事业发展和学生成才的前提。"求实"就是"求真务实"，这是学校重基础、强实践、一切从实际出发、理论联系实际的良好风尚和历史传承。

创新是一个民族进步的灵魂，是学校事业发展和学生成才的不竭动力。学校不断地推进改革创新，以新的体制和机制激励教师进行科技创新和教学创新，并全力以赴地推进人才培养机制的不断创新；教师以创新的理念、创新的思维、自主创新的能力投身科技和教育工作的主战场；学生树立敢于试验、不断探索、勇于进取、永不自满的精神，努力成为具有创新精神、创新意识和创新能力的人才。

2. 积极推进多元化合作

这一时期，学校积极推进多元化合作，开放创新的举措不仅增强了学校的办学实力，提高了学校的社会知名度和美誉度，而且有力地解决了学生实习实训的困难，开阔了学生的眼界，拓宽了学生的就业渠道。

在厂校合作方面，学校与齐齐哈尔车辆厂签署联合体合作意向书，就人才培训、科技合作、学生实习、成果转让等方面达成合作意向。《人民铁道》和《光明日报》先后在头版显要位置报道了大连铁道学院学生在齐齐哈尔车辆厂的生产实习情况，得到工厂和铁道部的充分肯定。学校与中国铁路机车车辆工业总公司"联合办学"，建立双向参与、双向服务、双向受益的机制，成立联合办学指导委员会进行科技交流与合作，实现优势互补。多元化合作体现了学校"服务铁路，面向社会，办出特色"的办学指导思想，加强了学校与社会各界的联系，特别是与铁路系统的联系。学校还与中国石油天然气股份有限公司辽河油田分公司、南京市地下铁道总公司等企业签订产、学、研合作协议，充分发挥学校在人才培养、科学研究及社会服务方面的基本职能。

在国际化合作方面，学校先后与法国国立高等机械工程学院、俄罗斯哈巴罗夫斯克铁道工程学院、日本室兰工业大学、新西兰克赖斯特彻奇教育学院、澳大利亚拉筹伯大学等国外高校签订合作协议，建立教学、科研合作关系，互派教师和留学生等。

（二）铁路发展以教育为先导，办学层次、办学地位显著提高

1992 年 8 月 15 日，时任中国共产党中央委员会委员、铁道部部长的李森茂为学校题词："铁路发展，教育为先"。在上级领导的关怀下，学校加大投入力度，锐意改革，开拓创新，办学层次、办学地位显著提高。

1. 学科建设成效卓著，获批博士学位授予权

针对铁道部提出的逐步建成机电配套、理工管结合的多科性铁路高校的指导

思想，学校加大投入，通过制度推动、政策支持，重点发展机车车辆制造工艺和材料科学，向机电配套、理工管结合的方向发展，学校学科建设水平显著提高。

经国务院学位委员会 1998 年 6 月 19 日批准，机械制造及其自动化学科获得博士学位授予权，学校成为具有博士授予权单位，实现了新突破。随着学校硕士学位授权点的增多和研究生人数的增加，研究生教育已成为学校人才培养的一个重要层次。为了加强对研究生的教学管理、生活管理和思想教育，学校成立研究生部，努力培养面向市场需求的应用型硕士。

2. 加大高层次人才引进力度，师资队伍水平得到提升

学校大力引进高层次人才，形成以学术带头人为核心的具有较高水平的师资队伍。学科建设得到快速发展，先后有 8 个专业获得硕士学位授予权，实现了办学层次上的飞跃。

学校设立青年教师（35 岁以下）科学基金。这一基金从 1989 年起开始设立，用以资助自然科学领域的基础研究和应用研究，为科学研究的开展提供了经费支持和制度保障，激发了年轻人的科研热情。这一政策实施后，学校多项科研项目获得国家自然科学基金资助。

3. 获批铁路继续教育东北基地，行业特色日益彰显

1996 年，铁道部为搞好铁路继续教育工作，决定在西南交通大学、大连铁道学院、兰州铁道学院、北京铁路局太原干部培训中心建立铁路继续教育基地。基地名称分别是：铁路继续教育西南基地、铁路继续教育东北基地、铁路继续教育西北基地和铁路继续教育太原运输基地。铁路继续教育基地承担铁道部直接下达的继续教育任务，完成部分高级专业技术人员、中青年专业技术骨干和二级继续教育基地师资的培训、进修与研修等，为铁路各级各类专业技术人员接受继续教育提供服务。成为铁路继续教育东北基地充分证明了学校在东北地区面向铁路、服务铁路方面的优势，学校在特色化办学过程中所寻求的差异化竞争优势逐渐凸显。

4. 重视德育工作，科学精神与人文精神并举

在办学规模和办学层次日益提高之际，学校更加重视德育工作。学校颁布"大连铁道学院德育实施细则"，成立由各级党政领导、党务工作者、思想政治工作者和教师自愿结合组成的党建思想政治工作研究会，大力发展学校的思想政治工作，努力实现科学精神与人文精神并举。

五、策马扬鞭之快速发展时期（2000 年至今）

学校自 2000 年 3 月 1 日起，从铁道部划归辽宁省政府管理，实行中央政府

与地方政府共建，以地方政府管理为主的新的管理体制。2004 年，经教育部批准，大连铁道学院更名为大连交通大学，这是学校发展史上一个重要的里程碑，实现了学校几代人的梦想。

（一）树立"立足辽宁，服务区域经济，巩固铁路市场，积极面向全国"的办学指导思想

2000 年，学校由铁道部划归地方政府管理。划转之初，广大教职工很不适应，这种不适应表现在两个方面：一是对管理体制变化的不适应；二是对思想观念变化的不适应。与此同时，划转使学校面临许多迫切需要解决的现实问题，例如行业主管部门办学时学科专业较窄、学校规模较小、服务面向单一、竞争能力较弱等。学校领导清醒地认识到，虽然面临诸多困难，但同时也面临着难得的发展机遇，抓住机遇是学校当前的第一要务，也是解决矛盾和困难的最佳选择。基于此，学校积极调整办学指导思想，树立"立足辽宁，服务区域经济，巩固铁路市场，积极面向全国"的办学指导思想。

1. 培育特色，服务区域经济

学校根据辽宁省和大连市相继提出的以信息化带动工业化、走新型工业化道路、发展软件产业等一系列指导方针，创造性地提出复合型人才培养模式。这种人才培养模式提高了学生的综合素质，拓展了学生的就业空间，使学校的办学优势与地方经济的发展更加紧密地结合起来，提升了学校服务区域的能力。

2. 发挥优势，继续服务行业

学校充分发挥轨道交通的传统优势，不断改进和更新教学内容，完善学科专业体系，努力培养适应现代轨道交通装备制造业需要的高素质人才。2006 年学校被评为辽宁省机械装备制造业（轨道车辆）紧缺本科人才培养基地，学校依托科技研发平台为辽宁省轨道交通装备制造业提供技术、信息、产品性能检测和重大项目的智力支持，解决企业生产中的难题，深受企业欢迎。

3. 历史传承，凝练校园文化

历经 50 余年的发展，学校形成了"严谨、博学、垂范"的教风和"勤奋、求是、笃行"的学风。它们被奉为教书育人、勤勉治学的瑰宝，影响着前进中的"大交大人"。"严谨、博学、垂范"即严于律己、严谨治学的精神品格，学识渊博、造诣精深的学术能力，以及知行合一、以德服人、以情感人的道德风尚；"勤奋、求是、笃行"即勤劳、能吃苦、勇于探究真理的科学态度，知行合一、坚持不懈的求实精神。

2004 年，学校总结建校近 50 年的办学经验，凝练出"明德求索，锲而不舍"的校训，其涵义深刻、隽永、耐人寻味。它既是学校传统精神的继承和发扬，又是几十年来"大交大人"求真务实、不断进取的真实写照，更体现了学校面向未来、开拓创新的要求。

对学校而言，德为育人之本；对学子而言，德为成人之本。治校之明德，既要法治，更要德治；教师之明德，是学高为师，德高为范；员工之明德，在于敬业爱岗、服务育人；学生之明德，在于懂得成才必先成人，成为一个舒展的人、博雅的人、睿智的人、和谐发展的人、充满创造精神的人。求索表达了学校不论经历多少艰难，仍要坚持不懈地探求真理的精神。求索的精神，是大学的精神，用求索的精神培养勇于求索的人，是大学的责任；求索的精神是科学的精神，它包含了求实精神和创新精神。锲而不舍指的是一种坚持不懈的精神，它既是治学的精神，也是做人的精神，是今天中国学界必需的为人之道和为文之道。

2005 年，学校提出了"以人为本、依法治校、质量立校、特色兴校、追求卓越"的办学理念。"以人为本"就是以育人为本，以学生为主体；以教师为主体，尊重劳动、尊重知识、尊重人才、尊重创造。"依法治校"就是依法约束学校的公共权力，保障师生员工的合法权益，推动学校和谐发展，提高民主意识，充分调动全体师生员工的积极性，不断增强民主决策、民主管理、民主监督的能力和水平，努力形成民主和谐的校园氛围，增强学校建设发展的凝聚力和向心力。"质量立校"要求牢固确立人才培养质量是学校的生命线，牢固确立教学工作在学校各项工作中的中心地位，坚持内涵建设，实现办学规模、质量、结构、效益协调发展和可持续发展。"特色兴校"就是抓住强项，办出特色。特色就是战斗力，特色就是竞争力，不断总结和凝练学校的办学特色，在某些领域形成自己独有的优势，以此确立学校的地位和影响，带动学校整体的可持续发展，做到以特色取胜。"追求卓越"的第一层意义是要求我们在具体工作中，在自己的岗位上追求工作的卓越；第二层意义是要求学校树立远大的理想，在发展层面上追求卓越，始终保持一种昂扬向上的精神状态，抢抓机遇，高标准、严要求、高起点地提升工作质量，锲而不舍，孜孜以求，精益求精，敢为人先，勇于探索，不断攀登，充分发挥自身优势和潜力，争创一流。

（二）转变观念，实施多体制办学

1999 年，全国高校扩大招生规模后，教育投资严重不足。学校解放思想，转变观念，广泛吸纳社会资金，形成了多元化投资体制，有效地扩大了办学规模，提高了办学实力。

2001 年，学校成立软件学院，通过与中国铁通集团有限公司等三家公司进行股份制合作，使软件学院迅速走上了良性发展的轨道。

2002年，学校引入部分社会资金，与澳大利亚爱恩国际教育集团合作成立爱恩国际学院，大大改善了学校的国际合作办学条件，爱恩国际学院成为学校重要的办学平台。

2003年，为适应高等教育快速发展的需要，学校又与大连阳光世纪教育投资有限公司合作，成立了大连交通大学信息工程学院（独立学院），借助企业投资建设校园，使学校办学规模进一步扩大。

2004年，学校经过不懈努力，获批承办"中日友好大连人才培训中心"项目，这一项目由日本政府提供无偿援助9.68亿日元投资建设，建筑面积4856.02平方米，并由日本政府提供现代化的教学仪器设备。目前该中心已成为学校重要的实用日语、生产管理、经营管理、软件开发与过程管理等领域的人才培训基地。

这些办学平台是解放思想、创新观念、开拓思路的结晶，为学校广泛地筹集了社会资金，给学校带来了办学活力，使学校的办学规模得以迅速扩大。

（三）加强内涵建设，全面提高教育教学质量

2005年至今，学校开始从外延扩张式发展向内涵式发展转变，坚持"以人为本、依法治校、质量立校、特色兴校、追求卓越"的办学理念，办学特色日益鲜明，学校综合办学实力全面提高。

学校管理者立足学校实际，在全校开展了围绕"建设什么样的大学"和"怎样建设这样的大学"的教育思想的大讨论，并以此为基础明确了学校未来的发展目标，理清了办学思路，找准了学校的办学特色。

1. 加强教学内涵建设，提高人才培养质量

学校始终坚持"以本科教育为主体，以教学工作为中心，以人才培养为根本"的办学指导思想，牢固树立"质量立校"的办学理念，牢固确立人才培养质量是学校的生命线，把提高教学质量作为学校教学工作的永恒主题。

2005年6月，学校启动了迎接教育部本科教学工作水平评估的各项工作，坚持"以评促建、以评促改、以评促管、评建结合、重在建设"的二十字方针，进一步理清了办学思路。首先，学校牢固确立了教学工作的中心地位，师资队伍建设成效显著，整体教学水平明显提高；其次，办学条件、教学基础设施得到较大改善，专业建设得到加强，推进了教育教学改革的不断深化；再次，教学管理更加完善，教学质量监控与保障体系趋于健全；最后，校风、教风和学风建设扎实有效，校园文化建设全面加强，对外宣传能力不断提高。通过教育部本科教学工作水平评估，全校发扬了优良传统，凝练了办学特色，形成了全员育人、齐抓共管的育人环境。2006年10月，教育部本科教学工作水平评估专家组对学校进

行了实地考察评估，确定大连交通大学本科教学工作水平评估结果为优秀。

迎接教育部本科教学工作水平评估工作是对学校党政班子领导能力，对各部门、各院系领导干部的执政、管理能力，对全校师生员工热爱学校的情感、建设学校的信心和决心的一次综合检验。全体师生员工用热爱和关心"大交大"的一种精神、一种责任、一种情感，无怨无悔地全身心投入到评建创优工作中去。全校上下团结一致，统一认识，扎实工作，形成了"聚精会神抓评建、齐心协力创优秀"的良好氛围；倾全校之力、聚全校之心，集全校之智，凝练出"不畏艰难，锲而不舍，万众一心，追求卓越"的评估精神。

2. 深入开展校风、学风建设，营造良好育人风尚

2006年，教育部本科教学工作水平评估获得优秀后，全校师生齐心协力，奋发进取，精神面貌焕然一新，各项工作呈现出向上、有为的气势。2007年被学校确定为"教学工作整改年"，学校全面实施本科教学质量与教学改革工程，教学质量稳步提高，人才培养质量得到社会的充分认可。2008年，学校深入开展教风、学风建设的专项工作。学校高度重视教风、学风建设，通过建立健全的教学管理制度，形成师德师风建设的长效机制，实行师德一票否决制，强化教师的行为规范，形成了"严谨、博学、垂范"的良好教风；通过完善规章制度，严格日常教学管理，严肃考风考纪，建立学生申诉制度，将严格的管理寓于学生的学习、生活之中，"勤奋、求是、笃行"的良好学风进一步发扬。

（四）加强学科建设，不断提高学校核心竞争力

1. 学位点建设取得重大突破，重点学科建设再上新台阶

继1998年机械制造及其自动化学科获得学校第一个博士学位授予权后，2000年材料加工工程学科获二级学科博士学位授予权。2006年学校获机械工程、材料科学与工程、交通运输工程3个一级学科硕士点，应用数学、马克思主义中国化研究等6个二级学科硕士点，并增加了理学、法学学科门类。2007年学校学位点建设又取得重大突破，机械工程、材料科学与工程学科获批一级学科博士后科研流动站，学校具有了从学士—硕士—博士—博士后完备的中国高等教育人才培养体系，在人才培养层次上得以"顶天立地"。

与此同时，"十一五"规划十分重视学科建设，提出了"学科优先发展战略"。在2005年、2006年评建创优和2007年评估整改建设之后，学校及时把2008年确定为"学科建设年"。学校坚持"四位一体"的学科建设思路，出台了学科立项、创新团队和科研基地建设等一系列政策和文件。通过制度推动，政策支持，加大投入，重点建设，学校的学科建设水平不断提高。一级学科硕士点由3个增加到11个，二级学科硕士点由19个增加到42个，还新增2个工程硕士领

域。实现辽宁省一级重点学科"零"的突破,机械工程、材料科学与工程和交通运输工程获批辽宁省一级重点学科,辽宁省二级重点学科由原来的3个增加到11个。机械制造及其自动化学科、材料加工工程学科获批辽宁省"学科提升计划"立项学科。学校超额完成"十一五"学科建设任务,学科布局不断完善,学科优势与特色更加凸显。

2. 科技平台建设成绩斐然,科技成果硕果累累

"十一五"以来,学校始终致力于国家知识创新体系、工程技术创新体系和成果转化与服务平台的建设,围绕优势学科建设,充分整合全校资源,搭建科技平台,特别是学校高层次的国家级科研机构取得了"零"的突破,实现了跨越式发展。2008 年 10 月,获批建设省级大学科技园,使学校成为辽宁省第五个拥有大学科技园的高校。

2009 年 7 月,教育部连续挤压工程研究中心通过教育部专家组验收。2009 年 9 月,现代轨道交通研究院获批第二批国家技术转移示范机构。这是学校第一个国家级科研机构,实现了学校国家级科技平台"零"的突破,便学校成为全国 35 所拥有国家技术转移示范机构的高校中的 5 所非"211"工程院校之一,标志着学校在开发和推广共性技术,促进科技成果转化及技术转移,为企业提供综合服务等方面的能力有了重大提升。同时,学校新增省级工程中心及重点实验室 9 个、辽宁省高校工程中心及重点实验室 5 个、市级工程中心 2 个、辽宁省高校创新团队 3 个、大连市社会科学研究基地 1 个、国家体育总局体育文化研究基地 1 个。

六、特色校园文化建设的展望

2009 年,学校制定了"2009~2020 年特色发展规划",该规划坚持特色化发展战略,目标是将学校建成以工为主、特色鲜明、优势突出、国内知名的多学科协调发展的教学研究型大学。该规划经过科学的论证,以办学基础、优势特色及社会需求作为主要依据,在人才培养、学科建设、师资队伍、科学研究等方面进行了构想与展望。

(一) 人才培养

学校始终坚持轨道交通装备制造和复合型软件人才培养特色,努力为辽宁省和轨道交通装备制造业培养具有社会责任感、基础扎实、知识面宽、富有实践能力和创新精神的应用型、复合型高级专业人才。

(二) 学科建设

到 2020 年,学校将构建完备的轨道交通学科群及复合型软件人才培养模式,

以轨道交通装备制造学科群为重点，拓展轨道交通控制、基础设施、运输管理与安全学科群；围绕特色学科群建设，新增城市轨道交通工程、高速轨道装备、信息安全等20个专业或专业方向，全力冲击国家级重点学科，并在轨道交通装备制造学科群保持优势。

（三）师资队伍

围绕两大特色，实施"215"人才建设工程，即到2020年，学校要有20名左右国内外知名的专家，100名左右学科学术带头人，500名左右具有博士学位的教师；在特色学科重点培养一批具有创新性构想和战略性思维，在研究领域内开展原创性、重大理论与实践问题研究和关键领域攻关，取得重大标志性成果的学科学术带头人；落实"院士工程"，争取在特色学科上实现院士"零"的突破。

（四）科学研究

到2020年，学校争取累计承担50项国家级项目，50项对地方经济发展和铁路与交通行业经济建设起支撑作用的重大技术创新项目；获省部级以上科技奖20～25项，其中省部级一等奖3～5项，国家级奖3～5项；专利授权200项以上；出版专著30～50部（册）；在国内外学术刊物公开发表论文总数达10 000篇，其中SCI、SSCI、EI、A&HCI、ISTP收录论文总数1000篇以上；承担的年科研经费总额达到2亿元。

55年来，学校走出了一条"育人为本、严格管理、自强不息、锲而不舍、追求卓越"的办学之路。学校求真务实、脚踏实地、自强不息，凝练了"明德求索，锲而不舍"的校训；大胆改革、锐意创新，逐步形成了"以人为本、依法治校、质量立校、特色兴校、追求卓越"的办学理念和鲜明的办学特色。学校继承和发扬铁路行业传统，发扬"火车头"的铁路精神，以敏感的政策解读能力和果敢的行动能力紧紧跟随中国铁路装备的引进、消化、吸收和再创新，依托铁路大发展的重要机遇，始终坚持立足和依托轨道交通装备制造业，紧密结合行业和地方经济的发展，勇往直前、永不言败。大连交通大学将大跨步地走向明天，创造更加辉煌的未来。

参 考 文 献

阿什比 . 1983. 科技发达时代的大学教育 . 滕大春，滕大生译 . 北京：人民教育出版社：7～20

蔡贤榜 . 2006. 高等教育大众化阶段的大学理念 . 现代教育科学，3：39

蔡泽寰 . 2005. 提高高校管理效益的探索 . 襄樊职业技术学院学报，10：1，2

陈利民 . 2005. 哈佛大学办学理念研究 . 武汉：华中科技大学博士学位论文：113～120

陈牛则 . 2007. 改革地方高校财政拨款模式的对策思考 . 湖南人文科技学院学报，12：89，90

陈盛千 . 2009. "工学结合" 人才培养模式的管理学分析 . 中国科教创新导刊，7：16～18

陈雪洁，李三喜 . 2009. 沈阳工业大学校史 （二） . 沈阳：辽宁人民出版社：101

陈运超，沈红 . 2001. 浅论多校区大学管理 . 清华大学教育研究，2：111～115

崔炳辉 . 2008. 中美多校区 （园） 大学的差异研究 . 科教文汇，11：7

戴玉林 . 2010. 大连软件外包 2018 年赶超印度班加罗尔 . http：//tech. sina. com. cn/it/2010-01-
　19/16443786045. shtml ［2010-01-19］

德里克 · 博克 . 1988. 哈佛大学 350 周年 （1636～1986） 校庆讲话//姜文闵 . 哈佛大学：美国 .
　长沙：湖南教育出版社：128

邓小平 . 1993. 邓小平文选 . 第 3 卷 . 北京：人民出版社：121，122

范成祥 . 2005. 特色化地方高校发展的根本出路 . 国家教育行政学院学报，2：20，21

弗 · 鲍尔生 . 1986. 德国教育史 . 滕大春，滕大生译 . 北京：人民教育出版社：156

韩延明 . 2003. 理念、教育理念及大学理念探析 . 教育研究，9：55

何东昌 . 1998a. 中华人民共和国重要教育文献 （1949～1975） . 海口：海南出版社：812，
　850，1183

何东昌 . 1998b. 中华人民共和国重要教育文献 （1976～1990） . 海口：海南出版社：1～2394

和飞 . 2005. 地方大学办学理念研究 . 武汉：华中科技大学博士学位论文：62

胡建华 . 2005. 中国高等教育管理体制改革分析 . 南京师大学报 （社会科学版），4：75～80

胡卓加 . 2008. 中国高等教育财政拨款机制研究 . 济南学报，2：35，36

纪望平 . 2008. 我国大学开放内涵及模式探析 . 惠州学院学报，2：76，77

江泽民 . 2002. 全面建设小康社会开创中国特色社会主义事业新局面：在中国共产党第十六次
　全国代表大会上的报告 . 北京：人民出版社：125

荆德刚 . 2008. 中美高校毕业生就业的比较分析 . http：//www. jyb. cn/jy/zczh/t20080711_
　177545_ 2. htm ［2008-10-20］

克拉克 · 克尔 . 1993. 大学的功用 . 陈学飞等译 . 南昌：江西教育出版社：2～5

李荣德 . 2006. 提高科技创新能力建设教学科研型大学——李荣德校长在全校科技工作会议上
　的报告 . http：//office. sut. edu. cn/list. asp？ Unid＝110 ［2011-01-12］

李喜平 . 1999. 开放奋进的辽宁教育 50 年 . 沈阳：辽宁大学出版社：276，277

辽宁教育网 . 2009. 教育概况 . http：//www. lnen. cn/secpage. htm？ actionType = viewjsp&id = 3547 ［2011-01-12］

辽宁省教育厅 . 2006. 辽宁省教育统计年鉴 . 沈阳：辽宁民族出版社：458～611

辽宁省教育厅 . 2008. 辽宁省教育统计年鉴 . 沈阳：辽宁民族出版社：106，107，516～554

林新宏，邢方敏，黎莉 . 2007. 现代大学办学理念的形成与表述 . 医学教育探索，3：195

刘国瑞 . 2008. 区域创新体系建设与高校的服务策略 . 沈阳：辽宁民族出版社：230～250

吕叔湘，丁声树 . 2008. 现代汉语词典 . 北京：商务印书馆：210

吕炜 . 2004. 高等教育财政 . 大连：东北财经大学出版社：19

马陆亭 . 2006. 高等教育财政拨款模式改革研究 . 高教发展研究，5：14，15

马陆亭 . 2007. 国际教育投入与学生资助 . 北京：高等教育出版社：258，259

邱连波 . 1997. 辽宁省高等教育管理体制改革的进展和深化改革的思考 . 辽宁高等教育研究，1：18

阮忠，林芳 . 2008. 计算机应用型创业人才培养研究 . 河池学院学报，1：11，12

沈红，陈运超，廖湘阳 . 2001. 多校区大学管理研究 . 高等教育研究，6：63～71

司托克斯 . 1999. 基础科学与技术创新：巴斯德象限 . 周春彦，谷春立译 . 北京：科学出版社：60～64

孙巍 . 2007. 法国高等教育内部管理体制及其运行模式研究 . 沈阳工程学院学报（社会科学版），7：436

孙忠铭 . 2005. 市场经济与高等教育办学理念分析 . 陕西师范大学学报（哲学社会科学版），1：39～42

腾讯教育 . 2007. 国外高校招生制度介绍 . http：//gaokao. chsi. com. cn/gkxx/ss/200702/20070204/772727. html ［2008-10-20］

王国均 . 2002. 美国多校区大学研究及其启示 . 比较教育研究，2：45～47

王均强 . 2007. 大学办学理念与办学特色研究 . 黑龙江教育，12：13

王少媛，李锦奇，刘国瑞 . 2007. 区域高等教育结构布局优化的新思路：基于辽宁的案例研究 . 辽宁：辽宁民族出版社：48～51

王耀中 . 2008-02-14. 一体两翼：划转地方院校的战略选择 . 光明日报 . 理论版

吴庆 . 2005. 中国大学生就业政策的历史演变、现实定位及具体类型//安国启 . 青年就业问题与对策研究报告 . 天津：天津社会科学院出版社：45

吴伟 . 2005. 中国高等教育财政经费拨款机制与模式的改革方向探索 . 高教经济，4：49～51

吴向明 . 2008. 美国高等院校招生制度研究 . 北京：中国社会科学出版社：130

肖海涛，向春 . 2007 论大学特色的内涵与特征 . 中国大学教学，2：33，34

亚伯拉罕·弗莱克斯纳 . 2001. 现代大学论：美英德大学研究 . 徐辉，陈晓菲译 . 杭州：浙江教育出版社：9

闫瑾 . 2008. 德国高等教育管理体制改革的新动向 . 世界教育信息，1：19

严新平，张安富 . 2003. 多校区大学的管理理念与模式探索 . 中国高教研究，12：47～49

杨周复，教育部财务司，国家统计局社会与科技统计司 . 1999. 中国教育经费统计年鉴 . 1998. 北京：中国统计出版社：86

杨玉良 . 2009. 关于学科发展及建设的思考 . http：//news. sciencenet. cn/htmlnews/2009/9/

223140. shtm ［2010-01-19］

姚启和 . 2002. 90 年代中国教育改革大潮丛书 . 高等教育卷 . 北京：北京师范大学出版社：
62，63

尹伟伦 . 2005. 建立原行业部属高校与行业主管部门联系新机制 . 中国高校科技与产业化，
5：8

于富增 . 2001. 国际高等教育发展与改革比较 . 北京：北京师范大学出版社：103，104

于胜林，胡光领 . 2006. 我国高等教育管理体制改革分析 . 求实，1：257

约翰·S. 布鲁贝克 . 1987. 高等教育哲学 . 王承绪，郑继伟，张维平译 . 杭州：浙江教育出版
社：13

约翰·亨利·纽曼 . 2001. 大学的理想 . 徐辉，顾建新，何曙译 . 杭州：浙江教育出版社：1

曾建吉 . 2001. 论高等教育成本分担与补偿的主体 . 山东教育学院学报，1：35～40

张长宽 . 2008-01-21. 行业特色高校如何实现可持续发展 . 中国教育报，第 6 版

张定方 . 2009. 高校组织资源重组与再造：一个管理学的视角 . 现代教育管理，11：34

张庆田 . 1994. 辽宁高等教育 15 年的回顾与展望 . 辽宁高等教育研究，3：119～124

张欣 . 2006. 中国大学理念的演变与思考 . 消费导刊，12：5

张振东 . 2009. 市场经济与政府职能定位 . 北京交通大学学报（社会科学版），8（1）：79～83

中共中共文献研究室 . 1996. 建国以来重要文献选编 . 第十二册 . 北京：中央编译出版社

中共中央 . 1991. 关于教育体制改革的决定//国家教育委员会 . 中华人民共和国现行教育强规
汇编：1949～1989. 北京：人民教育出版社：1～10

《中国教育年鉴》编辑部 . 1984. 中国教育年鉴 . 1949～1981. 北京：中国大百科全书出版社：
237～804

中国网联网 . 2008. 辽宁人文地理 . http：//www. w010w. com. cn/html/independent/01/liaoningsh-
eng/20080519/8088. html ［2011-01-12］

钟云华，胡惠伟 . 2009. 中国高等教育财政拨款模式演变及展望 . 黑龙江高教研究，1：68，69

周谷平，陶炳增 . 2005. 近代中国大学校训——大学理念的追求 . 清华大学教育研究，2：96

周玲 . 2001. 中外多校区办学的案例研究 . 高等教育研究，2：61～64

周远清 . 2001. 高等教育体制的重大改革与创新 . 中国高等教育，1：8

朱欣，谢冬平 . 2005. 扩大高校办学自主权的必要性探讨 . 湖南高等财经专科高校学报，5：
73～75

"21世纪科技与社会发展丛书"

第一辑书目

《国家创新能力测度方法及其应用》

《社会知识活动系统中的技术中介》

《软件产业发展模式研究》

《软件服务外包与软件企业成长》

《追赶战略下后发国家制造业的技术能力提升》

《城市科技体制机制创新》

《休闲经济学》

《科技国际化的理论与战略》

《创新型企业及其成长》

《劳动力市场性别歧视与社会性别排斥》

《开放式自主创新系统理论及其应用》

第二辑书目

《证券公司内部控制论》

《入世后中国保险业竞争力评价与对策》

《服务外包系统管理》

《高学历科技人力资源流动研究》

《国防科技资源利用与西部城镇化建设》

《风险投资理论与制度设计研究》

《中国金融自由化进程中的安全预警研究》

《中国西部区域发展路径——层级增长极网络化发展模式》

《中国西部生态环境安全风险防范法律制度研究》

《科技税收优惠与纳税筹划》

第三辑书目

《大学－企业知识联盟的理论与实证研究》

《网格资源的经济配置模型》

《生态城市前沿探索——可持续发展的大连模式》

《财政分权与中国经济增长关系研究》

《科技企业跨国并购规制与实务》

《高新技术产业化理论与实践》

《政府研发投入绩效》

《不同尺度空间发展区划的理论与实证》

《面向全球产业价值链的中国制造业升级》

《地理学视角的人居环境》

《科技型中小企业资本结构决策与融资服务体系》

第四辑书目

《工程项目控制与协调研究》

《国有企业经营者激励与监督机制》

《行风评议：理论、实践与创新》

《陕西关中传统民居建筑与居住民俗文化》

《知识型人力资本胜任力研究》

第五辑书目

《中国居民消费需求变迁及影响因素研究》

《法律视域下沿海经济带建设研究》

《典型海岛生态安全体系研究》

《老工业基地振兴中的新型技术改造战略》

《辽宁老工业基地振兴绩效与战略升级》

《行业划转院校发展战略研究》

《区域创新与生态效率革命》

《中国科技崛起的人才优势》